中國學術思想 研究輯刊

三五編
林慶彰 主編

第 5 冊

先秦至漢武時期五行說發展脈絡

朱 昀 著

花木蘭文化事業有限公司

國家圖書館出版品預行編目資料

先秦至漢武時期五行說發展脈絡／朱昀 著 -- 初版 -- 新北市：
花木蘭文化事業有限公司，2022〔民 111〕
目 6+250 面；19×26 公分
（中國學術思想研究輯刊 三五編；第 5 冊）
ISBN 978-986-518-807-8（精裝）
1.CST：陰陽五行 2.CST：秦漢哲學 3.CST：歷史
030.8   110022423

ISBN-978-986-518-807-8

中國學術思想研究輯刊
三五編 第 五 冊   ISBN：978-986-518-807-8

先秦至漢武時期五行說發展脈絡

作　　者　朱昀
主　　編　林慶彰
總 編 輯　杜潔祥
副總編輯　楊嘉樂
編輯主任　許郁翎
編　　輯　張雅淋、潘玟靜、劉子瑄　美術編輯　陳逸婷
出　　版　花木蘭文化事業有限公司
發 行 人　高小娟
聯絡地址　235 新北市中和區中安街七二號十三樓
　　　　　電話：02-2923-1455／傳真：02-2923-1452
網　　址　http://www.huamulan.tw 信箱 service@huamulans.com
印　　刷　普羅文化出版廣告事業
封面設計　劉開工作室
初　　版　2022 年 3 月
定　　價　三五編 23 冊（精裝）新台幣 62,000 元　　版權所有‧請勿翻印

先秦至漢武時期五行說發展脈絡

朱昀　著

作者簡介

朱昀，1958 年生，國立暨南大學中文系碩士。

曾任雜誌社編輯，撰寫報紙副刊專欄，獲多項文學獎。之後任職長江電腦公司總經理。1991 年，成為台灣的「全國百大製造業」；同年，榮登台灣「全國傑出企業領導人金峰獎」；1994 年，獲中國「全國五百大科技人才獎」。

遊歷五十餘國，人生閱歷豐富，復能將文、史、商揉合剖析。目前，致力於「宏觀歷史」與文學的教學；又在有關歷史的社群網站，撰寫歷史典故與考證；另在故宮博物院，導覽中國的歷代文物。

提　要

五行說，其脈絡之演進，係自西周始，學者諸子以「五」組合的因子，充塞於學說中，之後漸次附麗、流變、增長，逮至戰國末年的稷下學者鄒衍，將其蓬勃成五德終始說。

究其源，乃是近千年來，上古之人，因對於五種自然物之不可缺，並由賴以存續而衍生之敬畏，依五種物象、物理性質，以類取象，產生釋義並推理，從「自然義」開始，演繹到「人文義」，並觸及「宗教義」。故，在理論上，經由先秦各時期、諸侯、大夫以及諸子，不斷地收納、增義，衍化出五物各擁顏色、方位，而不同方位又各具掌管之帝、神，佐、獸，並掌不同之節氣。逐漸及於天文、地理、季節、耕作、祭祀，乃至於政治、人事、德行、禮儀、軍事、面相等等，成為天命之所歸，政治上改朝換代的依據。然而，從「自然義」的初始，到「人文義」的釋義，「宗教義」祭祀的實踐，卻是逐漸緩進而成，最終演化成為一套繁複的宇宙人文哲學。

而五德終始係源自於五行說，此一神秘的學說於齊威王時的鄒衍集前人學說之大成，發皇在秦、漢王朝一統天下後，統治者亟需有一套「受命於天」的論證以支撐本朝替代前朝而據有天下的合法性。當現有王朝因德行衰微，導致政治腐敗，民生匱乏，上天即降下災異，或是出現即將崛起的新王朝取而代之的符瑞兆應，前一個朝代無法達到的「德」，即為後一個朝代繼起之「德運」克前朝之德，以「五行相勝」導致「五德終始」的循環秩序，不斷地推進以至於無垠。

鄒衍之書雖佚，世人無從知曉其文本之全然。（註1）但從五行蛻變成為一個複雜的五德終始說的體系，成為皇朝代表的「五德終始」，以「從所不勝」之說，（註2）將後起的王朝之所以能代替前朝，乃因「德運」的天命使然。終秦漢兩代，都難以脫離此一神秘的，屬有神話與天人感應的意識形態及其在學術思想中的影響，復經《呂氏春秋》、《淮南子》、《春秋繁露》與司馬遷注入新元素，演化成一套包覆天人宇宙觀的哲學體系。

政治上的實踐推行，秦始皇為應天命，改其先祖數百年前所認定之白帝、金德，而成為水德，並依水德之理論，施酷法以治天下。

漢高祖、文帝均擁兩種以上之德應。逮至漢武，在理論、政治、社會、文學、天象等等領域中，不斷地分辨、爭擾、摸索、嘗試，最終亦改祖先之制，以黃帝、土德定案，完成了五行、五德說，從理論走向實踐的第一次終始的循環（案：即是以文獻學說中：黃帝為土德，歷：木、金、火、水四德，至漢武復以土德定案，成為第一次循環的完成，第二次的起始）。

〔註 1〕 鄺芷人認為鄒衍之書未流傳的原因：「可能是由於鄒衍的著述都已輯入《呂氏春秋》及《淮南子》等書中，這就沒有單行本的必要了。」見氏著：《陰陽五行及其體系》（臺北：文津出版社，1992），頁 38。

〔註 2〕 〔漢〕司馬遷著，韓兆琦注譯：《史記·秦始皇本紀》：「始皇推終始五德之傳，以為周得火德，秦代周德，從所不勝。方今水德之始，改年始，朝賀皆自十月朔。衣服旄旌節旗皆上黑」（臺北，三民書局股份有限公司，2011），頁 294。（以下《史記》簡稱篇名。）

第一章　導　言

在殷墟甲骨文中，出現了以「五」組合的名詞，或者是方位。胡厚宣在《殷墟萃編》907所錄的：「東土受年，南土受年，西土受年，北土受年」及相關材料，認為這是以「中商」為參照，將四方並舉的五方觀念。[註1]類似的卜辭尚見於郭沫若《卜辭通纂》375中的四方記載。甲骨文中，也出現了木、水、火、土等四字，但無「金」字。而以「五」連接的詞頗多，如五祀、五牢、五牛、五族、五示、五卜、五月等等，尚無「五行」。[註2]其後，先秦各類典籍有關五行因子的文字記錄漸次萌芽。而五行，以五為數的一致性，又是寰宇一統的象徵，將天地萬物歸納於一元。

李澤厚說：「『五行』之說在卜辭中有五方（東南西北中）觀念和『五臣』字句……。到春秋時，五味（酸苦甘辛酸）、五色（青赤黃白黑）、五聲（角徵宮商羽）以及五則（天地民時神）、五星、五神等等已經普遍流行。人們已開始以五為數，把各種天文、地理、曆算、氣候、形體、生死、等級、官制、服飾……種種天上、人間所接觸到、觀察到、經驗到並擴而充之到不能接觸、觀察、經驗的對象，以及社會、政治、生活、個體、生命的理想與現實，統統納入一個齊整的圖式中。」[註3]

[註1] 胡厚宣：《甲骨學商史論叢初集》（石家莊：河北教育出版社，2002），頁277～281。

[註2] 關於甲骨文是否與五行相關及其爭議，詳參孫廣德：《陰陽五行說的政治思想》〈陰陽五行說的來歷與發展〉（臺北，臺灣商務印書館，1993），頁20～21。

[註3] 李澤厚：《中國古代思想史論》〈陰陽五行的系統論〉（臺北，三民書局股份有限公司，2012），頁164。

　　相關五行與五德終始說，是一個龐雜的系統，本不易梳理，歷來對其研究剖析之學者大家頗眾。而在探討五行各種因子之緣起及其流變，即必須從文獻中爬梳。自《虞書‧大禹謨》中：「水、火、金、木、土、穀，惟修；正德、利用、厚生惟和。九功惟敘，九敘惟歌。」與《夏書‧甘誓》：「予誓告汝：有扈氏威侮五行。」以及《周書‧洪範》：「鯀堙洪水，汩陳其五行。……初一曰五行，一曰水，二曰火，三曰木，四曰金，五曰土。」依次敘其端，之後各家學說對五行釋義蠭起，並持續將新義滴注其中。

　　在千年歷史的流變中，諸子百家本其五行思想，或比於政治，或施於官箴，或喻以天道，或注以玄學，或賦予祭祀，或用於兵事，或施以禮儀，或決於相術，各有發皇。及至鄒衍，將各家五行支流匯注成一汪專門學說，其後始皇依「五德終始說」，以周為火德，代周者必為水德，故改祖先之金德為水德，以上應天命。〔註4〕成為中國有史以來，第一個以「五德終始，從所不勝」之說，訂定國運及施政方向的帝王。

　　西周起，歷春秋以迄戰國末年，從五行的物質演繹至政治的五德終始說，其演進從最初的：純物質、單一天帝賜與、無形指涉增加、寓意德行、融入人世帝王施政、儀仗服色、兵書布陣、進入文學、相生相勝，乃至面相術數等等。從有形逐漸衍伸，並包覆了許多無形象徵，從自然義進化出人文義，延伸至宗教義，復採擷不同元素，成為五行的隸屬概念，蔚然成為多家流派論述所引用的學說。〔註5〕

　　戰國時，五行說中的諸多元素大抵齊備，五行與陰陽本各自有其源流，諸子以各自的見解闡釋，卻是同途而殊歸，結論互異。〔註6〕及至鄒衍，匯流

〔註4〕見本篇〈第四章‧第三節〉。

〔註5〕孫廣德說：「其他各家也談陰陽五行說，起碼也應用陰陽五行的觀念，……談陰陽五行說的人，未必都是陰陽五行家。」見氏著：《先秦兩漢陰陽五行說的政治思想‧結論》（臺北，臺灣商務印書館，1993），頁289。

〔註6〕范文瀾言：「陰陽發達時期，五行不妨存在，等陰陽說盛極而衰，五行起來代替它的地位。在我們看，五行在夏殷已下了種子，何以不快快長育起來，其實因為陰陽的種子比他下的更在前，按順序說，也得讓陰陽先長育，才輪到五行出頭。」並將五行起源分成：A、原始陰陽說，夏以前。B、神話陰陽說（分二期：殷周之際為闡發期，孔子以下為光大期。）C、原始五行說（分二期：夏為創始期，殷為擴充期。）D、神化五行說（分二期：孟子為闡發期，鄒衍為光大期。）」見氏著：〈與頡剛論五行說的起源〉原刊載於燕京大學《史學年報》第三期，1949。後收錄於顧頡剛編著：《古史辨》，第五冊（臺北，藍燈文化事業股份有限公司，1987），頁643、648。（以下簡稱《古史辨》）。

先前各家之說，將其結合成「陰陽五行」的「五德終始說」體系，最終被視為一個朝代的天命依歸，以及下一個朝代的循環替代。秦漢時期，並以之推廣為施政、天文、曆法、祭祀、等等具體的實踐。

漢興，經高祖兩次定德應，截至漢武期間，前人之說已夥，而理論的援引，統治者現實的需求，朝野的紛爭，文士的勸進，黃帝信仰的意識形態，社會對於天象星曆的無所依從，一百零二年間的改制亂象，在在都亟需胸懷天下的武帝做一定奪，及至漢武帝以黃帝之德瑞：「土德」定朔，紛爭方息。

唐君毅嘗言：

> 五德終始說中之帝王受命說之涵義。此說倡自騶衍，而其書已佚。……此說在根本上為宗教性兼政治性者，乃無疑義。其原蓋是由殷周之際以來，潛存於民間，王者必受天命而王之思想之復蘇。五德終始之說，與殷周之際之天命觀不同，則在此中有五帝代興之說，而非只有一昊天上帝，降新命於新王。……而五帝之德，即首與運於四時中五行之德，五行之色彩、如青白赤黑黃等，亦互相配合。人間之帝王，應天上之五帝之德之一而興之後，繼起之人王，即當依五行之序，而另應五帝之一德以興。帝王為政之道，所尚之色彩，及所立之種種制度，亦自當依五行之次序而轉變。為此五德終始之說者，即本之以論天地剖判以來，唐虞夏商周歷代政治之道與制度之代易，以及當今主運符應之所存。〔註7〕

唐君毅指出，五行說將神話的玄秘氛圍寓於其中，其後又將神話導入正史，

另有陳麗桂：「從《尚書》只載「五行」，不涉「陰陽」；《易》傳只推衍陰陽，不及「五行」看來，陰陽與五行的結合，不可能早於春秋時期，而以戰國較為可能。因為從春秋時期的古文獻《國語》、《左傳》的記載看來，雖已論及「陰陽」、「五行」卻仍是各自表述，不相結合。」見氏著：〈從循環、代勝到主從、尊卑——戰國、秦、漢陰陽五行說的緣起與演變〉《哲學與文化》（第四十二卷第十期，2015‧10）頁5。馮樹勳：〈陰陽五行的階位秩序——董仲舒的天人哲學觀〉：「儒家天人學說，本諸五經，而陰陽與五行說各有其來源，本屬不同學問系統。儒家的主要經典五經之中，皆沒有陰陽五行並舉的詞彙存在。」《台大文史哲學報》，（2009年5月，第七十期），頁2。李國璽：〈秦漢之際陰陽五行政治思想源流研究〉：「陰陽之說，其自成體系概念於《易》；其詞之始出，於傳而不於經；是故陰陽可自成一體系。而五行出自《尚書》，亦自是一體系。」（臺北，臺灣大學哲學研究所博士論文，2010年1月。）

〔註7〕唐君毅著：《中國哲學原論‧導論篇》〈秦漢魏晉天命思想之發展〉（臺北，臺灣學生書局有限公司，1986），頁562。（以下簡稱《中國哲學原論》）

並影響了中國的政治、社會兩千多年，上起天子，下至庶民，深及江湖術數的信奉圭臬。

自《書》以至《史記》，其間先秦諸子闡揚學說，各擅勝場。然儒、道、墨、法、兵、縱橫家、雜家等等，多家皆於其學說中融以五行之漸瀝，《管子》將宇宙觀注於五行之後，系統化初始成形；鄒衍著述的「《終始》、《大聖》之篇十餘萬言」，當是「五德終始說」的架構形成；之後《呂氏春秋》續其說；而《淮南子》推而廣之，將其深入庶民階層；逮至董仲舒的《春秋繁露》，則將《周書‧洪範》中，天帝賜與九則大法的第一則：自然義的「五行」，與第二則人文義的「五事五德」完全膠合，復將其運用於官場，在人文義上的詮釋尤為豐富；司馬遷的〈天官書〉，則將天上星辰的運行，和五行、五德拌融，據此「究天人之際」，以驗證天上星辰與人世帝王、政治、戰爭、榮枯等等變化。此時，五行學說已然天、地、人，咸含覆。

而從「五行說」以迄鄒衍的「五德終始說」的完成，秦皇服膺，逮於漢武，百餘年間，廟堂、知識分子、庶民等等階層，無不浸淫於此一神秘的天人哲學，並以之為準繩。

司馬遷在《史記》中，雖說鄒衍：

> 深觀陰陽消息而作怪迂之變，……其語閎大不經，必先驗小物，推而大之，至於無垠。先序今以上至黃帝，學者所共術，大并世盛衰，因載其機祥度制，推而遠之，至天地未生，窈冥不可考而原也。……
>
> 王公大人初見其術，懼然顧化，其後不能行之。[註8]

然「先序今以上至黃帝」卻是「學者所共術」，且史遷的《史記》中，不時有信奉五行或五德終始的詞句於文本中。漢武時，朝廷甚且有五行家之設，任職於官署。當娶婦、死忌之日，辯訟不決時，則上奏皇帝，由漢武裁決依五行家之言為是，顯示了從西周迄西漢，千年的歷史長河中，五行之說已成顯學。

近世學者，將「陰陽五行」合併論述之大作已多，在探究先秦至漢代陰陽五行觀的學術思想史論著中，多以斷代的著作取材，而該著作在當時，五行的元素已累積至一定深度，如：《管子》、《呂氏春秋》、《淮南子》、《春秋繁露》等等，或取書中之五行為核心，復以其他著作為參照；或是考證五行的初始源流及其意義；或探討五行對某一時代的政治影響；或以之為某一

〔註8〕〔西漢〕司馬遷著，韓兆琦注譯：《史記》〈孟子荀卿列傳〉，頁3172。

時代的某一思想為例證；或在某一論點上引用先秦諸子的單篇文集以為依據。現代學者，又以哲學思想的視角，或剖析諸子思想，或論證其著作在五行觀上的演繹，或探討其時代意義以及對後世的學術影響，均自具其參證意義與價值。

較難見到將散見於先秦諸子、各家學說中，漸次遞增的五行元素，以歷時性排列梳理，統合其縱軸脈絡，且殊少提及對於五行因子在文學上的流變，以及在：服飾、讖緯、曆法、紀數與祭祀和政治管理上的實踐。

本文則以脈絡史的角度，將陰陽與五行切割，做歷時性的源流尋根。自西周初，歷春秋、戰國、秦，以迄漢武，依其著作的大約朝代為順序，蒐羅各家、各經集中，相關五行與五德終始說的細胞，溯其脈絡，如何從物質的種子，向多元多義涓滴挹注，漸次遞增，及其釋義與引用目的，以至於如何成為五行、五德終始說，之後演變伸張成為一門涵覆了天、地、人的哲學。

之中，《管子》構建了五行五德的系統化雛型；鄒衍集其大成，歸納並闡揚朝代相替的五德終始說；《呂氏春秋》觸及宗教，與上古帝王出於天命的德應，而「從所不勝」的代替了前朝；《淮南子》則確鑿了「五行相生」和「五行相勝」的定序，並推演至官場、人世庶民，將人文義多向延伸，復且極大化的與星象連結，蔓衍成四維時空的宇宙觀；《春秋繁露》則以五行說附麗於儒家的君臣父子倫理，與仕宦的制衡之道，五行的人文義已較自然義為多元；司馬遷參與德應改制，並在《史記》的各體制中，均對五行、五德，多所著墨。尤其，「究天人之際」，天體運行與人世以及五行徵兆，三者牽連比附，將星象與人間政治、社會、戰爭、農獲等等互為糾結，導入占星術，從而影響了後世。

並製表列明五行說的各種因子的集成與變異，係由何經集產生。

復探討五德終始說，在實際的政治運用上，首次，由秦始皇依「水德」定朔，循水德之義：改祖先之祀、易服色、訂「數以六為紀」，因水德「主刑」，故以苛政酷法治國。

有漢一朝，經劉邦以「五行相勝」之義，「火德勝金德」，示天命之所歸，樹反蠹於大澤。其次，又率爾兼攝「水德」，剖析其主因，乃係有利於軍旅宣傳、招募與做戰。而後，文帝以庶子之身登基，欲重定「德應」，以鞏固其為天命所授。於是，「外黑內赤，水火相並」，之後又改為「土德上赤、黃赤兼容」，諸說莫衷一是。

　　歷四帝一后，經火、水、土三德，徇至漢武，尤重「五行」、「五德」，為改制定德運，而產生的朝野紛歧爭議，又：封禪、祭祀、咒敵、舉才，造成政治、社會以及曆法的亂象，期間煙塵瀰漫，擾嚷喧騰。最終，亦改祖宗舊制，改以與黃帝同居「土德」定案，更服色、訂曆法、占卜決移、「數以五為紀」。

　　自漢肇造以迄漢武，逾百年政治實踐上的混亂，至此方算風波暫息，五德終始在歷史文獻上，完成了第一次的實際完整的循環。〔註9〕

　　在探溯從「五行說」至「五德終始說」，從物質到德行，從自然義鋪陳到人文義與宗教義，廣及天上星辰與宗教，與朝代與帝王，以之定為國家德應的塑形過程，其剖析與論述方法為：

1. 以先秦至漢武時的文獻為經，做歷時性的爬梳；

2. 採集各文獻中，相關五行的諸家眾說及其針對性，探討隨著年代的推進，如何豐富五行之說；

3. 比對各文本對五行說之異同，述其流變；

4. 剖析秦代的祭祀流變，以探討其祭祀與德運觀之演進與合流；

5. 以漢武時期，朝野的各種現象為緯，分析現象的形成因由；

6. 以古代學者之考據注解為佐助，究其竟，為考據注解之年代較近於文本論述的朝代，且古代學者當時，依舊難以全然脫離五行思想範疇之束縛；

7. 以近代學者之研究為參酌，係乃疑古派崛起後，渠等畢竟已具現代科學之觀念，其說雖不無商榷餘地，然其觀念與方法卻與古之學者逕庭，故亦具參證價值；

8. 以近現代學者新的考證與論述作為新發現，遇兩說互異時，則並存其說。

9. 以考古出土文物為確鑿證據，蓋因出土文物為當時存留之實況，而文本流傳或因抄本錯誤，或因誤刻，或因作偽，或因好事者續貂，後世之公信力畢竟不如考古出土的當時實證。

〔註9〕所謂「歷史的文獻」，乃是指除了秦之水德為實際政治上的應用以外，其他如：黃帝土德、夏為木德、商為金德、周為火德，均只見於後世的文獻，在實務上難考。到武帝定案為土德，在文獻上等於是一個循環的完成，開啟了另一個循環。

　　然先秦各類的「經」、「子」、「集」，往往有真偽之辨，年代之爭，眾說莫衷一是，各憑以論據。現極力以文獻為依據，並嘗試將文本中相關五行、五德終始之說的人物、典籍、事件、文本等等，查證各國、各朝代之年號，學說流派，再以《史記·本紀》、〈世家〉、〈列傳〉；與《左傳》；《國語》等等年號較為明確之經籍，比對於《史記·年表》中，周天子之年號；錢穆先生的《先秦諸子繫年》、〈諸子生卒年世先後一覽表〉；顧頡剛編著：《古史辨》；以及近世對各學說之專業學者的考證論述；復將其年號應證於今人之《中外歷代大事年表》，〔註10〕換算成西元年代，之後，依西元年代前後，做朝代遠近之歸納，定其脈絡順序。

　　然，某些著作的年代、作者，迄今無定論，且爭議甚大者，如《晏子春秋》、《墨子》、〈遠游〉等，只能依傳主大約生卒年代論序。某些著作的撰述日期又和傳主不同，如《管子》，則依著作時代為主。即便史公的《史記》在各篇章之間的年代，與〈年表〉所登錄的年代亦不盡然一致。《山海經》與《禮記》的各篇年代尤難訂定，蓋其歷時性太長，從春秋末跨戰國迄漢初，縱貫了先秦眾多的經、子、集，的成書時代，而《山海經》的地域跨度又太大，〔註11〕復與鄒衍的五德終始說時代重疊，只能將其置於戰國時期論述，故順序容或謬誤，然其說的重點則遵循文獻敘述。

「行」字釋義

　　今人鄭吉雄、楊秀芳、朱岐祥、劉承慧等多位學者，研究先秦經集中的「行」字，並合著：〈先秦經典「行」字字義的原始與變遷——兼論「五行」〉，該文由學者各自在專精領域，分別對古漢語之訓詁、上古音、詞態、以及在自然五行與人文五行上所呈現的義理，鑽研考釋，為研究五行脈絡進路之新義論證，認為「行」字有四組義，〔註12〕如下：

〔註10〕康哲茂編著：《綜合國語辭典》〈中外歷代大事年表〉（臺南，綜合出版社，1974初版，1996，二十九版）

〔註11〕袁珂言：「《山海經》……它大約成書於從春秋末年到漢代初年這一長時期中，作者非一人，作地是以楚為中心，西及巴，東及齊。」見〔東晉〕郭璞、〔清〕郝懿行注，袁珂譯注：《山海經·前言》（臺北，臺灣古籍出版有限公司，2004）（以下簡稱《山海經》）

〔註12〕鄭吉雄、楊秀芳、朱岐祥、劉承慧等合著：〈先秦經典「行」字字義的原始與變遷——兼論「五行」〉（中央研究院中國文哲研究所，《中國文學研究集刊》第三十五期，2009，9），頁119。

附表一：「行」字古音、義對照表

詞　類	一	二	三	四
動詞	行走	實踐	運行	施行
對應之名詞	道路	德行	軌跡、規律	作為

「行」原為「行走」之義，而人之有德，自可無礙的通行四方。因此，「行」字由大道而「行走」，然後又進一步衍生出人的規範法則「德行」之義。在金、木、水、火、土的五行上，讀音為二等平聲（ㄏㄤˊ），為自然義；在仁、義、禮、智、聖的五行上，則讀作二等去聲（ㄒㄧㄥˋ），為人文義，五行的概念則兼攝二義。

五行釋義：在爬梳歸納後，五行可分做：

一、基本意義，又可拆解為

（一）自然義

原為金、木、水、火、土，黎庶賴以生的五種自然物質，皆為單純的自然義（之前，五物尚有一「穀」字，後刪除，詳後）。

（二）人文義

之後，自然義向形而上的德行伸出枝椏，演化為：仁、義、禮、智、聖（或：信）的五種德行，成為人世應行之德。

二、衍伸比附

（一）自然義

從五物衍伸為：五方、五色、季節、時日、五星、五聲、五味、五氣、五穀、五臟等等。

（二）人文義

衍伸為：五德、五事、紀數、軍事、五官、朝廷君臣、家庭倫理、五行相生、五行相勝、五德終始等等。

三、宗教義

衍伸為：五帝、五神、五佐、五佐工具、五官（天界五官）、五獸、五星、祭祀等等，兼攝自然義與人文義。

四、政治踐行

多元多義發展後，五種交替循環的生命力，注以政治德應之終始，進化為告諸天下，受命於天之正當依據。且以之推行諸如：國運更迭、革命依據、

施政方向、服飾、卜筮、祭祀、軍事、曆法等等。

章節架構依序為：

第一章：緒論。說明本文撰寫之動機、目的以及脈絡研究、分析方法等。

第二章：探討西周至春秋末期的五行思想發展，從《虞書‧大禹謨》中，將自然界對於生民有所裨助之有形物質，以「六府」說明；《夏書‧甘誓》則並未說明五行之物為何，然其釋義乃係物質的「自然義」，尚屬單純；到了《周書‧洪範》的「箕子乃言曰：『我聞在昔，鯀堙洪水，汩陳其五行。帝乃震怒』」，首見有神話植入，三篇都彰顯了先民對於賴以生存之物的崇敬與敬畏，初期較偏於樸實的物質說與神話。

在時代的變革中，學說內涵隨著民智的啟迪而遞增，貴族、學者從尊重有形的物質觀念，次第向無形萌芽衍伸。春秋時期，天子將：味、色、聲、義，冠以「五」之數，曉諭禮儀尊卑，介於自然義與人文義。五行的物質演繹，開始與祭祀、神明、卜筮、季節、禮儀互為對應。

及至春秋末期，五行除具有上述之特性以外，已然和感官的味覺、嗅覺、聽覺、視覺、觸覺，與方位、色澤、節氣、時日相絞合；復完成了物質以多寡強弱，決其盛衰，產生了讖緯之說，強調了與「禮」比附的人文義，且有五行紀數的雛形出現。

第三章：戰國時，無寸土之封的「士」，為尋良木而棲，四方投明主以效，但求施展抱負。隨著士人學者奔赴各國宣揚所學，原本散見於各地、各學說的五行思想也漸次合流而系統化。《墨子》的理論發展出五行乃「以多為勝」與完整的五行紀數；《孫子兵法》則認為「五行無常勝」，《墨子》與《孫子兵法》均將其觀點施之於軍事並滲入神話；道家的《文子》出現了「五行」與「陰陽」並列的論述，雖以自然義論述五行，但已寓有相生相克之義；兵家的《吳子兵法》，則以五行說施於戰事布陣；稷下之學的《管子》將五行與空間、時間、星辰、曆律以及官職相互配置，五行與宦場結合，將官銜賦予五德之義，五德之說出現系統束納的雛型，而其時五德之冠名，與後世不同。

而《儀禮》記載了諸侯在向中央天子行朝覲之禮時，依五行的因子為外在的象徵；《禮記》則兼涉五行的自然義與人文義，並向星空發展。儒學的孟子，則將其訴諸人文義，人之五德係秉乎天生自性與後天之養成。

至鄒衍時，同為稷下學者，將此前的五行各種元素，歸攏於一爐，闡五德終始說，「明於五德之傳，而散消息之分，以顯諸侯。」崛起於齊，見重於

燕，其書後世雖佚，然其理論卻影響深遠，他以「終始五德，從所不勝，土德後，木德繼之，金德次之，火德次之，水德次之。」〔註13〕從五行的物理性質，延伸至朝代德運的相勝說，從黃帝排序其德運，乃至於繼周之後的水德。當時戰國諸雄多受其說影響，以其論述，尋天命之所歸，理論流於後世，下啟《呂氏春秋》、《淮南子》、《春秋繁露》等等著作。其間，五行的因子仍有或現於神話，如《山海經》；或見於文學，如《楚辭·遠遊》；或以五行入於寓言，如《莊子·天運》；或將五德副以五行之名，如《荀子·非十二子》。同時，縱橫家捭闔於各國之間，勸喻國君自立為五行說中的五方帝，而齊、秦東西兩強，確曾自立為東、西帝，雖然時間不長，但實踐的嘗試已然開始。是故，戰國之際，相關五行的理論各說以及實踐，已是沛然勃興。

第四章：始皇即位後、稱帝前，呂不韋集眾才士之智，完成了《呂氏春秋》，其書受鄒衍五德終始說影響，雖然《呂氏春秋》書中的〈十二月紀〉為四德，但同書的〈應同篇〉卻為五德，且「代火者必將水」，預示了代周而起的王朝德應。之後，始皇改秦之金德而居水德，成為中國第一個以德建朔的王朝。

《呂氏春秋·十二月紀》解決了《管子》的〈四時〉與〈五行〉兩篇中，四季時日無法平均於五行的凌亂現象。而天帝與人帝交融，人帝循五方天帝之德施政，以上應天時、天命。

略當與此同時，兵家之兵書《尉繚子》、《鶡冠子》同樣以五行用於軍事陣法指揮與部伍識別，不過兩書依五行之說用於軍事的方式，已然較諸《墨子》與《孫子兵法》為科學。

秦代自西周時期的秦襄公始，在國家的宗廟祭典中，即不斷有方位、顏色、神帝等相關五行說的元素出現。而秦在歷代都以西方、金德的白帝為上帝與德徵，始皇雖改金德為水德，卻不見有對應的黑帝祠出現，導致劉邦造反時，以火克金的相勝說自居火德，之後，卻因未見有黑帝祠，復自居水德，成為漢初定德應的亂象因由之一。

第五章：漢初，自劉邦以赤帝子殺白帝子，喻火德克秦之金德，以之托天命起義，待稱漢王後，又再居水德建黑帝祠，擁水火不容之雙德，下啟漢初為定該居何德運之朝野紛擾，以致文帝一朝，歷水、火、土，三德之更迭交

〔註13〕〔西晉〕左思著，李善注：〈魏都賦〉，收入《昭明文選》（臺北，文化圖書公司，1979），頁89。

錯，混亂中，導致方士新垣平以詐欺上，待誅夷新垣平後，文帝怠於改正朔、服色、曆法、神明祭祀之事，國之德應仍未定奪。

第六章：武帝時，五行之說在知識分子及權貴中不但已是顯學，並與朝野、政治、社會、節氣、民生等等施政議題密不可分，為改訂德運，紛擾三十六年，前所未之有，而漢朝是歷代的五行五德說中，釋義建構最為多元豐富，且將之系統化完成的朝代，故此章著墨較多。

漢武即位，尤敬鬼神之祀。然自高祖經文帝以迄武帝，相關朝代之德運，在長達一百零二年的更動中，已然莫衷一是，爭議尤烈。武帝一朝，與五行相關的論述、朝野的辯證、社會的紛亂，俱待磨合擦撞後的歸於一，以定朝代之德應。

其間，淮南王劉安的《淮南子》，奠定了後世「五行相生」與「五行相勝」的物質序列，其順序影響至今。並將五行與人世朝廷宦場相對應，復向下扎根至人世農產、畜牧，甚至推及面相、四肢、臟腑、個性、壽夭，等等相術命理。在季節時日的分配上，書中的〈天文訓〉，卻在同一篇內，分別採用《管子·五行》與〈四時〉兩篇的不同方式，導致前後矛盾。復將《淮南子》比對粗樸的神話專書《山海經》，歷雅馴的文學《楚辭》，到五德說的《呂氏春秋》，四書在五行、五方、五帝、五神、五佐、五獸的演進痕跡。

董仲舒將陰陽與五行羼合，融入儒學，《春秋繁露》中，相關五行的論證極為多義，書中再次確定了五行相生、相勝的秩序，其論述推崇土行所衍生之聲、味、色，等等代表的象徵，從而樹立了土行所代表的黃帝，為天下之中，最為尊。復以五行之義喻以人世之君臣、父子、兄弟等倫理的人文義；又將五行之物理性質，一物生一物的相生之說，附會為朝廷重要官職的官官相生之說；而一物克一物的相勝之說，衍生成官場制衡監督之道的理論。且《春秋繁露》與《淮南子》五行說的架構，勾繪出當時漢人的宇宙觀圖式。董子雖然對五行理論多所發明，但在改正朔上卻傾向三統說。

司馬遷位居太史，掌天文、曆法，為定朔改曆的主事者之一。史遷尊儒、崇黃帝、彰顯大一統觀念，深信陰陽五行說，在《史記》的眾幅篇章中，多次書寫上述的觀念（案：家學的〈天官書〉尤多）。他自始至終不贊成漢初律曆名臣張蒼的水德說，亦不同意董仲舒的三統說，但對五行說中，黃帝居中，土行為貴的觀念卻是與董子相同。

由於漢武當時，正朔、曆法的混亂，導致農業社會依曆法行事的莫知依

從，武帝信方士、慕神仙，朝野投其好，施法、求仙、妄言，因而賞賜、封爵、誅殺者眾。而文學之士勸進封禪，武帝復崇黃帝，欲傚黃帝成仙故事，黃帝又是大一統天下的聖王，加之相關五行、五德論述，如《墨子》、《管子》、鄒衍、《呂氏春秋》、《淮南子》、《春秋繁露》等，均將黃帝置為天下正中之土德，最尊。終於在太初元年改制成功，與黃帝同居為土德。

第七章：結論。分做歷時性文獻的脈絡，與實踐的脈絡綜結。除總結文獻以外，並論述秦始皇與西漢高祖、文帝、武帝，四帝在政治上依五德說實踐的舉措及其影響。

第二章　西周至春秋末期的五行思想發展

第一節　春秋之前

　　殷商時的甲骨文，雖然有以「五」為整數的名詞，如「五牢」、「五祀」「五卜」等等，但未見有將：金、木、水、火、土、冠以「五」的名詞。

　　《詩經》之撰作年代始自西周初期，地域從長江以北延伸至今之河南、河北、山東、山西、陝西、東北等地，在歷時性如此之長，地域如此廣袤的經緯中，卻不見〈風〉、〈雅〉、〈頌〉三文體中有五行之說。其中〈頌〉為天子、諸侯的廟堂祭祀樂章，歌詠對上帝與祖先的崇拜，而〈商頌・那〉篇，是祀殷商始祖成湯的廟堂之歌，未出現有五行、五方神明的元素於其中。以今之文獻觀之，《堯典》、《虞書》、《夏書》所敘述的年代都早於〈那〉，但，實際創作年代則未必然，或曰待考。而〈那〉篇的紀錄，屬於信史時代，可信度或許較《堯典》、《虞書》、《夏書》為高，[註1]〈商頌〉除〈那〉以外的各篇，亦不見有五行之說。

〔註 1〕〔漢〕毛公傳，鄭玄箋，〔唐〕孔穎達等正義：《毛詩正義》〈商頌・那〉：「那，祀成湯也。微子至於戴公，其間禮樂廢壞。有正考甫者，得商頌十二篇於周之大師，以那為首。」（臺北，臺灣古籍出版有限公司，2001），頁 1684。《國語・魯語下》：「昔正考父校商之名頌十二篇於周太師，以〈那〉為首。」（臺北，臺灣古籍出版有限公司，2007），頁 279。（以下簡稱《國語》）兩篇均記載為東周平王初期，宋戴公的大夫正考父獲得〈那〉並校正之。屈萬里則疑為宋襄公時所作，見氏著：《詩經釋義》〈商頌・那〉（臺北，中國文化大學出版部，1980），頁 430。三篇均認為是春秋初期。而不論其作於戴公或襄公，相距未遠，且其內容是出自於對祖先的尊崇，較難虛構，可信度較高。

〈周頌・時邁〉為周代肇奠之初，武王巡行邦國，告祭昊天、山川之歌詠，雖有「百神」的文字，但上帝只是單一的天帝，祭祀中也無五行、五方、五帝、五神之說。〔註2〕在西周末年的〈大雅・雲漢〉一詩，乃敘述宣王二年的大旱，百姓苦甚，宣王憂之。宣王乃幽王之父，在位約四十六年，已是西周末期。及至春秋初期，周大夫仍叔作〈雲漢〉詠宣王。〔註3〕詩中提到：后稷、先祖之神、旱神旱魃，並三次提到「昊天」，以及另外三次言及「昊天上帝」，其中亦無五方的五色帝之說。

成書於戰國初期的《國語》，記載時序以春秋時期為主，間涉及西周與戰國初期，範圍有天、時、政治、軍事、人事、災異等事宜。〔註4〕在記述西周時期的篇章，除〈鄭語〉一篇，是將五行之物以純物質的視角敘述（見後述）。其他〈周語〉、〈魯語〉、〈齊語〉、〈晉語〉、〈楚語〉、〈吳語〉、〈越語〉等諸篇中，多處提及上帝，卻不見有相關：五行、五方、五色、五帝、五神等等元素。

相關五行的文字，載諸先秦文獻者，初見於《尚書》。

一、純物質「六府」：《尚書・虞書・大禹謨》

與五行相關的文字，依現今所見之文獻，首現於《虞書・大禹謨》：

> 德惟善政，政在養民。水、火、金、木、土、穀，惟修；正德、利用、厚生惟和。九功惟敘，九敘惟歌。〔註5〕

在〈大禹謨〉中，這六種物質只是單獨依序排列，並且是和「正德、利用、厚生」合而為「九功」的統稱，並未將六種物質給予一個專有的名詞，如「六府」或「五材」，而成為一個專門詞彙。到了《左傳》，則將其歸納分類成為：「水、火、金、木、土、穀為六府，正德、利用、厚生為三事。」〔註6〕將在

〔註2〕《毛詩正義》〈周頌・時邁〉：「懷柔百神，及河喬嶽」，頁1530～1533。

〔註3〕《毛詩正義》〈大雅・雲漢〉，正義曰：「〈雲漢〉詩者，周大夫仍叔所作，以美宣王也」，頁1401～1402。

〔註4〕黃永堂語：「《國語》……舉凡『邦國成敗，嘉言善語，陰陽律呂，天時人事逆順之數』概被納入，尤著力於政治事件、經濟體制、軍事行動、內政外交、典章制度、道德禮儀等方面的言論記述。」見氏譯注：《國語・前言》，頁3。

〔註5〕〔漢〕孔安國傳，〔唐〕孔穎達等正義：《尚書正義》〈大禹謨〉（臺北，臺灣古籍出版公司，2001），頁106。（以下簡稱《尚書》）

〔註6〕〔晉〕杜預注，〔唐〕孔穎達等正義：《春秋左傳正義》〈文公七年〉（臺北，臺灣古籍出版公司，2001），頁600。（以下簡稱《春秋左傳正義》）

上位者以各種物質畜養百姓，並應以德政牧民的「九功」，分拆為有形的純物質「六府」，與無形的理民之政「三事」。

此時的「六府」比後來的五行尚多一「穀」字，均為天地間可見、可觸、可感、滋殖黎民的有形之物。尚未見到有關陰陽、德行、方位、色澤等等無形的抽象概念比附其中，屬於較為務實的物質本然狀態。〔註7〕而無形的懷德施政，是以「正德、利用、厚生」三事為警惕。因此，自然義為天地間生成之六物；人文義為「正德、利用、厚生」。自然義的「六府」與人文義的「三事」，截然分明，兩者涇渭，並無從屬關係，而是各具其義，係生民簡約樸實的歷史記載。

二、賦予德行：《尚書・夏書・甘誓》

到了《夏書・甘誓》中：「予誓告汝：有扈氏威侮五行，怠棄三正」〔註8〕對「五行」侮慢不敬，乃德行上重大缺失，構成誓師征伐的理由。但誓文中未說明「五行」為何？鄭玄注：「五行，四時盛德所行之政也。」〔註9〕鄭玄也未說明何為「四時盛德」？且五行對於四時，數目上缺一，難以相匹。

後世孔穎達的正義則注解為：「五行：水、火、金、木、土也。分行四時，各有其德。……且五行在人，為仁、義、禮、智、信。」〔註10〕正義的註解將五行的自然義與後世五德的人文義之說攏合對應，然孔穎達亦未說明「五行」

〔註7〕「〈書傳〉云：『水火者百姓之所飲食也，金木者百姓之所興作也，土者萬物之所資生也，是為人用。』「五行」即五材也」襄二十七年《左傳》云：『天生五材，民並用之』，言五者各有材幹也。謂之「行」者，若在天則五氣流行，在地世所行用也」，《尚書》《周書・洪範》，頁357。

〔註8〕《尚書》《夏書・甘誓》，頁208。

〔註9〕〔日〕瀧川資言編著：《史記會註考證》〈夏本紀〉，頁108。（以下簡稱《史記會註考證》）另一說為民初劉起釪，曰：「五行，指天上五星的運行，即以之代表天象。釋為秦漢以來陰陽五行說的『五行』，大誤。」引自司馬遷著，韓兆琦注譯：《史記》〈夏本紀〉，頁76。

〔註10〕先是，孔子提出仁、義、禮。「子曰：『仁者人（愛人）也，親親為大；義者宜也，尊賢為大；親親之殺，尊賢之等，禮所生焉』，見蔣伯潛著：《中庸》，（長春，吉林人民出版社，2013），頁61。之後，孟子復加「智」於其後：「仁之實，事親是也；義之實，從兄是也。智之實，知斯二者弗去是也；禮之實，節文斯二者是也。」〔漢〕趙崎注，〔宋〕孫奭疏：《孟子・離婁上》，頁248。到了漢武時，董仲舒的〈賢良對冊〉提出「五常」：「夫仁、誼、禮、知、信，五常之道，王者所當脩飭也；五者脩飭，故受天之祐，而享鬼神之靈，德施於方外，延及群生也。」〔漢〕班固著，吳榮增、劉華祝等注譯：《漢書》〈董仲舒傳〉，頁3324。（以下簡稱《漢書》。）

如何納於「四時」？

　　梁啟超駁古代注經家之說：「後世注家多指五行為金、木、水、火、土；三正為建子，建丑，建寅，然據彼輩所信：子，丑，寅三建分配周，商，夏。〈甘誓〉為《夏書》，則時未有子丑二建，何得云三正？且金、木、水、火、土何得云威侮，又何從而威侮者？」梁任公對於此言的釋義是：「威武五種應行之道，怠棄三種正義。」〔註11〕而司馬遷雖在〈夏本紀〉中引用〈甘誓〉，同樣亦未予以說明為何「威侮五行」天地間之常物，即可作為誓師滅敵的理由。然依鄭、孔、梁三家所釋義，皆是在物質之外，尚有寓德行於其內之義。荀子在〈非十二子〉一文中，即將「五行」之名冠於：仁、義、禮、智、聖（詳後）。

　　鄭、孔二家之釋義如為正確，則作〈甘誓〉時，五行的對應節氣只有四時，而非像後世般，將四時再拆解出一個「季夏」，成為了五季來對應五行。

三、天帝神話：《尚書‧周書‧洪範》

　　〈大禹謨〉為《虞書》，〈甘誓〉為《夏書》，到了《周書》的〈洪範〉：

> 箕子乃言曰：「我聞在昔，鯀堙洪水，汩陳其五行。帝乃震怒，不畀洪範九疇，……天乃錫禹洪範九疇，……初一曰五行，……一曰水，二曰火，三曰木，四曰金，五曰土。水曰潤下，火曰炎上，木曰曲直，金曰從革，土爰稼穡。潤下作鹹，炎上作苦，曲直作酸，從革作辛，稼穡作甘。」〔註12〕

「六府」的「穀」已然消失，成為「五材」。徐復觀先生認為，穀實為土所生，因此，六府去穀而成為五材。〔註13〕而沿虞、夏、周，朝代的遞嬗，五行的內涵漸次擴增。但《周書‧洪範》對五行的釋義，卻依然只是就其自然性質的現象，以及予人眼、喉、舌、鼻的意感，作出材質物理現象的單純解釋。〔註14〕

〔註11〕梁啟超著：〈陰陽五行說之來歷〉《東方雜誌》（第二十卷，第十號，1936）收錄於《古史辨》第五冊，（臺北，藍燈文化事業股份有限公司，1987），頁350。

〔註12〕《尚書‧洪範》，頁353～357；《國語‧鄭語》，頁730～731。

〔註13〕參見徐復觀：《中國人性論史》，〈先秦篇〉（臺北，臺灣商務印書館，1969），頁519。

〔註14〕樂調甫：〈梁任公五行說之商榷〉一文中：「〈洪範〉謂『鯀堙洪水，汩陳其五行。』者，疑即鯀誤用常勝論土勝水說，而以息壤堙水致水失其避高就下之性。」此義則將五行相勝說的認知與應用，上推了千年。見氏著：〈梁任公五行說之商榷〉，原刊載於《東方雜誌》第二十一卷，第十五號（1924，08，10），

且「鯀堙洪水，汩陳其五行」。鯀以土塞的方法去阻擋洪水，造成了治水的失敗，這與後世「五行相勝」的「土勝水」之說，堪堪牴牾。不過，文本中的「帝」與「天」已將五行與神話結合。五行，是由天帝賜與地上的人君，人君借助九則大法之中的五行施政，並對其掌握管理。此時的五行由單一的天帝掌握，而非後世的五行、五色、五季、五方，各由五帝控屬。

四、喻以治國之道：《國語・鄭語》

《國語》中的〈鄭語〉，在記載西周末的史伯在回答鄭桓公有關國之興衰時，提及五行之說：

> 夫和實生物，同則不繼。以他平他謂之和，故能豐長而物歸之；……
> 故先王以土與金、木、水、火雜，以成百物。是以和五味以調口，
> 更四支以衛體，和六律以聰耳，正七體以役心，平八索以成人，建
> 九紀以立純德，合十數以訓百體。〔註15〕

先王以「土」與其它四物混揉，即能成就百物，百物自土出，是一種協作輔助的觀念，是先民尊重黃土大地的質樸心態。以：四、五、六、七、八、九、十等數字統合訂定等級，和身心互調，並訓示百官的統屬關係。其中「八索」為：乾為首，坤為腹，震為足，巽為股，離為目，兌為口，坎為耳，艮為手。〔註16〕蘊含了一種易數玄學。但尚無後世的「火生土，土生金」、「木勝土，土勝水」等等的相生相勝之說，且依然是以物質的角度視之，然而，「土」已隱然呈現輔佐其他四物並為尊的重要性。

位處中原的鄭國，開始將金、木、水、火、土，五種物質，比擬於國家的和諧興衰，開始寓有抽象的無形指涉，釋義逐漸開始繁複，除了原本物質所具有的功能、形狀以外，並以其喻為治國之道以及修德的觀念。

《逸周書・周祝解》曰：「陳彼五行，必有勝」孔晁注曰：「『勝』訓為『協』義，順從萬物之性，令其相協，即為天地之道。」〔註17〕〈周祝〉為周人的

收入《古史辨》第五冊，頁387。
〔註15〕《國語・鄭語》，頁730～731。
〔註16〕同上註，頁732。
〔註17〕全文為：「故天為蓋，地為軫，善用道者終無盡；地為軫，天為蓋，善用道者終無害。天地之間有滄熱，善用道者終不竭。陳彼五行必有勝，天之所覆盡可稱，故萬物之所生也，性於從，萬物之所反也，性於同。」〔晉〕孔晁注：《逸周書》〈卷八・周祝解第六十七〉，收入〔清〕：永瑢、于敏中、紀昀等編纂：《四庫全書・史部四，別史類》（北京，中華書局，1995），頁61。

祝願，天子善用五行所代表的萬物之性，使其相輔相成，此乃天地之道，突出一個無形的「道」字，寓含對君王警醒勉勵之意。

宇宙間本就蘊藏自然熟成之物，以其能量充塞並供養天地萬物，如今變成了是因神明所賜，人君以之使用管理，萬物能量與人格、道德、信仰糾纏混融，神明是從宇宙傳遞萬物至人間的橋樑，而人君則是萬物能量的管理者。如神話學家約瑟夫·坎伯（Jose Campbell）所說：

> 所謂的神明只是一種能量的人格化表現。神就是充溢於所有生命中的能量之人格象徵。人格化的本質取決於實際歷史的環境。每個民族都有不同的神明，但能量則是人類共有的。神明產生於那種能量。也可以說，祂們只是能量的信差與載具。〔註18〕

職是，具生養能量的五行之物，逐漸開始具有人格象徵，「人格化的本質取決於實際歷史的環境」，物與神開始交疊，神明逐漸成了五行物質「能量的信差與載具」。這時，五行從原先簡樸的歷史實錄走向「歷史神話化」，神人相互交通，融信仰於其內，從而增加了五行的神秘性。

第二節　春秋時期

周平王元年，為避犬戎，東遷洛邑，開啟了東周時代。東周又分春秋、戰國兩時期。

幽王之禍，固咎由自取，但平王膺王位，乃因其外家申侯聯繒國與犬戎，殺其父幽王於驪山下，即位過程並非光彩，故諸侯不附。中央共主周王室開始衰頹，逆子簒臣滋起，政由方伯，齊、晉為最。土地與人口的兼併征戰開始，但此時尚假藉「禮」與「理」之名，遂行恃強凌弱之實。執牛耳之霸主假「尊王」之名，藉會盟代行天下共主之實，如：齊桓以「尊王攘夷」為口號，伐楚之理由為：「包茅不入，王祭不供」，四方征伐，實存僭越之心；〔註19〕宋楚之

〔註18〕（美）約瑟夫·坎伯（Jose Campbell，1904～1987）著，李子寧譯：《神話的智慧》，（臺北，立緒文化事業有限公司，1996），頁196。

〔註19〕桓公以德之名號召天下會盟，恃其武力要脅天下諸侯，〈齊太公世家〉：「而桓公能宣其德，故諸侯賓會。於是桓公稱曰：『寡人南伐至召陵，望熊山；北伐山戎、離枝、孤竹；西伐大夏，涉流沙；束馬懸車登太行，至卑耳山而還。諸侯莫違寡人。寡人兵車之會三，乘車之會六，九合諸侯，一匡天下。昔三代受命，有何以異於此乎？吾欲封泰山，禪梁父』，頁1652。自比三代受命之王，要求「諸侯莫違寡人」，且欲封禪，這已近乎僭越。

戰，宋襄公為求仁義之名，而待楚軍渡河列陣之後方對決，導致大潰；晉、楚城濮之戰的退避三舍等等。然各諸侯國，國眾人寡，戰爭規模實也不大。

　　周初行宗法制，自王、諸侯、卿、大夫、士，分五級。爵位、土地、財產等，只能由嫡長子世襲，非嫡長者漸次逐級而降，逮降至「士」以後，「士」的非嫡長子後裔無法再襲貴族之蔭。故自春秋始，「士」已無財貨之資、寸土之封。於焉，貴族旁支的「士」，逐漸淪落至民間為平民。原先屬於貴族教育的學術知識，亦跟隨沒落的貴族散播至民間，惠及黔首，導致民智因而啟迪，諸家學說開始露芽。而孔子首創平民教育，將中國的人文學術思想開啟了一扇門縫，從此由曙光迸現，終致湍然而成波瀾壯闊的洪流。

　　且自西周起，人才只有宗族觀念，並無今之國籍、地域的觀念，春秋的平民教育，使得布衣相繼崛起於壠畝里巷，諸子各家蠭起，抒見解，揚門戶。故而，策士奔波於宦途，布衣走向廟堂，各逞己說，尋晉雲之梯。而各國諸侯不論國籍、地域、出身，唯才而用，於是各學派領袖懷才以說服君主，使得知識分子流轉各國，覓飛黃之路，這使得五行之說隨著人才開始逐漸發皇於各國。

　　截至春秋初期，周定王接見晉國大夫隨會，以「五」冠於；味、色、聲、義，曉諭以君臣進退禮儀（詳後）。其後，太子晉在勸諫周靈王時，以夏、商二朝蔑棄：象天、儀地、和民、順時、供神等「五則」，規勸其父勿堵塞穀水，〔註20〕雖未見五方、五帝、五神、五德等等敘述。但是，冠以「五」的名詞，出現的頻率，漸次增生。

一、神明、方位、色澤結合：《史記》

　　以《史記》考之，春秋各國中，將方位、五色與五帝，緩步結合成為一種宗教祭祀的，秦國為首見，現依《史記》所載，將其演變臚列於下：

　　（一）周平王元年：在之前一年，秦襄公攻戎救周有功，平王東徙雒邑後，封襄公為諸侯，居西陲，〈封禪書〉：「自以為主少皞之神，作西畤，祠白帝。」而〈秦本紀〉亦載：

〔註20〕《國語》〈周語下〉：「王無亦鑒於黎、苗之王，下及夏、商之季，上不象天，而下不儀地，中不和民，而方不順時，不共神祇，而蔑棄五則。是以人夷其宗廟，而火焚其彝器，子孫為隸，下夷於民，而亦未觀夫前哲令德之則。則此五者而受天之豐福，饗民之助力，子孫豐厚，令聞不忘，是皆天子之所知也」，頁142～143。

平王封襄公為諸侯，……於是始國，與諸侯通使聘享之禮，乃用騮駒、黃牛、羝羊各三，祠上帝西畤。

（二）周平王十五年：秦文公：

文公夢黃蛇自天下屬地，其口止於鄜衍。文公問史敦，敦曰：「此上帝之徵，君其祠之。」於是作鄜畤，用三牲郊祭白帝焉。」

自襄公至文公時的上帝，為白帝而非黃帝。

（三）周惠王元年：秦德公作伏畤，祭祀三伏天（案：祭祀農曆夏末至初秋的酷熱）。

（四）周惠王五年：秦宣公作密畤於渭南，祀青帝。〔註21〕

比對〈秦本紀〉、〈封禪書〉與〈年表〉可發現，自秦襄公祀白帝到秦宣公祀青帝的百年之中，有關神明所據的方位、色澤已現出一些端倪，起碼西方、白帝、少皥，配屬已然明確。但南方的色帝，是青帝而非赤帝。故雖見方位與色澤帝王開始搭配，然與後世尚有不同。且秦德公作伏畤祭祀三伏天，是祭祀無形的季節，並不見有掌控季節的神明。後世則將酷熱的三伏天演化成一個「季夏」，屬黃帝控管。

秦襄公時，上帝為白帝而非黃帝，直到秦宣公祭青帝，也未見到秦國將黃帝作為神帝祭祀。繼宣公之位的穆公，乃宣公之弟，與宣公同時期，〔註22〕在他與西戎使者由余的對話中，仍是將黃帝以人帝視之。

雖然秦國將方位、色澤與神明開始交織成一體，祭祀不只一位的天帝，不過只是白帝與青帝兩位，與東方各國所說的五行物質，並無關聯。並且，也只見於位處西陲的秦，未見其他東方國家有方位、色澤與天帝配置的記載，蓋因東方為數頗多的諸侯國，多為姬周之分葉，以周天子為首，與周同祖（案：此時與周天子不同姓的國家除嬴秦之外，尚有：齊為姜姓，宋為子姓，陳為

〔註21〕以上分見〈封禪書〉，頁1429～1430；〈秦本紀〉，頁202。依序為：平王元年：B.C.770年。平王十五年：B.C.756年。惠王元年：B.C.676年。惠王五年：B.C.672年。見十二諸侯年表〉，頁716～742。此祭祀將近百年，西元年代為韓兆琦所注。

〔註22〕〈秦本紀〉：「德公……生子三人：長子宣公，中子成公，少子穆公。長子宣公立。……宣公……四年，作密畤。……宣公卒。……生子九人，莫立，立其弟成公。……成公立四年卒。子七人，莫立，立其弟繆公」，頁204～205。關於秦由大夫而被周天子封為諸侯，乃至「作西畤，祀上帝」之僭越；以及此段時期，秦立弟而非立子的緣由，詳閱呂世浩：《帝國崛起》〈第二章〉、〈第七章〉（臺北，平安文化有限公司，2015），頁56～71；169～198。

嬀姓，杞為姒姓，楚為熊姓，越為姒姓）。而西周自開國以來，是：祀天、祭地，並以后稷配天，以文王配上帝。〔註23〕姬姓所出之諸侯國則同樣是祀天、祭地與諸侯的先祖，以及封國內的名山大河。此時，與方位、色澤相關的神明，尚未出現，要到百年後齊景公準備祭五帝，才見到帝之有五。

二、國家祭祀五行：《國語・魯語上》

雖然西方的秦襄公祭白帝，宣公祭青帝，是方位、顏色與神靈的結合，看不出與金、木、水、火、土，五種物質的關聯。而位處東方的魯國，則是將五行物質列為國家祭典的禮制範圍。《國語・魯語上》記展禽之言：

> 凡禘、郊、祖、宗、報，此五者、國之典禮。加之以社稷山川之神，皆有功烈於民者也。及前哲令德之人，所以為明質也；及天之三辰，民所以瞻仰也；及地之五行，所以生殖也；及九州名山川澤，所以出財用也。非是不在祀典。〔註24〕

「禘」：始祖的祖或父不立廟，從始祖配祭，稱「禘」。「郊」：祖先中有功業者，按祭法不能立廟祭祀，則在郊祭天地時一併祭祀，稱「郊」。「祖」、「宗」：始祖稱祖，繼祖稱宗，立廟祭祀。「報」：報祭。「三辰」：為日、月、星。

魯僖公時，執政卿臧文仲讓國人祭祀海鳥「爰居」，展禽批評臧文仲為「淫祀」，並闡明國家的正式祭典，除了天地和列祖列宗以外，也包括了日、月、星「三辰」，以及五行與九州的名山大澤。列入祭祀的原因，是因為百姓靠著五行自然物質的蕃殖而賴以生存，以及山川所生產的財務器用，神明則是指社稷山川之神，屬一種感恩戴德的祭祀。五行具有明確的宗教義，但祭祀的只是純物質，並未與神明相互配屬。

位處東方的魯國將物質以五行稱之，而約略在同時期，地處中原的晉國，依舊以「六府」稱之，尚未演化，《左傳・文公七年》：

> 晉郤缺言於趙宣子曰：「六府三事，謂之九功。水、火、金、木、土、穀，謂之六府。正德、利用、厚生，謂之三事。義而行之，謂之德禮。」〔註25〕

此乃中原晉國大夫郤缺建議晉國正卿趙宣子，懷柔示德以招賢的一段話。時

〔註23〕〈封禪書〉：「周公既相成王，郊祀后稷以配天，宗祀文王於明堂以配上帝。自禹興而修社祀，后稷稼穡，故有稷祠，郊社所從來尚矣」，頁1429。

〔註24〕《國語・魯語上》，頁212。

〔註25〕《春秋左傳正義・文公七年》，頁600。

間上，晉國郤缺稍在魯國展禽之後。兩大封國的知識分子對於物質的觀念，卻是不同的認知，魯稱「五行」，進入國家祭祀範圍；晉仍稱「六府」。

前此，《國語・鄭語》中，鄭國的史伯在回答鄭桓公時，就將其稱之為「五行」，鄭亦地處中原，與晉接壤，在大約一百五十年後，中原的晉國仍以純物質「六府」稱之。

可以看出五行說在演進的過程中，各國並非齊頭式的並進，一蹴而及。在同一時期，因國家不同，即令地緣相近，也會因時隔湮遠，國度眾多、政治變動、文字書寫、語言互異、交通不便等等因素，而各自表義，無法在短期內統一五行的觀念。

三、首次出於天子以「五」為基準，曉諭朝聘宴饗禮儀制度：《國語・周語中》

晉景公遣正卿士會朝聘於周，周定王享以高規格的「餚烝」〔註26〕，然士會不解其意，詢於引導贊禮的原公，經原公稟告天子之後，周定王召見士會，曉之曰：

> 周旋序順，容貌有崇，威儀有則，五味實氣，五色精心，五聲昭德，
>
> 五義紀宜，飲食可饗，和同可觀，財用可嘉，則順而德建。〔註27〕

賓主之間的應酬周旋，應該按照尊卑之序，儀容、態度須加修飾，主人的威儀、進退，按照一定的準則。招待的「五味」，讓賓客充實氣血；禮服以「五色」繡製花紋圖像，使人區別等級，心生敬惕，不致僭越；以「五聲」闡明依德施政；以「五義」記錄尊卑長幼合於規範。招待的飲食，代表了賓客的等級規格，和諧同德，即可看出主賓的高尚，主人酬賓的禮物豐厚，令人嘉賞，因此也遵循了禮法並建立了德範。〔註28〕

周定王為春秋初期，其時，中央共主之勢雖頹，然其「天子」之名號與威儀仍存，故晉雖為霸主強國，仍須遵禮，朝聘於周。周定王以「五」冠於：

〔註26〕「烝」分「全烝」、「房烝」、「餚烝」三種：「全烝」：在郊外祭天與始祖，牲體不煮熟，將整個牲體放於俎上；「房烝」：天子招待諸侯，以半個牲體置於俎上；「餚烝」：天子招待同族親戚，煮熟後，將骨頭折斷，然後連肉帶骨置於容器內。

〔註27〕《國語・周語中》，頁86。

〔註28〕其中的「五味」、「五色」、「五聲」，已和後世的「五行說」雷同。「五義」則為：父義、母慈、兄友、弟恭、子孝。與後世董仲舒在〈五行之義〉中的說法不同。

味、色、聲、義，向諸侯強國的正卿諭知其為禮，此乃首見的出於天子之口。

前三者由「自然義」產生「人文義」，人文義依附於自然義；後者：「五義」則衍伸為純粹的人文義。

四、進入卜筮

（一）《左傳·僖公四年》

《左傳·僖公四年》

初，晉獻公欲以驪姬為夫人，卜之，不吉；筮之，吉。公曰：「從筮」，卜人曰：「筮短龜長，不如從長」。〔註29〕

晉獻公想將驪姬冊為正室，以龜卜卦，卦象「不吉」，獻公不從龜卦之象。於是再以蓍草為筮占卜，筮數為「吉」，獻公欲從筮數，卜者建議獻公「筮數為短，龜象為長」，應從龜卦，獻公不聽，卒立驪姬。鄭玄云：「占人亦占筮，言『掌占龜』者，筮短龜長，主於長者。」正義云：

象者，物初生之形；數者，物滋見之狀。凡物皆先有形象，乃有滋息，是數從象生也。龜以本象金、木、水、火、土之兆以示人，故為長；筮以末數七、八、九、六之策以示人，故為短。〔註30〕

鄭、孔二家釋義，龜象會顯示出五行金、木、水、火、土之物象，蓍草則依物象滋息出筮數，龜象為長，筮數從物象而生，為短，生出：七、八、九、六之數。故應從龜象「不吉」。

是則，此時的占卜者，即是以「取象比類」的意象思維，來感知內蘊的意義，並測其吉凶。而筮數：則是將龜象所顯示的五行之物象，再以五行物象所滋息的筮數顯示於蓍草，為另一種占卜吉凶的依據。遇有結論不同時，應以物象所示為優先接納。除了得以瞭解當時的占卜方式以外，也依稀窺出後世五行「紀數」的輪廓。但鄭、孔二家為「以今視昔」的後世角度，其釋義是否符合晉獻公時的觀念，仍有待其後更多的證據以釋疑（詳後）。

（二）《周易·說卦》

《周易·說卦》，〔註31〕則以五行的物理性質為卦：

〔註29〕《春秋左傳正義·僖公四年》，頁382～383。

〔註30〕同上註，頁383。

〔註31〕司馬遷在〈周本紀〉中，記載周文王作《易》，頁118。但王充、王弼、宋之程、朱，《路史》皆非之，分見《史記會注考證》〈周本紀〉，頁 161～162；

乾為天……為父，為金，……坤為地（按：即土），為母……巽為木
……坎為水……離為火……。

正義曰：「為金，取其剛之。……為地，地受任生育，故謂之母也。……取其
地生物不轉移也。……巽為木，木可以輮曲直，……坎為水，取其北方之行也。
為溝瀆，取其水行，無所不通也。……離為火，取南方之行也。」〔註32〕

以《左傳‧僖公四年》與《周易‧說卦》互參，將五行：金、土、木、水、
火，五種物質的自然屬性作為卜筮卦象的說明，〔註33〕應證了最晚在〈說卦〉
時，五行的觀念已開始蘊於術數之中。〔註34〕

〔清〕梁玉繩：《史記志疑》〈周本紀〉（北京，中華書局，2016），頁79～80。
（以下簡稱《史記志疑》）但司馬遷又在〈孔子世家〉中寫：「孔子……序〈彖〉、
〈繫〉、〈象〉、〈說卦〉、〈文言〉」，頁2392。分見《史記會注考證》〈孔子世
家〉，頁2467、《史記志疑》〈孔子世家〉，頁1135。

〔註32〕《周易‧說卦》共八卦：「乾、坤、震、巽、坎、離、艮、兌。」，以上為節
錄，頁387～394。

〔註33〕唐君毅言：「五行之論與易之八卦之論，原為不同之系統，……大約八卦之說，
初純為形式的，已表示可相對應，而加以並觀之八物，如地與天對、水與火
對、山與澤對、風與雷對是也。故八卦之論，直接展示人之靜觀天地萬物之
對應而平衡之思想範疇。五行之說，以其初由五種人用之物質之觀念來，故
自始為實質的。……而人或更重此五物之相生相剋之力。……故五行之說首衍
為五德終始之歷史哲學。由漢易之將相對應而平鋪之六十四卦，以表時序之
運，……而五行系統中之五行之關係之有相生相剋，亦正可用作說明吉凶禍
福之所以然之資。」見氏著：《中國哲學原論‧原道篇》〈五行之義、六十甲
子義，及其用於易學之得失〉，頁314。

〔註34〕記載孔子相關五行之說最為詳細的乃為〔魏〕王肅注：《孔子家語‧五帝》篇。
其中孔子回答季康子，相關五行、五方、五色、五帝、五神、五德之說，頗
見完善。收入《四庫全書‧子部一‧家語卷六‧五帝第二十四》（北京，中華
書局，1995），頁695～757。歷來學者如清代姚際恆《古今偽書考》、范家相
《家語證偽》、崔述、皮錫瑞及近世的顧頡剛咸認為《孔子家語》為偽書。1973
年在河北定州出土的漢墓竹簡，與1997年安徽阜陽出土漢墓的木牘，以及上
海博物館藏戰國楚竹書的問世，都證實了《孔子家語》為孟子之前的文章，
並非後世偽作。見楊朝明：〈《孔子家語》的成書與可靠性研究〉（臺北，故宮
博物院：《故宮學術季刊》，第二十六卷，第一期，2008年秋季）；楊朝明：
《孔子家語通解》〈出土文獻與孔子家語偽書案的終結〉（臺北，萬卷樓圖書
股份有限公司，2005），頁3～6。但楊文中並未述及出土文物的《孔子家語》
中是否有〈五帝〉篇殘簡、木牘。且今本《孔子家語》中的〈五帝〉篇，孔
子將五行之說敘述的非常完善，卻不見於〈五帝德〉、〈帝繫姓〉、《論》、《孟》
等儒家經籍。故，即使《孔子家語》為孟子之前所作，但仍不敢確定〈五帝〉
篇中的「五行」是否為孔子所言，抑或後人所加，較難以引用。

五、南方五官與北方《左傳》所敘不同：《國語‧楚語下》

　　早在西周夷王之時，位於南方的楚國之君熊渠，即自認為是蠻夷。逮至春秋周襄王時，中央天子仍告誡楚成王：「鎮爾南方夷越之亂，毋侵中國。」〔註35〕雖說是蠻夷，然各諸侯國遣使互通，中原的典籍亦流通至楚。由是，春秋晚期，楚昭王以《周書‧呂刑》問於觀射父，《國語‧楚語下》：

　　　　昭王問于觀射父，曰：「《周書》所謂重、黎實使天地不通者，何也？
　　　　若無然，民將能登天乎？」……對曰：「於是乎有天地神民類物之官，
　　　　是謂五官，各司其序，不相亂也。……」〔註36〕

楚昭王問觀射父，有關《周書‧呂刑》所載：「重、黎絕地天通」之事。觀射父在回答中提及：「於是設立了分掌天、地、神、民，與區別事物善惡、以利器用的類物之官，稱之為五官。五官依秩序各司其責，互不混亂。」

　　觀射父整段論述了上古的人神關係、巫、覡降神、祭禮的來源、制度。也反映了春秋時期，楚國的宗教祭祀與鬼神觀。其中的「五官」，為人間的官職，有三者分別執掌：「天、地、神」，且神際與人際界線分明，並未與「五行」有所絲連。後世的司馬遷在〈曆書〉中，則將《國語‧楚語下》觀射父敘述少暤時代所訂定的五官的整句話，修改成黃帝在建立五行之後，所設立的官職，將原本與五行無關的五官，搓合為一體。

　　約略與楚莊王同時期的中原魯國，在《左傳‧昭公二十九年》中，敘及「五官」時，則為：「木正曰句芒，火正曰祝融，金正曰蓐收，水正曰玄冥，土正曰后土。」依「五行」之序，而各有天上執掌的神明，與楚國的「五官」，截然不同。可以窺知，黃河、長江兩流域文化，是雙軌並行，互不統屬交涉，只有其數為「五」。

六、讖緯「以盛克弱」說：《左傳‧昭公九年》

　　《國語‧鄭語》中：「以土與金、木、水、火雜，以成百物」係為萬物與「土」相輔相成的協作。而《左傳》的變化較大，上舉〈文公七年〉晉國郤缺言於趙宣子仍稱之為六府，之後轉變為五材：

　　　　〈襄公二十七年〉

〔註35〕〈楚世家〉：「熊渠曰：『我蠻夷也，不與中國之號諡。』」以上分見〈楚世家〉，
　　　　頁1976、1982。
〔註36〕《國語‧楚語下》，頁789、791。

子罕曰：「……天生五材，民並用之，廢一不可。」

〈昭公十一年〉

韓宣子問於叔向，……對曰：「……且譬之如天，其有五材，而將用
之，力盡而斃之。」

杜預注：「金、木、水、火、土，五者為物，用久則有斃盡。」〔註37〕〈襄公
二十七年〉的子罕為宋國人，之後〈昭公十一年〉的叔向為晉國人。在不同的
國家認知上，金、木、水、火、土的五材仍是資民以用的物質，並無其他寓
意。而〈昭十一年〉的「五材」雖為物質說，可是在兩年之前的〈昭九年〉所
載的鄭國，卻已有將五行賦予讖緯之義的不同說法。在不同的國度，對五行
的釋義與使用，各具不同義：

〈昭公九年〉

夏，四月，陳災，鄭裨竈曰：「五年，陳將復封，封五十二年而遂亡。」
子產問其故。對曰：「陳，水屬也，火，水妃也，而楚所相也。今火
出而火陳，逐楚而建陳也。妃以五成，故曰五年，歲五及鶉火，而
後陳卒亡，楚克有之，天之道也，故曰五十二年。」〔註38〕

此段語意晦澀難解，依「正義」之釋，即是陳國為「水屬」，楚國為「火屬」，
陳地出現火災，所以楚國將被驅逐而建立陳國，歲星過了五年會到達鶉火，
然後陳國將會滅亡，楚國會戰勝並佔有它，五十二年後陳國將為楚所亡。這
是「一物克一物」的讖緯相勝之說的初見。

前舉〈襄公二十七年〉的子罕為宋國人，持五材為物質說。十三年後，
〈昭公九年〉，鄭國的裨竈將五行之物賦予讖緯意象。又兩年後的〈昭公十一
年〉，晉國的叔向仍持五材用之將盡的物質說。宋、鄭、晉，三個國家的大夫，

〔註37〕《春秋左傳正義‧襄公二十七年》，頁1225、1479。
〔註38〕鄭玄注：「天地之氣各有五，五行之次：一曰水，天數也。二曰火，地數也。
三曰木，天數也。四曰金，地數也。五曰土，天數也。此五者，陰無四，陽
無耦，故又合之。……二五陰陽各有合，然後氣相得，施化行也。是言五行各
相妃合成數，以上皆得五而成，故云：『五歲而陳將復封』」。孔穎達正義曰：
「陳，顓頊之後。顓頊以水德王天下，故為水屬也。陳是舜後，舜為土德，
不近言土屬，而遠繫顓頊為水屬者，蓋裨竈知陳將欲復興，須取水為占驗，
假此以為言耳，未必帝王子孫，永與所承同德。楚之先世，嘗為火官，即以
火為楚象。……火畏水故為之妃，……水克火，妃，合也。五行各相妃合，得
五而成，故五歲而陳復封」。《春秋左傳正義‧昭公九年》，頁1463～1464。

時代約略相近，先後卻是分持兩種說法，表示了當時五行之物的各說，並不如後世的統一規律，而是在混亂中各具不同之認知。

劉向對於裨竈的讖緯說詮釋為：

> 天以一生水，地以二生火，天以三生木，地以四生金，天以五生土。五位皆以五而合，而陰陽易位，故曰「妃以五成」。然則水之大數六，火七，木八，金九，土十。故水以天一為火二牡，木以天三為土十牡，土以天五為水六牡，火以天七為金四牡，金以天九為木八牡。陽奇為牡，陰耦為妃。故曰「水，火之牡也；火，水妃也。……火盛水衰，故曰「天之道也」。〔註39〕

「陽奇為牡，陰耦為妃。」陽為奇數叫做「牡」，陰為偶數叫做「妃」，所以水是火的奇數，火是水的偶數。水以天一為火二的丈夫，木以天三為土十的丈夫，土以天五為水六的丈夫，火以天七為金四的丈夫，金以天九為木八的丈夫。

劉向的釋義「火盛水衰」、「天之道也」，天道是以「盛」克「弱」。火屬的楚，滅掉水屬的陳，並非後世「水克火」的「相勝說」，而是物質能以「盛」克「弱」，故「盛火」依然可以克「弱水」。五行已然夾雜神秘預言的讖緯於其內，變成了類似一種將天災、天道的占卜預示，其內涵玄秘繁複，後世的董仲舒、劉向、劉歆父子、京房、夏侯勝，等等學者，以讖緯釋事，皆似此。

七、節氣對應四行：《左傳·昭公十七年》

唐朝賈公彥於其時所見服虔所注的《左傳》今已佚。然賈在《周禮正義·序》中：「是以昭十七年服注『顓頊』之下云：『春官為木正，夏官為火正，秋官為金正，冬官為水正，中官為土正。』」〔註40〕依服虔所注，則是：春對木、夏對火、秋對金、冬對水，已然出現了五行與季節的對應。只不過只有「四行」與四季相契，五行尚無法與四季完整對應組合，因為多出一個「土」無法安置，於是「土」不與季節對應，而是另外單獨與方位的「中央」合併。

在「土」愈往後世愈顯貴的情形下，卻是不能控制四時，要到之後的《管子·五行》篇，將一年時日平均除以五，變成每行七十二天，成為五季，完成了以「五」互偶的規律，使得「土」亦控一季。可是，達到了整齊性，季節卻

〔註39〕〔東漢〕班固著，吳榮增、劉華祝等注譯：《漢書·五行志》（臺北，三民書局股份有限公司，2013），頁1539。

〔註40〕〔漢〕鄭玄注，〔唐〕賈公彥疏：《周禮注疏》〈天官冢宰·賈公彥序〉（臺北，臺灣古籍出版公司，2001），頁5。（以下簡稱《周禮注疏》）

又攪亂了。及至《呂氏春秋·十二月紀》出，將夏天切割出一個季夏，以便插置土行，如此，既完成了「以五互偶」的齊整規律，也解決了五行中最為貴的「土」，居中控制四季的論述（見下述）。

八、與「禮」比附：《左傳·昭公二十五年》

在〈昭九年〉中，鄭國的裨竈以五行物質，賦予讖緯，以釋義災禍。與裨竈約略同時期、同國家的鄭國子大叔，在出使晉國回答晉大夫趙鞅時，以其祖子產之論述：依「禮」為體，乃「天、地、人」間之準則，並以五行之內涵為用，做為「禮」施行於人世的執行。

〈昭公二十五年〉

簡子曰，敢問何謂禮，對曰：「吉也聞諸先大夫子產曰：『夫禮，天之經也，地之義也，民之行也，天地之經，而民實則之，則天之明，因地之性，生其六氣，用其五行，氣為五味，發為五色，章為五聲，淫則昏亂，民失其性，是故為禮以奉之，……以奉五味，為九文，六采，五章，以奉五色，為九歌，八風，七音，六律，以奉五聲，為君臣上下，以則地義，為夫婦外內，以經二物，為父子，兄弟，姑姊，甥舅，昏媾，姻亞，以象天明，……』」〔註41〕

依鄭國子大叔之說，在其祖子產之時，即將可感覺有形之五行物質注入於無形，與眼、耳、鼻、口、身、心，等感官的知覺結合，衍生出「五行、五味，五色，五聲」，並與人世間的君臣、父子、兄弟以及姻親等等，各種人際關係的倫理比附，方能算是循「禮」，五行具有豐富的「人文義」內涵。

此時，貴族、士大夫或知識份子，開始將宇宙間的各項事物與五行類比。在概念上，已然不是金、木、水、火、土本身所代表的物質特性，而是可以推而廣之將其詮釋於各種事物、現象，以無形的抽象的觀念，行之於人世。但此時仍只是略具其義，極大化的衍伸其性能，則是於其後漸次完成。

〔註41〕《春秋左傳正義·昭公二十五年》，孔穎達正義曰：「是言五行之氣為五味。水味鹹，火味苦，木味酸，金為辛，土味甘也。……五色，五行之色也。木色青，火色赤，土色黃，金色白，水色黑也。木生柯葉則青，金被磨礪則白，土黃，火赤，水黑，則本質自然也。……聲之清濁，差為五等。聖人因其有五，分配五行。其本末由五行而來也。……土為宮，金為商，木為角，火為徵，水為羽」，頁1666~1669。

九、五行產生具名五神：《左傳·昭公二十九年》

依〈昭十七年〉服虔所注，將五行寄屬於四季與「土」，並賦予五行之官職，名曰「正」，但五行之神本身並無名稱。又十餘年之後，晉國太史蔡墨回答魏獻子，首次明確地將五行配以五神，謂之「五官」，出現了五行之神的正式名稱。

〈昭公二十九年〉

> 故有五行之官，是謂五官，實列受氏姓，封為上公，祀為貴神，社稷五祀，是尊是奉，木正曰句芒，火正曰祝融，金正曰蓐收，水正曰玄冥，土正曰后土。〔註42〕

東漢末，賈逵對：「木正曰句芒，火正曰祝融，金正曰蓐收，水正曰玄冥，土正曰后土。」注云：「木正順春，萬物始生，句而有芒角。……夏，陽氣明朗。祝，甚也。融，明也。亦以夏氣為之名耳。……秋物摧蓐而可收也。……水陰而幽冥，……土為羣物主故稱后也……在家則祀中霤（案：「霤」：為中央之義）。」〔註43〕賈逵之釋，補充了服虔對於五行所衍生的五官名稱的由來，也解釋了「土」：「為羣物主故稱后也」的尊崇。

以服虔與賈逵兩人釋義相參，是以知，金、木、水、火、土，各有一「官」，稱之為「正」，負責管理該「行」，而官名與物質形狀「類同相召」。〔註44〕賈逵之注，闡釋了「五行之官」實為「五神」。故正義曰：「五行之神，句芒、祝融之徒，皆以時物之狀而為之名。此五者，本於五行之神作名耳。」〔註45〕是將物質的外在本然狀態，以一個合適、符合邏輯的精簡名稱，附於自然物之上，成為萬物有靈的宗教祭祀。五行由「自然義」向「宗教義」進化的痕跡，逐步明顯。

初，「天生五材，民並用之」的物質，從原來的單一神靈：昊天天帝，賜與夏禹人君一人，由人君管理掌握，做為善政牧民的工具。此時產生了掌控權的移轉：從天上一神，降與人世一君掌控，又轉而為天上「五神」掌控，成為「多神化」，並自地上返回天上。此即唐君毅所言：「五帝代興之說，而非只

〔註42〕《春秋左傳正義·昭公二十九年》，頁 1733～1734。
〔註43〕同上註，頁 1735。
〔註44〕參見呂不韋編撰，陳奇猷校釋：《呂氏春秋校釋》〈應同篇〉（上海，學林出版社，1984），頁 681。（以下簡稱《呂氏春秋》）
〔註45〕《春秋左傳正義·昭公二十九年》，頁 1733～1734。

有一昊天上帝，降新命於新王。」〔註46〕

在前述《國語·魯語》中，展禽言祭祀五行，是因「地之五行，所以生殖也。」是廟堂與生民對於賴以維生之五種物質，一種懷恩念德的尊重並祭祀之。如今，五種物質已進化成神，成為神話的神靈祭祀。並且，神靈的名稱是以物質的外貌、物體的性質取名，以象形的思維，感官的比類取象，漸次發展成為侍奉多神的宗教哲學。

不難發現，原來生民所賴以生存的「六府」，演進到「五行」，起初尚屬純物質的「自然義」，之後的箕子言：「帝乃震怒，不畀洪範九疇。」開始帶有神話色彩，由單純的一神統籌，並未拆解成各個不同的方位與物質屬性，而今的神話演繹則開始多義。

與金、木、水、火、土相對應的天上五神已然具名，但五帝尚不見有明確的名稱記載。復且，此時的「土」，只與「后土」有關，也不見與黃帝連結。

此一時期，五行的寓意益形多元，從紀錄物質的歷史，走向神話、自然節氣，滲入無形的禮儀、宗教，從外在本然的物理現象，點滴的注入內在超然的意識。

約瑟夫·坎伯（Jose Campbell）對古時人類此一歷程演進的現象作出解釋：

> 自古傳遞下來一點一滴的訊息，和幾千年來支撐人類生活、建構人
> 類歷史、提供宗教內容的主題有關。和人類內心底層的問題，人類
> 內在的奧秘，人類內在歷程的樞紐也有關聯。〔註47〕

自古以來，「支撐人類生活」的物質，被詮釋為「一點一滴的訊息」，逐漸轉為「宗教內容的主題」，在尊重並強化其內涵的植根過程中，成為內心的底層意識，而漸次構建出歷史，也強化了宗教的內涵。

十、天干、地支、相勝說、五行紀數出現：《左傳·昭公三十一年》

「相勝說」出現，並以天干、地支搭配五行。前述《左傳·昭公九年》，鄭國裨竈有「以盛克弱」的讖緯之說，到了〈昭公三十一年〉，在不同的國家：晉國，則已進化至一物克一物的「相勝說」：

〈昭公三十一年〉

〔註46〕唐君毅著：《中國哲學原論·導論篇》〈秦漢魏晉天命思想之發展〉（臺北，臺灣學生書局有限公司，1986），頁562。

〔註47〕（美）約瑟夫·坎伯（Jose Campbell）著、朱侃如譯：《神話·神話與現代世界》（新店，立緒文化事業有限公司，2001），頁4。

十二月辛亥朔，日有食之。是夜也，趙簡子夢童子裸而轉以歌。旦
占諸史墨，曰：「吾夢如是今而日食，何也？」對曰：「六年及此月
也，吳其入郢乎！終亦弗克。入郢，必以庚辰。日月在辰尾，午之
日，日始有謫。火勝金，故弗克。」〔註48〕

此段記載與前述〈昭公九年〉鄭國裨竈的讖緯「以盛克弱」說不同，而是物質
屬性的「相勝說」：火勝金。

　　史墨以「天干地支」搭配五行為占，十天干為五行之日，十二時為五行
之時。午為火，「辛亥」出現日食，「亥」為水，其數為六。以此解釋「六年」
後吳伐楚之事。

　　正義云：「午，火；庚，金也。日以庚午有變，故災在楚。楚之仇敵惟吳，
故知入郢必吳。火勝金者，金為火妃，食在辛亥，亥，水也。水數六，故六年
吳入郢也。」然「日月在辰尾，午之日，日始有謫。火勝金，故弗克。」〔註
49〕同為神秘難解。且此時只見到「火勝金」，尚未見到完整的五行相勝說。

　　至於六年為「水數六」，出現了五行「紀數」的端倪，五行物質開始有以
數碼為紀的說法。之前，在〈僖公四年〉中，晉獻公欲立驪姬為夫人，以龜象
及筮數為卜，也就是以五行之物象和相對之數碼為卜，但文本中並未說明五
行與紀數的連結對應關係。

　　土數為五，與各行之紀數，乃是陰陽五行家以《周書‧洪範》：「一曰水，
二曰火，三曰木，四曰金，五曰土」為順序依據：一水、二火、三木、四金、
五土，為五行的「生數」。之後，以土的「生數」五為基準，遇水則加一，火
則加二，木則加三，金則加四。相加之後變成：六、七、八、九、十，即是各
行的「成數」，也成為各行之「紀數」。如：秦為水德，則以土的五為基礎，遇
水加一，成為「數以六為紀」。〔註50〕這有可能即是後世的秦為水德，數以六

〔註48〕《春秋左傳正義‧昭公三十一年》，頁1751。
〔註49〕案：此條係指魯定公四年庚午，吳敗楚於柏舉，庚辰吳入郢，之後楚國申包
　　　　胥請秦出兵敗吳之事。
〔註50〕參閱馮友蘭：《中國哲學史新編》〈陰陽五行家具有唯物主義因素的世界圖式〉
　　　　（臺北，藍燈文化事業股份有限公司，1991），頁337。
　　　　〔隋〕蕭吉在《五行大義》〈常從數易〉中，對五行之數的算法即有所釋義：
　　　　「《傳》曰：『配以五成』，所以用五者，天之中數也。……北方亥，水也，生
　　　　數一；丑，土也，生數五。一與五相得為六，故水成數六也。東方寅卯，木
　　　　也，生數三；辰，土也，生數五。三與五相得為八，故木成數八也。南方巳
　　　　午，火也，生數二；未，土也，生數五。二與五相得為七，故火成數七也。

為紀；漢為土德，以五為紀的依據始現，但也還未見到所有五行的完整紀數。

十一、單一天帝轉為五帝：《晏子春秋》

地處東方的齊，由於不與中央周天子共祀姬姓祖先，此時臨疆的魯國，已有五行物質之祭祀，後又產生具名五神，而齊國地處濱海，本多方士傳述海上仙山、仙人之說，齊國於焉首見五帝之說：

《晏子春秋》〈內篇諫上第一〉

楚巫曰：「公，明神之主，帝王之君也。公即位十有七年矣，事未大濟者，明神未至也。請致五帝，以明君德。……「五帝之位，在於國南，請齋而後登之。」……晏子曰：「……今政亂而行僻，而求五帝之明德也？」〔註51〕

齊景公聽信楚巫之言，欲事業成功，得先祭祀五帝，為國卿晏子以理諫之而阻攔。「五帝」的祭祀壇位，統一是在國都之南，楚巫所言「明神」為「五帝」，「神」同於「帝」。其時，距史遷的《史記》仍久遠，因而《晏子春秋》所述之「五神帝」，與《史記·五帝本紀》中的五位人帝，並不知兩者所述是否相同。

春秋時期，五行學說雖未如戰國般繽紛璀璨，然其根苗已生，輪廓大致勾勒。總體而言，乃是從有形的實質，形而下的運用，經由貴族、學者，沙漏式的徐徐滴瀝，將五行物質原來只是單純感恩戴德的祭禮，漸漸走向神話、宗教的祭祀。五行、五神、五帝、四季的對應，已建構基礎，並且向形而上的德行比附，注入新義，之後又融以數字，屬以玄秘的釋義，與讖緯結合。

之前，在《周書·洪範》中，五行由單一的上帝賜與治水的禹，到了春秋時期，由西周的單一「昊天上帝」、「天帝」，向多神發展。而西方嬴秦，最先祭祀色帝；於魯國則出現了五神，已和五行之實物有所勾連；在齊國，楚巫

西方申酉，金也，生數四；戊，土也，生數五。四與五相得為九，故金成數九也。中央戊己，土也，生數五，又土之位在中，其數本五，兩五相得為十，故土成數十也。」《五行大義》收入嚴一萍輯選：《百部叢書集成》（板橋，藝文印書館，1966），頁14。黎翔鳳云：「木數三，火數二，金數四，水數一，土數五。〈洪範〉『五行』：一曰水，二曰火，三曰木，四曰金，五曰土，《管子》用其義。土旺於四時，四方之數加五，是為『五和時節』。見氏著：《管子校注》〈幼官〉。

〔註51〕王更生註譯：「五帝：五方之帝」。《晏子春秋》〈內篇諫上第一〉（臺北，臺灣商務印書館，2011），頁38～40。

建議景公祀「五帝」，但看不出五帝與五行有何關係，也不見五帝的名稱記載。不過，此時的齊為姜姓之後，與嬴秦俱非周天子姬姓之後，故與周祀本不相同。也尚未如後世衍生出：五帝、五神、五佐，共十五位的神界組織。

第三章　戰國時期

先是，晉獻公八年，聽士蔿之計：「故晉之群公子多，不誅，亂且起。乃使盡殺諸公子。」〔註1〕故晉之公族凋零，而異姓大夫崛起分權。三家滅智後，盡分其地，晉敬公徒有諸侯虛名，〔註2〕然名存實亡。滅智後八年，魏文侯首開變法，三家競雄，各國亦開始逐漸效法。且無論中原或邊陲諸國，君非君，臣不臣，概以實力見長，昔日升退揖讓以禮為名的時代，一去不返。各諸侯蓄積國力以征戰，或崛起，或消頹，周天子更是萎弱不振，此後的戰役已不若春秋時的戰爭往往論之以禮和理。戰國時的兼併戰爭，將諸多小國的土地、人口、軍隊、武器、農牧、財貨等等，經由殺伐爭戰後吞併，以壯大自己，各國之間的戰役動輒死傷十數萬乃至數十萬。

惟以七雄為盛，七雄中，韓、燕遜弱於其他五強。

東方：田齊，威王時以鄒忌為相，田忌為將，孫臏為軍師，政治圖強，經桂陵、馬陵之戰，大敗魏軍，赫赫於諸侯，且有煮海為鹽之利，七雄以齊之財富最為厚。

南方：楚國自吳起變法，一改楚國之俗，「明法審令，……撫養戰鬥之士……南平百越；北并陳蔡，卻三晉；西伐秦」，〔註3〕諸侯患之。待悼王薨，吳起為宗室貴族所殺，自是而後，人才難附。然有長江天險為之屏障，且腹地

〔註1〕〈晉世家〉，頁1897。
〔註2〕史公在《史記》〈晉世家〉中記載，晉哀公四年，三家滅智，之後由晉幽公立。但在〈六國年表〉中，同樣是哀公四年，三家滅智，之後卻是晉敬公立。在敬公十五年之後，才由晉幽公繼立。兩者差異十五年。由於〈本紀〉、〈世家〉的記敘方式未必如〈年表〉是逐年記載，故此處取〈年表〉所載。
〔註3〕〈吳起列傳〉，頁2835。

無限，其疆域為各國中最為廣袤者。

中原：魏國雖為四方夾峙，然自魏文侯起，用李悝首開變法，而後舉段干木、子貢，國力因而壯大，之後雖然國勢日蹙，但因有信陵君，各國仍不敢小覷。

北方：趙國自武靈王仿胡服騎射，滅中山，敗林胡、樓煩二部，禦匈奴，拓雁門、雲中、代，三郡，廉頗、藺相如、李牧，為國之干城。

西方：秦國有崤函為阻，自秦穆公任百里奚、由餘，而霸西戎；孝公任商鞅變法，廢井田、開阡陌、務耕織、編戶籍、推郡縣、獎軍功、嚴刑法、明爵位，〔註4〕但問賞罰，令出必行，但問功成，不究禮制，但問合宜，不拘古制。〔註5〕自商君變法後，貴族已無世襲怠惰之心，黔首皆欲奮起以奪軍功。之後文有：范雎廢穰侯，逐華陽，杜私門；張儀散六國之縱；李斯勸嬴政滅諸侯、成帝業；武有白起、王翦、章邯、蒙恬。七國中惟秦之人才最為眾，日益坐大，覦覦崤函以東，諸國震恐。

當是時，七雄或為稱帝，或為圖存，狼煙四起，烽火遍地，人命如草芥，弱國之國勢危如累卵，依附強國希冀喘延。諸雄或為抗秦，或為兼併他國，無不尋求人才以輔治，國運非但見重於文臣謀略，亦賴於武將強兵。

周因天命克殷，成為中央共主，已然縱貫數百年，為普世認知。如今，周天子徒存冠冕，諸侯離心，而列強不獨爭雄，尚須抗秦。其時，強者如秦、齊、趙、楚等國，揮兵欲代周而南面；弱者如魏、韓、燕，懸於一線之際，冀求苟安。但無論強弱，亦托於天命、符應，或壯聲威以昭天下，或屈膝向秦，但求世襲罔替。〔註6〕

〔註4〕相關商鞅變法之詳細內容及後果影響分析，詳參鄺士元：《國史論衡》〈商鞅變法〉（臺北，里仁書局，1995），頁88～95。

〔註5〕商鞅撰：《商君書》〈更法〉：「禮者，所以便事也。是以聖人苟可以強國，不法其故；苟可以利民，不循其禮。……夫常人安於故習，學者溺於所聞。……三代不同禮而王，五霸不同法而霸，故知者作法，而愚者制焉；賢者更禮，而不肖者拘焉。拘禮之人，不足與言事；制法之人，不足與論變。……前世不同教，何古之法？帝王不相復，何禮之循？……各當時而立法，因事而制禮。禮法以時而定，制令各順其宜」（臺北，商務印書館，1956），頁1～2。

〔註6〕始皇一統天下後，即自認乃係「天授」。〔南朝‧宋〕范曄著，韓復智、洪進業註：《後漢書》〈卷四十八‧徐璆傳〉，李賢注引衛宏曰：「秦以前以金、玉、銀為方寸璽。秦以來天子獨稱璽，又以玉，羣下莫得用。其玉出藍田山，題是李斯書，其文曰：『受命於天，既壽永昌』，號曰傳國璽。」（臺北，國立編譯館，2003），頁2990。（以下簡稱《後漢書》）

　　春秋時，原本五行學說的種子，多見於儒、道二家學說中（案：《晏子春秋》難以歸類），其速度尚為緩進。戰國始，逐漸為墨家、法家、陰陽五行家、名家、兵家、縱橫家等所採，並將之蔓衍擴申，從原來的「點」，抽織成「線」，向各國君主呈獻。

　　而屬以天命、天人感應的五行說，開始多元演化，雜以神秘的讖緯預言。且各國或籲合縱，或倡連橫，使學者、縱橫家、策士、說客，奔走於各國君王間輾轉傳遞，這些都足以讓知識的流通較數百年前更為迅捷，且失真的程度亦較少。才智之士或融合之前各家諸說，或為自創，或考之以典集，或屬之以巫術禨祥，各種天命學說，如百花燦然。於是陰陽五行學說當此風雲龍虎之際，趁勢繁茂，復霑露各家學說，注以神秘術數，演化成五德終始說，為各國君主所重，成為顯學。之後，經戰國、歷秦、漢，更如一株大樹蔚然。

　　五德終始說由鄒衍演繹，然在其之前，相關五行、五德說的元素，已漸因時代的推進，由諸子、宗教與神話等等，將原料、色彩、纖維大抵備妥，鄒衍將其羅織經緯，復經推理：「深觀陰陽消息而作怪迂之變，終始、大聖之篇十餘萬言。其語閎大不經，必先驗小物，推而大之，至於無垠。」編織為一張天命網絡。

　　現以鄒衍的五德終始說為分野，但由於鄒衍的生卒年代有爭議，〔註7〕今

〔註 7〕關於鄒衍生卒與活動年代，諸說如下：
　　1. 司馬遷的《史記》〈孟子荀卿列傳〉記載鄒衍為齊威王時人，依〈年表〉記載，威王在位為 B.C.356 年～B.C.320 年；
　　2.《資治通鑑・赧王十七年》記載鄒衍見重於燕的記載，其時為 B.C.298 年；
　　3. 近人錢穆將其定在 B.C.305 年～B.C.240 年；
　　4. 徐復觀認為約略在 B.C.356 年左右；
　　5. 王夢鷗以其在世時活動之記載推其生平約在 B.C.343 年～B.C.278 年。
　　6.《史記》〈燕召公世家〉：「燕昭王於破燕之後即位，卑身厚幣以招賢者……樂毅自魏往，鄒衍自齊往，劇辛自趙往，士爭趨燕。……二十八年，燕國殷富，……於是遂以樂毅為上將軍，與秦、楚、三晉合謀以伐齊……昭王三十三年卒。」將上述各說與〈六國年表〉比對，燕昭王即位為 B.C.311 年；昭王二十八年伐齊，為 B.C.284 年；三十三年薨，為 B.C.278 年。而鄒衍之說既見重於齊威王，復顯於燕昭王時，故王夢鷗先生之說應較為的當。
　　以上分見《史記》〈孟子荀卿列傳〉頁 3172、〈燕召公世家〉，頁 1755、〈六國年表〉頁 860～868；〔北宋〕司馬光等編著：《資治通鑑》第一冊，〈赧王十七年〉（臺北，世界書局，1972），頁 115；錢穆：《先秦諸子繫年》（臺北，東大圖書公司，2014），頁 438、443、619。（以下簡稱《先秦諸子繫年》）
　　徐復觀著：《兩漢思想史》〈鄒衍學派與呂氏春秋十二紀紀首〉（臺北，臺灣學生書局，1989），頁 5～8。

採王夢鷗先生之說，以其前後時代之著作分章節。復因多數的：經、子、集，的成書年代，甚至作者都不明確，如《山海經》、《管子》、《楚辭‧遠遊》等等，然其五行說的脈絡依舊有之，故以諸子、宗教、神話與文學各類領域中，相關五行因子的流布析理之。

第一節　五德終始說之前

一、無形指涉導入：《老子‧道德經》

　　老子生平，至今紛紜，依《史記‧老子韓非列傳》所載，老子離周前作《道德經》。〔註8〕

　　　《老子‧道德經第十二章》

　　　五色令人目盲；五音令人耳聾；五味令人口爽。……是以聖人為腹

　　　不為目，故去彼取此。〔註9〕

將視覺、聽覺、味覺，區分為五色、五聲、五味，喻其麻痺人之心志，勸曉君主治國之道，滿足自然的基本需求即可，而非追求感官上的刺激。雖然，在：目、耳、口的感知上，又豈止五種，乃以五喻多，並賦予形而上之義。聖人只

　　　　王夢鷗：《鄒衍遺說考》〈鄒衍生平年世的商榷〉，頁16～34。（以下簡稱《鄒衍遺說考》）

〔註8〕有關老子生平，《史記》、《禮記》、《索隱》、《正義》、《晉太康地志》等等，言人人殊，分見：《史記會注考證》〈老子韓非列傳〉，頁2748～2752；《史記志疑》〈老子韓非列傳〉，頁1186～1190。
　　　　依司馬遷《史記》、〈魯周公世家〉、〈孔子世家〉、〈年表〉、〈老子韓非列傳〉等所載，加以推算，老子卒時年五十。然，孔子適周見老子，《莊子‧天運篇》：「孔子行年五十有一而不聞道，乃南之沛，見老聃。」〔戰國〕莊周著，張耿光譯注：《莊子‧天運篇》（臺北，臺灣古籍出版有限公司，1998），頁287。梁玉繩認為確有其說，年齡是以《莊子》所說為準：「必欲求其年，則《莊子》五十一之說庶幾近之。」見氏著：《史紀志疑》〈孔子世家第十七〉，頁1116。瀧川資言則持懷疑態度：「孔子問禮，有無且不可知，又何定其年前後？」闕疑可也。」見氏著：《史紀會注考證》〈孔子世家第十七〉，頁2413。錢穆則持否定說：「且孔子適周見老聃問禮一事，又不徒其年歲無考而已也。……史公〈老子傳〉雖本《莊子》，已遠非《莊子》原書之本相。此必史公旁採他書，混為一談，……抑且其地無據，其人無徵，其事不信。」見氏著：《先秦諸子繫年》〈孔子與南宮敬叔適周問禮老子辨〉，頁8～10。各家見解不同，且均有諸多論據，在此並列，以為參考。

〔註9〕〔春秋〕老耼著，余培林註譯：《老子‧道德經》〈第十二章〉，（臺北，三民書局股份有限公司，1973），頁33。（以下簡稱《老子‧道德經》）

圖腹飽，捨棄奢侈浮誇，以質樸靜逸之道為人生之道。

文本中並無五行二字，但以「五」組織後，「以數字來組織整理從而解釋宇宙，是思想發展到一定階段自然出現的現象。」〔註10〕之後，五色、五聲、五味，黏附為五行說中的隸屬概念。

二、《墨子》

（一）五方、五色、天干、五色龍配置完成：〈貴義篇〉

《史記・孟子荀卿列傳》中：「蓋墨翟，宋之大夫，善守御，為節用。或曰并孔子時，或曰在其後。」〔註11〕錢穆先生考證墨子生年在周敬王末年，或許孔子還在世，卒於周安王中葉，距孟子出生前十餘年。〔註12〕兩書所云之年代介於春秋戰國之間，約略與祭祀黃、炎二帝的秦靈公同期。

《韓非子・顯學》：「世之顯學，儒、墨也。」〔註13〕《呂氏春秋・仲春紀》「孔、墨之後學顯榮於天下者眾矣，不可勝數」〔註14〕，墨家雖然其後趨於衰亡，〔註15〕但在漢武時，司馬談〈論六家要旨〉仍述及墨家，當時應尚有餘蔭。在先秦時被稱「顯學」的墨家思想，傾向於實用，許多篇章涉有當時神鬼觀念的巫覡神話傳說色彩。〔註16〕

〔註10〕李澤厚：《中國古代思想史論》〈陰陽五行的系統論〉（臺北，三民書局股份有限公司，2012），頁164。

〔註11〕〈孟子荀卿列傳〉，頁3182。

〔註12〕錢穆云：「〈孟荀列傳〉云：『或曰并孔子時，或曰在其後。』二說相較，後者為是。余考墨子之生，至遲在元王之世，不出孔子卒後十年；其卒當在安王十年左右，不出孟子生前十年。」見氏著：《先秦諸子繫年》〈墨子生卒考〉，頁103。另請對照：〈十二諸侯年表〉，頁816；〈六國年表〉，頁840。

〔註13〕韓非著，賴炎元、傅武光注譯：《韓非子・顯學》（臺北，三民書局股份有限公司，2016），頁782。（以下簡稱《韓非子》）

〔註14〕《呂氏春秋・仲春紀》，頁235。

〔註15〕墨家消亡的原因參見：王充：《論衡・薄葬篇》與〈案書篇〉，頁1983〜1998、2467〜2488。葛兆光：《中國思想史》第一卷，〈第二編・墨家學說瓦解的內在根源〉，頁95〜102。

〔註16〕關於墨家的思想核心，參閱墨翟著，李生龍注譯：《墨子・導論》，（臺北，三民書局股份有限公司，2014），頁5〜21。（以下簡稱《墨子》）侯外廬：《中國思想通史》第一卷，（北京，人民出版社，1957）。關於墨子的神鬼之說，參閱蕭雙榮：〈墨子的天啟神論思想〉（《文史博覽》，2011年7月。雷蕾：〈墨子鬼神觀新論〉（西北大學中國思想文化研究所，西北師大學報）2014年5月第51卷第3期。陳伯軒：〈論墨子天鬼觀念的功利色彩及其困境〉《宗教哲學》，第三十八期。

《墨子‧貴義篇》

> 帝以甲乙殺青龍於東方，以丙丁殺赤龍於南方，以庚辛殺白龍於西
>
> 方，以壬癸殺黑龍於北方。〔註17〕

黃帝在不同的日子殺了東、南、西、北方的青、赤、白、黑四條龍。文本中沒有「中央」的方位，也欠缺十個天干日中間的「戊己」兩日，四色龍裡又缺黃龍。反證了黃帝是居天下之中央、日期之正中、坐騎為黃龍，開始將天干、顏色、方位、坐騎，互為配置。〔註18〕

早先，東、西兩方，因地緣的關係，在五行的認知上未必全然相同。而今，西方秦國的祭祀，已出現了白、青、黃、赤，四色帝。東方則前後有五帝、五神、五色龍、五祀的神話文獻，但相關所有五帝的名稱，尚不見出現。

（二）巫術、軍事與紀數結合：〈迎敵祠〉

《墨子》將五行的因子與紀數與巫術和軍事結合，〈迎敵祠〉中：

> 敵以東方來，迎之東壇，壇高八尺，堂密八。年八十者八人，主祭
>
> 青旗。青神長八尺者八，弩八，八發而止。將服必青，……
>
> 敵以南方來，迎之南壇，壇高七尺，堂密七，年七十者七人，主祭
>
> 赤旗，赤神長七尺者七。弩七，七發而止。將服必赤，……
>
> 敵以西方來，迎之西壇，壇高九尺，堂密九。年九十者九人，主祭
>
> 白旗。素神長九尺者九，弩九，九發而止。將服必白，……
>
> 敵以北方來，迎之北壇，壇高六尺，堂密六。年六十者六人主祭黑
>
> 旗。黑神長六尺者六，弩六，六發而止。將服必黑，……靈巫或禱
>
> 焉，給禱牲。……巫必近公社，必敬神之。巫卜以請守，守獨智巫卜
>
> 望氣之請而已。〔註19〕

本篇主要是闡述城中守將迎敵前的祭神儀式與誓師儀式，以及如何綜合運用的方法。敵人從何方來，就到相同方位的神壇，以關聯的顏色和數字祭神禦敵。在東、南、西、北四個方位築壇，守將居城中，主中位。敵從東、南、西、北，任何一個方位來犯前，守將即在相同方位的神壇，以對應的顏色和數量，

〔註17〕《墨子‧貴義》，頁431。

〔註18〕相關五行、陰陽、十二月、六十甲子的形成原因、匹配方式及其問題，見唐君毅著：《中國哲學原論‧原道篇》第七章，〈以五行言甲子之意義及其問題〉，頁319～331。

〔註19〕《墨子‧迎敵祠》，頁549～551。

互相配合作法祭神以迎敵。如：敵人從東方來，則在東壇作法祀神，壇高八尺，堂深八尺（案：「堂密」為堂的深度），由八個八十歲的人，持青旗祭祀八尊青神，用弩八支，發八支箭後停止，主將須穿青色的將服。因此，在不同的方位：壇、堂、人數、年齡、顏色、神像高度、神像幾尊、弩、箭數量、主將服色，都與「紀數」相關，現以表列方式比對五行的元素與上述種種的關係：

附表二：〈迎敵祠〉守城方位、顏色、紀數配置表

敵人進攻方位	東	南	西	北
迎敵神壇方位	東	南	西	北
旗幟顏色	青	赤	白	黑
神明顏色	青	赤	白	黑
主將服色	青	赤	白	黑
神像高度	八尺	七尺	九尺	六尺
壇高	八尺	七尺	九尺	六尺
堂深	八尺	七尺	九尺	六尺
主祭者年齡	八十歲	七十歲	九十歲	六十歲
主祭者人數	八人	七人	九人	六人
弩之數量	八張	七張	九張	六張
箭之數量	八支	七支	九支	六支

　　這是將方位、顏色、高度、深度、年齡、人數，乃至於武器，都與五行的元素與紀數相呼應，揉合成一種巫術，施以儀式來迎敵作戰。從：「敵以西方來，⋯⋯年九十者九人」，敵人從西方的方位進攻，則必須找九十歲的老者九人主祭，非理性的成分很大。也可窺出五行學說在早期時，有一部分的支脈係出巫術。〔註20〕

　　唐君毅言：「人之言語行為之及於自然物及鬼神者，⋯⋯由此而有咒語及其他種種之魔術。其中即包括種種自然之迷信，亦同時包括若干真正之對自然之知識。⋯⋯合以形成人運用巫術時之思想之型態或方式。此巫術中之知識成分，及原始科學與技術知識，⋯⋯此二者乃由春秋至戰國以後之產物，此陰

〔註20〕關於前期墨家與後期墨家在天、鬼神、巫術，等宗教迷信的關聯、差異與改變上，詳參馮友蘭：《中國哲學史》第二冊，〈墨辯——後期墨家向唯物主義的發展〉，頁273～322。

陽家與方士之徒，不斷吸收民間之知識與迷信，……其思想皆可稱為個人之思想與集體之思想之混合物。」〔註21〕

　　文本中：「靈巫或禱焉，給禱牲……巫必近公社，必敬神之」，巫的住所必須靠近土地神祠，如事神般尊敬巫者，巫者將「望氣」的情況告知守城將領，這即是如唐君毅所言：「合以形成人運用巫術時之思想之型態或方式」、「春秋至戰國以後之產物」。

　　在〈旗幟〉篇中：

> 守城之法，木為蒼旗，火為赤旗，薪樵為黃旗，石為白旗，水為黑
> 旗。〔註22〕

本篇亦為守城迎敵之法，將城上軍士需求的物質，以旗幟的顏色為號，通知城下後勤供應，以利戰事的進行。近代作戰，仍然有依不同色澤之旗幟打旗語，用以傳達雙方的訊號，成為一種簡易識別的通訊方法。當城上守軍的需求是：

附表三：〈旗幟〉篇守城需求與旗幟顏色搭配表

守城需求	木	火	薪樵	石	水
旗幟訊號	青旗	赤旗	黃旗	白旗	黑旗

　　與後世不同的是：黃旗表示了柴薪而非土；白旗表示了石而非金。

　　前此，《左傳・僖公四年》中，以五行之物狀表現於龜象，所衍生之數為筮數；〈昭三十一年〉，史墨則以「水數為六」占夢，只有水的紀數，其他四行紀數不見載錄。如今《墨子・貴義》、〈迎敵祠〉、〈旗幟〉等篇，在有關五行、方位、顏色、紀數（除中央：土：五為紀，尚未見明文記載）的關係上，已然相互束納對應，五行與紀數的配置益形明確。

　　（三）五行無常勝，以多為勝：〈經下篇〉

　　但《墨子》中，並無五行相勝的觀念，物質是以多為勝，〈經下篇〉：

> 五行毋常勝，說在宜。五□金、水、土、木、火，離。然火鑠金，
> 火多也。金靡炭，金多也。金之府水，火離木。〔註23〕

〔註21〕唐君毅：《中國哲學原論》〈陰陽家與秦漢學者順天應時之道及其歷史演變意識〉，頁173～175。
〔註22〕《墨子・旗幟》，頁555。
〔註23〕《墨子・經下》，頁354。

「宜」：欒調甫釋為「多」，即五行之物並非一物常勝一物，而是倚多為勝；「離」：訓為附麗、依附之義。《易經》，〈離‧彖〉：「離，麗也；日月麗乎天，百穀草木麗乎土，重明以麗乎正，乃化成天下。」〔註24〕金聚合於水，火依附於木。五種物質互相依輔而生，但物質是以多勝寡，故「火鑠金，火多也。金靡炭，金多也」，是數量上的「以多克少」，而非物理性質一物克一物的「相勝說」。

之前在《左傳‧昭公九年》記載陳國火災，鄭國裨竈言楚國將會滅陳國的晦澀讖緯之語，屬於「以盛克弱」說；〈昭三十一年〉晉國史墨則以「相勝」說釋夢；而《墨子‧經下篇》則是「以多勝少」說，較類似〈昭九年〉的「以盛克弱」說，但仍有些許不同。可看出在變化的進程中，某些觀點尚須搓合才能漸趨一致。五行學說的種種理論規格，當是類此方式，隨著年代的推進，將各種不同的創制、見解、釋義等成分，琢磨修削而成。在《墨子》中，帝王、方位、天干日期、色澤、紀數，都以「五」，為基數，之後視不同物質，往上加不同數字，從一到四，直到：西方、金、九為紀、為止，將五行說注入諸多養分。

三、道家論述五行：《文子》

《文子》一書，多以「老子曰」開篇，故世傳為老子學生文子所作。然作者何人，歷來依舊紛擾不息。《漢書‧藝文志》將其歸入道家，有《文子》九篇：「老子弟子，與孔子並時，而稱周平王問，似依託者也」。〔註25〕《隋書經籍志》則成了十二篇：「文子十二卷：『文子，老子弟子』」，〔註26〕兩說有出入。

唐代柳宗元認為《文子》書中，混雜了儒、法、墨、名，諸家之文，係抄襲西漢之《淮南子》，稱其為「駁書」。宋濂則認為傳世本《文子》中的思想「壹祖老聃」，可能是《道德經》之義疏，但該書「雜以黃老名法儒墨之言以明之，毋怪其駁且雜也」。〔註27〕王應麟認為《文子》為先秦之書，且書中之

〔註24〕《周易正義‧離》，頁157。
〔註25〕〔東漢〕班固著，吳榮增、劉華祝等注譯：《漢書‧藝文志》（臺北，三民書局股份有限公司，2013），頁2116。
〔註26〕〔唐〕長孫無忌、魏徵等撰：《隋書經籍志》（臺北、世界書局，2015），頁74。
〔註27〕〔明〕宋濂：《諸子辨》，見《潛溪後集》卷之一，《宋濂全集》第1冊，（杭州：浙江古籍出版社，1999），頁131～132。

言為荀子、董仲舒、汲黯、班固等人所引用,「其見於《列》《莊》《淮南子》者不可縷數。」〔註28〕

　　1973 年,河北定縣八角廊村漢墓出土,墓中竹簡包括《文子》一書。有部分竹簡文字,與今本《文子》中:〈道原〉、〈微明〉、〈精誠〉、〈自然〉等六篇內容相同,其餘為今本《文子》中不見之佚文。學者以敦煌本、竹簡本、今本《文子》三者鑑定、考證、比較其異同,認為《文子》一書經歷了相當長的演變過程,其中,漢墓出土之竹簡本為最古之版本。確證了《文子》一書的存在,為西漢時已有的先秦古書。〔註29〕

　　唐蘭則根據湖南馬王堆出土漢墓文物考證,並以其製作之〈《老子》乙本卷前古佚書與其他古籍引文對照表〉,認為今本《文子》是屬於老莊一派的道家,並認為:「《文子》與《淮南子》很多辭句是相同的。究竟誰抄襲,舊無定說。今以篇名襲黃帝之言來看,《文子》當在前。」〔註30〕

　　陳麗桂則認為簡文散亂、殘缺太甚、數量又少,但基本上認定其中的〈道德〉、〈道原〉、〈精誠〉、〈微明〉、〈自然〉等篇與今本同。〔註31〕

　　要之,雖曰今本《文子》所有篇章,未必與出土竹簡盡數相同,然,據出土文物得知,其中六篇為先秦即存在無誤,故採擷先秦既有篇章為當。

　　據李定生考證,文子年少於子夏,亦曾問學於子夏和墨子。後至齊,齊國彭蒙以師事之,之後,彭蒙門徒田駢、慎到,學黃老道德之術,故文子可說是黃老學之祖。《文子》一書,旨在於解說老子之言,闡發老子思想,繼承和發展道家「道」的學說。書中每篇皆以「老子曰」三字開始,表明與老子之師承關係。〔註32〕

　　由於其曾問學於墨子,故將其說置之《墨子》之後。

〔註28〕〔南宋〕王應麟:《困學紀聞》卷十《諸子》(遼寧:遼寧教育出版社,1998)。

〔註29〕河北省文物研究所定州漢簡整理小組:〈定州西漢中山懷王墓竹簡《文子》的整理和意義〉,《文物》,1995 年第 12 期,頁 39。

〔註30〕唐蘭:〈馬王堆出土《老子》乙本卷前古佚書的研究──兼論其與漢儒法鬥爭的關係〉,收入馬王堆漢墓帛書整理小組編:《經法》(北京:文物出版社,1976),頁 157。

〔註31〕陳麗桂:〈從出土竹簡《文子》看古、本《文子》與《淮南子》之間的先後關係及幾個思想論題〉,《哲學與文化》,第 23 卷第 8 期(1996 年 8 月),頁 1871。

〔註32〕李定生、徐慧君:〈論文子〉,《文子要詮》(上海:復旦大學出版社,1988),頁 2。

（一）自然物質以五配置：《文子・微明》、〈下德〉

〈微明〉

> 天有五方，地有五行，聲有五音，物有五味，色有五章，人有五位，
> 故天地之間有二十五人也。〔註33〕

天上有：東、南、西、北、中，五個方位；地上有：金、木、水、火、土的五行要素；聲音有：宮、商、角、徵、羽，五種聲音；食物有：酸、苦、甘、辛、鹹，五種味道；顏色分做：青、赤、黃、白、黑，五種顏色；人有：上上、上中、中上、中、下，五種等級，每個等級又各有五種人，是故，天地之間有二十五種人等。文本只是自然的翔實敘述，將五對應自然萬物，純屬自然義。但已然包覆後世五行說中的：五方、五行、五音、五味、五色，等等相關五行的隸屬概念。

〈下德〉

> 地之生財，大本不過五行，聖人節五行，即治不荒。〔註34〕

大地之所以能夠滋長萬物，以利財用，其根本乃係五行之自然養育。因此聖人調控五行，節制並使其永續，那麼大地與萬民之財用即可免於枯竭。此處的「五行」，指涉的仍然是自然產出的金、木、水、火、土五種物質。

（二）相生相克出於自然〈自然〉

> 十二月運行，周而復始，金木水火土，其勢相害，其道相待。故至
> 寒傷物，無寒不可，至暑傷物，無暑不可，故可與不可皆可。〔註35〕

一年十二個月的運行，周而復始，而五行的金木水火土雖然互克，然而又互需而相生。所以雖然嚴寒傷物，但是沒有寒冷卻無法平衡季節；酷熱雖然傷物，但是沒有酷熱也無法平衡節氣，因此，只要不過於極端，適當的寒冷與炎熱都是萬物生長必要的條件。

（三）陰陽與五行並列：〈自然〉

> 道生萬物，理於陰陽，化為四時，分為五行，各得其所，與時往來，
> ……夫教道者，逆於德，害於物，故陰陽四時，金木水火土，同道而

〔註33〕〔戰國〕文子著，李定生、徐慧君校釋：《文子校釋・微明》，收入《中華要籍集釋叢書》（上海，古籍出版社，2004），頁298。

〔註34〕《文子校釋・下德》，頁362。

〔註35〕《文子校釋・自然》，頁303。

異理，萬物同情而異形。〔註36〕

天地依據自然之理而變化，得以使萬物生長，由陰陽主導而四季產生變化，萬物根據其自性而歸類於五行，使得萬物皆能各歸其所，並因季節的變化而發展。

　　如果制定了規則，卻不能任其自然發展，則違逆萬物之性，斲害其生長茁壯。所以，雖然陰陽四時對於萬物，乃固定的時序變化；金木水火土等五行，對於萬物也具有相同的自然影響。然而，即便條件相同，最後的結局卻是各不相同；故而，萬物在相同的條件之下，是各自發展出不同的形態與結果。

　　文本中，罕見地將陰陽與五行並列，其義雖各不相同：陰陽屬天地自然之氣，為無形；五行則泛指大地所產出之萬物，為有形。但兩者皆為自然義，並未賦予如道德準則等人文義於其內。

　　《文子》一書中，不乏使用五行之詞，俱為自然義。上引四段，除描述大地自然生成之物以外，並有相生相克之寓意：「其勢相害，其道相待」。但相生相克只是以物質的自有性質籠統喻之，並未賦予某物與某物的生與克，也未見將金木水火土，和季節、五方、五色等配置，尚屬元素形成理論的早期狀態。

四、西方秦國祀四色帝：《史記‧秦本紀》、〈封禪書〉

　　西方的秦國，於西周時不過為「西陲大夫」，並不見尊於東方各諸侯國。因幽王之禍，秦襄公將兵救周，戰甚力，有功，由平王封為諸侯。〔註37〕之後，漸為東方諸國的學術、思想所浸潤，但其祭祀系統與周分封之諸國互異。在秦穆公二十三年時，仍然將黃帝視為人帝，經過大約兩百年後，到秦靈公時，黃帝已蛻變成為神帝：「作吳陽上畤，祭黃帝；作下畤，祭炎帝。」〔註38〕此時，西方邊陲的秦國，將：白、青、炎、黃等四帝，都已完成建畤奉祀，除黑帝外，其他四色天帝的名稱已是確定。（其時間順序待後述）

五、德運徵兆出現：《史記‧封禪書》、〈六國年表〉

　　秦獻公十八年〔註39〕：「櫟陽雨金，秦獻公自以為得金瑞，故作畦畤櫟陽

〔註36〕《文子校釋‧自然》，頁308。

〔註37〕關於秦之崛起，所經歷的君主與事件，參閱呂世浩：《帝國崛起》（臺北，平安文化有限公司，2015），頁68、73、80、83～92。

〔註38〕上見〈秦本紀〉，頁202；〈封禪書〉，頁1431。

〔註39〕〈封禪書〉記載為獻公十八年，頁1431；〈六國年表〉記載為獻公十七年，頁846。

而祀白帝。」〔註40〕櫟陽是獻公二年所遷的新都城,「雨金」實難以用當今的科學角度釋之,但秦獻公並未以此為祅祥符應,而是以其為「金瑞」,為德運徵兆的初顯。

但是,在秦獻公約莫四百年之前的秦文公時,德應之說已隱然出現。東周初,秦文公十年,獲水德之瑞的黑龍,〈封禪書〉:

> 秦始皇既并天下而帝,或曰:「……昔秦文公出獵,獲黑龍,此其水
> 德之瑞。」〔註41〕

此條是記載始皇得天下之後,左右的進言。然而,在《史記‧秦本紀》與〈封禪書〉中,有關秦文公時期的記載,均不見有此條。當時的記載是秦文公夢黃蛇,建鄜時,用三牲郊祭白帝。在文公之前的襄公也是祀白帝,文公之後的宣公祀青帝,都只是色帝的祭祀而已,並未見到當時有「德運」的說法。

六、兵家論述五行:《孫子兵法》、《吳子兵法》

(一) 五方五色帝,黃帝居中有天下:《孫子兵法‧行軍篇》

文獻中,多有以天命或五行比附於軍事征戰,武王伐紂時,渡河後,有火流為烏,於是班師而回,蓋因周為火德,火流為烏非吉兆。春秋時,國與國之間的征戰,往往徵之於天象、卜策、陰陽、五行,等等符應徵兆。《國語‧吳語》、〈越語〉中,越王勾踐數次準備興兵伐吳,范蠡皆以「卜之於天、天之兆應、陰陽之紀,必順天道。」〔註42〕等等天命未至的原因,勸阻勾踐勿輕率行干戈兵事。戰國時,五行的觀念則已開始用之於軍旅攻伐。

在《孫子兵法‧行軍篇》〔註43〕中有:「凡此四軍之利,黃帝之所以勝四

〔註40〕〈封禪書〉,頁 1429。
〔註41〕〈封禪書〉,頁 1444。
〔註42〕《國語‧吳語》,頁 861。〈越語〉,頁 910、914~919。
〔註43〕《孫子兵法》習稱為吳國孫武所作。《史記》〈孫子吳起列傳〉:「世俗所稱師旅,皆道孫子十三篇」,史公此處係指孫武。但卻又在同篇中另書:「孫臏以此名顯天下,世傳其兵法。」頁 2823、2827。似乎為二人二兵法。梁玉繩在《史記志疑》〈孫子吳起列傳〉云:「〈吳世家〉、〈伍子胥傳〉並有將軍孫武語,然孫子之事與穰苴媲美而皆不見於《左傳》,何耶?《通考》引葉氏〈辨孫子〉乃春秋末處士所為,言得用於吳者,其徒誇大之說也。又胡應麟《九流緒論》曰:『武灼灼吳,楚閒丘明不應盡末其實。蓋戰國策士以武勝於譚兵,恥以空言令天下,為說文之耳。』見《史記志疑》〈孫子吳起列傳〉,頁 1194。錢穆:《先秦諸子繫年》〈孫武辨〉:「《史記‧孫吳列傳》有孫武為吳將兵。《漢書‧藝文志》有《吳孫子兵法》八十二篇,而本傳則稱十三篇。然其人與書,蓋

帝也」，並未說明四帝為哪四帝，近世在銀雀山出土的漢墓竹簡《孫子兵法》中則有：

> 黃帝南伐赤帝，……東伐□帝，……北伐黑帝，……西伐白帝，……
> 已勝四帝，大有天下。〔註44〕

出土的竹簡顯示，此時出現了「黑帝」，五帝鎮之於五方。文本中，有：黃、赤、黑、白，四色，故依文義邏輯，□內之缺字當為「青」字。是則，共為五色帝，黃帝居中，向：南、東、北、西四方，征伐四色帝，戰勝並控據天下。

（二）五行無常勝：〈虛實篇〉

〈虛實篇〉

> 夫兵形象水，水之行，避高而趨下，兵之勝，避實而擊虛。……故五行無常勝，四時無常位，日有短長，月有死生。〔註45〕。

水流的變化於無形之間，但其物理性質恆常「避高趨下」不變，以此喻之軍隊的「避實擊虛」同樣不變。而「五行無常勝」，意為一種物質不可能戰勝萬物，終會被另一種物質所摧，透露出物與物是以自然特性的「相勝」、「相克」，而非「常勝」。〔註46〕

（三）戰事布陣：《吳子兵法》

相關孫子與吳起生年，徵諸〈吳太伯世家〉、〈楚世家〉、〈孫子吳起列傳〉、

皆出後人偽託。……《史記·本傳》吳孫子本齊人，而齊孫子為其後世子孫。又「孫臏」之稱，以其臏腳而無名，則吳殆即臏耳。」頁298～299《史記會注考證》〈孫子吳起列傳〉：「齋藤謙曰：『《戰國策》稱孫臏為孫子，《史記·列傳》亦然，概皆從當時之稱呼也。』……蓋武與臏本一人，武其名，而臏其別字，後世所謂綽號也。」頁2784。故從諸學者之考證，將《孫子兵法》視為孫臏所作。

〔註44〕引自中國軍事科學院戰爭理論研究部《孫子注釋小組》：《孫子兵法新注》〈行軍篇〉，（北京，中華書局，1986，5刷），頁86。

〔註45〕孫武著，周亨祥譯著：《孫子兵法》〈行軍篇〉、〈虛實篇〉（臺北，臺灣古籍出版公司，1998），頁65、94、170。本文所敘《孫子兵法》乃孫臏所作，且上註中亦引各家考證，證明其為孫臏所著，但由於今人譯注《孫子兵法》，將作者仍寫為孫武，為尊重譯注者，依孫武之名冠之不改。

〔註46〕關於孫子結合了兵學、陰陽、數術於一身的兵法，主要與「順時而發」、「地形向背」以及「五行」之術有關。參閱高君和〈出土文獻中「兵陰陽」思想之研究：以《銀雀山漢墓竹簡》為中心〉（臺北，臺灣大學哲學研究所博士論文，2018，01）。

〈年表〉、《先秦諸子繫年》等諸篇，〔註47〕兩人約有三十餘年至八十餘年之差異，時代約略相近，然諸說皆為吳起晚於孫子，故將《吳子兵法》列於《孫子兵法》之後。

　　吳起學儒於魯，將兵於魏、為相於楚。通曉儒、法、兵三家思想。本段既引用其兵書，因此將其匡列於兵家。

　　　　《吳子兵法·治兵第三》

　　　　無當天灶，無當龍頭。天灶者，大谷之口；龍頭者，大山之端。必左

　　　　青龍，右白虎，前朱雀，後玄武。招搖在上，從事於下。〔註48〕

布陣時，不要在大山谷入口紮營，不要在大山頂端駐兵。指揮軍隊時，用青龍旗指揮左軍，白虎旗指揮右軍，朱雀旗指揮前軍，玄武旗指揮後軍，將軍居中在高處指揮，四軍在其指揮下行動。

　　這是五行說中，五方、五色、五獸概念的實際運用。左為東軍、青色、其獸蒼龍；右為西軍、白色、其獸白虎；前為南軍、赤色、其獸朱雀；後為北軍、黑色、其獸玄武。將軍居中央位置，面向南指揮，四軍以獸為象，遙望中央上方的指揮，據以進退因應戰事。

七、五行、五德系統化雛型建立：《管子》

　　五行學說自西周初至春秋末期，始終呈星點狀散布於各個國家，偶爾串連成線，尚不能成為一獨立完整之學說，而大綱的建立，原型的塑造，《管子》為其界碑。

　　《管子》之書見於《韓非子·五蠹》：「今境內之民皆言治，藏《商》、《管》之法者家有之。」〔註49〕司馬遷在〈管晏列傳〉中也表示讀過管仲的著作：「吾讀管氏〈牧民〉、〈山高〉、〈乘馬〉、〈輕重〉、〈九府〉，……至其書，世多有之。」〔註50〕「家有之」、「世多有之」，類似當今之暢銷書。《漢書·藝文

〔註47〕〈吳太伯世家〉，頁1618；〈楚世家〉，頁2005、2017；〈孫子吳起列傳〉，頁2823～2824、2833～2835；〈年表〉，頁802；《先秦諸子繫年·孫武辨》，頁15；〈吳起去魏相楚考〉，頁214。

〔註48〕《吳子兵法·治兵第三》，收入姜亦青總校訂《中國兵法套書5》（臺北市，東門出版社，1991），頁125～126。

〔註49〕《韓非子·五蠹》，頁772。

〔註50〕〈管晏列傳〉，頁，2782。

志》〔註51〕將其列入子部道家類，《隋書·經籍志》則列入法家類。〔註52〕

然而後世多位學者認為《管子》為春秋末年或戰國時期，嚮慕管仲的稷下學派所作，《四庫全書總目·子部·法家類》云：「葉適《水心集》亦曰：「《管子》非一人之筆，亦非一時之書，以其言毛嬙、西施、吳王好劍推之，當是春秋末年。今考其文，大抵後人附會多於仲之本書。」〔註53〕；郭沫若從訓詁、聲韻的角度考證，認為並非出自管仲之手；羅根澤認為是戰國中後世之作；〔註54〕王夢鷗認為《管子》出於鄒衍之門徒所作；〔註55〕陳鼓應認為《管子》是稷下學宮中學者們的著作彙編；〔註56〕胡家聰亦以各家論述證明其非管子之作。〔註57〕黎翔鳳則舉諸如：嚴可均、章學誠、余嘉錫、馬元材、葉適、豬飼彥博、郭沫若等等學者之正反觀點，而認為係管仲所作。〔註58〕。

但由於：

1. 管仲於齊桓公時為相，為春秋初期，較孔子出生為早，當時比較不太可能有如此複雜多義的五行內涵充塞其內。如前述，魯僖公在位時（案：魯僖公在位為齊桓公之後），展禽言：「地之五行，所以生殖也。」〔註59〕仍然是以純物質的角度看視地上的這五種元素。雖然，在約略相近的時期，各國

〔註51〕《漢書·藝文志》，頁2116。

〔註52〕〔唐〕長孫無忌、魏徵等撰：《隋書·經籍志》（臺北、世界書局，2015），頁76。

〔註53〕〔清〕：永瑢、于敏中、紀昀等編纂：《四庫全書·上冊·卷一百一·子部·法家類·管子二十四卷》（北京，中華書局，1995），頁847。

〔註54〕羅根澤《管子探源·卜筮》（臺北，里仁書局，1981），頁43。

〔註55〕全文為：「如果鄒衍不願俯首聽命於占筮者之前，則其捧出黃帝而『論著《終始》《大聖》之篇十餘萬言』，當為勢有必至之事了。雖然那十餘萬言，今日已無片言隻字之傳，但從側面觀察，至少他的徒弟仍有這樣的記載，如《管子·五行篇》。」詳參王夢鷗：〈陰陽五行家與星曆及占筮〉（臺北，《中央研究院歷史語言研究所集刊》，1971年12月1日），頁489～532，頁14。

〔註56〕陳鼓應：《易傳與道家思想》《《易傳》與齊學》（臺北，臺灣商務印書館，2007），頁156。

〔註57〕胡家聰言：「顧頡剛先生曾稱《管子》為稷下叢書（見《周公制禮的傳說和周官一書的出現》，《文史》第六輯。馮友蘭先生稱《管子》為稷下學報，（見《中國哲學史新編》第二冊。張岱年先生認為《管子》一書是齊國推崇管仲的學者依託管仲而寫的著作的匯集，可稱為「管子學派」的著作。這些學者可能亦是稷下學士，但只是稷下學者的一部分。《文史知識》（1989年，第3期「齊文化專號」）

〔註58〕黎翔鳳撰：《管子校注·序論》（北京，中華書局，2017），頁15～16。

〔註59〕《國語·魯語上》，頁212。

相關五行元素的說法未必一致，但依五行說的演進是逐步增加，並漸次磨合的軌跡看來，如果齊桓之際，管仲即將五行之說發展到自然義兼攝人文義與宗教義，形而上與形而下無所不覆，類似一種宇宙論，那麼，在管仲之後的《國語》、《左傳》、《晏子春秋》、《墨子》、《老子》等等經集，在如此長期的演繹中，不太可能都還只是單純地敘述五行物質的因子成分，均未推衍至系統化的歸納。

2. 《管子》書中，〈四時〉、〈五行〉、〈幼官〉三篇，論述五行的成分、宇宙空間、季節配置、天數、神明的數量、官職等等要素，各篇的觀點互異，認知不同，如是一人所作，當不至於在同一書內的觀點有如此大之差異，較有可能為後世非一人之作。

3. 揆諸以上三篇，較諸《國語》、《左傳》、《墨子》等書中的五行之說，都為完善複雜，又較戰國末年的《呂氏春秋》簡略，故難以將其認定係春秋初期的管仲所作。

4. 春秋至戰國中期的諸子學說，有相關五行元素的各種見解，尚無德運之說。但《管子》書中，不但有「德運」的說法，且一次即完備了五德說，又與之後的《呂氏春秋》說法不同，比較如下：

附表四：《管子》與《呂氏春秋》五方五德比較表

書　名	東　方	南　方	中　央	西　方	北　方
《管子》	星德	日德	土德	辰德	月德
《呂氏春秋》	木德	火德	土德	金德	水德

兩書除了中央為土德相同以外，《管子》以天上日、月、星、辰喻德，《呂氏春秋》則以五行名稱喻德。

由於鄒衍之書已難得窺，無從知悉其詳盡內容並與《管子》比對，但《管子》書中並無「從所不勝」的相勝說，雖有「水用事」卻無水德之說，而秦始皇是依鄒衍的「從所不勝」的相勝說，推秦為「水德之始」。故《管子》一書較有可能是在戰國時的稷下學派所作。

（一）天人合一觀出現，宇宙圖式完成：〈幼官〉

《管子》有〈幼官〉與〈幼官圖〉兩篇，今本兩篇文字完全相同，據黎翔鳳先生考證，以及：「以屈原祖廟及長沙軑侯墓畫絹例之，〈幼官圖〉是圖，是

照〈幼官篇〉文字繪圖於壁上，即用〈幼官篇〉文字說明之。〈幼官圖〉即是此意。」〔註60〕則〈幼官〉篇與〈幼官圖〉當是圖文互為依輔。

「幼官」：兩字合為題名，其義難解，且與行文主旨、內容不符。王夢鷗先生云：「今案〈幼官圖〉中實兩現『玄官』之名，稽以文義，當為『玄宮』二字。《說文》云：『玄』，象幽，而入覆之也』。可見玄、幽之義通。」〔註61〕

何如璋云：「舊《注》：『幼者，始也。』『始』字無義，疑『幼』本作『玄』，故《注》訓為『始』，宋刻乃誤為『幼』字耳。『官』宜作『宮』，以形近而誤。」〔註62〕

黎翔鳳云：「《莊子》：『顓頊得之以處玄宮』，《藝文類據》引《隨巢子》：『昔三苗大亂天命夏禹於玄宮』，足證『幼官』為『玄宮』也。」

是則，「幼官」為「玄宮」兩字之誤刻。其義雖為〈玄宮〉與〈玄宮圖〉，然宋以後流傳至今之文本，皆作〈幼官〉與〈幼官圖〉，故仍以今本目錄稱之。

因〈幼官〉為〈幼官圖〉之文字說明，且〈幼官圖〉以佚，故以〈幼官〉為引文。

〈幼官〉（因文本太長，現節錄之）

五和時節，君服黃色，味甘味，聽宮聲，治和氣，用五數，飲於黃后之井，……一舉而上下得終，再舉而民無不從，三舉而地辟散成，四舉而農佚粟十，五舉而務輕金九，六舉而絜知事變，七舉而外內為用，八舉而勝行威立，九舉而帝事成形，九本摶大，人主之守也。……此居圖方中。

必得文威武官習，勝之。務時因，勝之。……理名實，勝之。……定選士，勝。定制祿，勝。定方用，勝。……明審九章。飾習十器。善習五官。謹修三官。必設常主。計必先定，求天下之精材。論百工之銳器。……右中方副圖。

春行冬政，肅。行秋政，雷。行夏政，閽。……八舉時節。君服青色，味酸味，聽角聲，治燥氣，用八數，飲於青后之井。……此居於圖東方方外。右東方本圖……旗物尚青，兵尚矛，……右東方副圖。

〔註60〕黎翔鳳：《管子校注・幼官圖》，頁182。

〔註61〕王夢鷗：〈陰陽五行家與星曆及占筮〉（臺北，《中央研究院歷史語言研究所集刊》，1971年12月1日），頁525。

〔註62〕黎翔鳳：《管子校注・幼官第八》，頁133。

　　夏行春政，風。行冬政，落。重則雨雹。行秋政，水。……七舉時
節，君服赤色，味苦味，聽羽聲，治陽氣，用七數。……此居於圖
南方方外。右南方本圖……旗物尚赤，兵尚戟，……右南方副圖。

　　秋行夏政，葉。行春政，華。行冬政，耗。……君服白色，味辛味，
聽商聲，治溼氣，用九數。飲於白后之井。……此居於圖西方方外。
右西方本圖……旗物尚白，兵尚劍，……右西方副圖。

　　冬行秋政，霧。行夏政，雷。行春政，烝泄。……君服黑色，味鹹
味，聽徵聲，治陰氣，用六數，飲於黑后之井。……此居於圖北方方
外。右北方本圖……旗物尚黑，兵尚脅盾，……右北方副圖。〔註63〕

以四方和中央各分本圖與副圖，並輔以文字說明，共計十幅圖與文字說明，
依文本的順序編排，成為下表：

附表五：《管子・幼官》篇五行元素表

方　位	東　方	南　方	中　央	西　方	北　方
季節	春	夏	無季節	秋	冬
五行元素	木	火	土	金	水
五色	青	赤	黃	白	黑
紀數	八	七	五	九	六
五味	酸	苦	甘	辛	鹹
五聲	角	羽	宮	商	徵
武器	矛	戟	論百工之銳器	劍	盾

　　以中央為基準，成為始點，向四方的空間蔓牽，又向四季的時間布沿，
構成一個時間與空間的循環，囊括了四維時空的宇宙，但尚未出現天上星
辰，要到同書的〈四時〉篇，則向天空的維度發展，完成了一個整體的宇宙
模式。

　　前述《左傳・昭公三十一年》，出現了：「水數六」，但無其他四行之數；
到了《墨子・迎敵祠》，出現了：「東方、青、數為八」；「南方、赤、數為七」；
「西方、白、數為九」；「北方、黑、數為六」。但仍缺：「中央、土、數為五」
的文字。如今，〈幼官〉篇則將五行的以何數為紀，悉數完成，出現了後世何

〔註63〕黎翔鳳：《管子・幼官》、〈幼官圖〉，頁135～182。

種德運該當以何數為紀的標準,現將三書表列如下:

附表六:《左傳‧昭三十一年》、《墨子‧迎敵祠》、《管子‧幼官》三篇 五方、五色、紀數比對表

《左傳‧昭三十一年》	《墨子‧迎敵祠》	《管子‧幼官》
無記載	東方:青色、八為紀	東方:青色、八為紀
無記載	南方:赤色、七為紀	南方:赤色、七為紀
無記載	西方:白色、九為紀	西方:白色、九為紀
水、六位紀	北方:黑色、六為紀	北方:黑色、六為紀
無記載	中央:無記載	中央:黃色、五為紀

從上表可以比對出五行方位、五色與紀數的進化的痕跡。故,始皇改制:「方今水德之始,改年始,朝賀皆自十月朔。衣服旄旌節旗皆上黑。數以六為紀,符、法冠皆六寸,而輿六尺,六尺為步,乘六馬。」〔註64〕漢武改制為土德,則以五為紀:「漢改歷,以正月為歲首,而色上黃,官名更印章以五字,為太初元年。」〔註65〕其紀數源流並非無本。

《管子‧幼官》篇中,四方均配置不同之武器,將兵事帶入了五行,〔註66〕唯獨中央不備武器。中央方位是以:識時、選士、收豪傑、定制、計財、行仁義、理名實、德刑並施、盛衰等等人主之施政相關。

中央,既指涉了「時間」之正中,復囊括了「空間」之正中。長、寬、高的空間與季節的時間,構成四個維度的順暢運行,也是從中央向外投射輔助並賴以建構完成。這即是:

> 伊利亞德(Mircea Eliade)所謂的『中』之神聖空間,具有與世俗空間區隔的斷裂點(interruptions)或突破點(breaks)。透過中心的發現與投射,以建構神聖世界。也因此『真實世界總位於中心和正中央』、「以伊利亞德學說來看,先秦至漢代禮書及典籍記載之土中、地中、社,乃至於王廷宮殿具有『中心』之神聖象徵,同時為天、

〔註64〕〈秦始皇本紀〉,頁294。

〔註65〕〈封禪書〉,頁1507～1508。〈孝武本紀〉,頁670。

〔註66〕相關《管子‧幼官》四時、五行與兵事之考釋,詳參徐漢昌:《管子思想之綜合研究》〈管子書中陰陽家思想〉(臺北,國立政治大學中文研究所博士論文,1988),頁101～117。

地、地下三界的交會處；並與世俗世界進行區隔。〔註67〕

故，〈幼官〉篇中，以天下之中的神聖空間：土為中心、王廷宮殿為中心，向外投射至他域，以中為尊，以土為貴，以黃為顯，以五為始，中央土在九會諸侯之後：「九舉而帝事成形，九本搏大，人主之守也。」土位為帝位的基礎架構已現。

雖然〈幼官圖〉已佚，但從圖式的文字說明來看，以四方和中央各分本圖與副圖，共計十幅圖，對於五行的說明，包括了施政的方針與目標，具體實踐的執行細節，有形與無形的象喻闡述，從人間展向天際星空，又蘊含德行於其內，這實在是一個龐大複雜的五行宇宙圖式，將自然現象賦予理性的釋義與感性神秘的角度，融合了天人感應之說，說明了古人的宇宙觀，成為一種思維的哲學，並以其作為施政的指導原則。

（二）五行說出於黃帝，五行校對曆律，空間、時間與官職配置：〈五行〉

前此，各說中或有提及五行，或有論及黃帝，但並未見有五行之說出於黃帝。在《管子‧五行》中，首見五行由黃帝「作立」，又得六相，適才適所以任之，判察天、地、東、南、西、北六方：〈五行〉篇（由於文本過長，故分兩段剖析）

> 昔者黃帝得蚩尤而明於天道，得大常而察於地利，得奢龍而辯於東方，得祝融而辯於南方，得大封而辯於西方，得后土而辯於北方，黃帝得六相而天地治，神明至。蚩尤明乎天道，故使為當時。大常察乎地利，故使為廩者。奢龍辯乎東方，故使為土師。祝融辯乎南方，故使為司徒，大封辯於西方，故使為司馬。后土辯乎北方，故使為李，是故春者土師也，夏者司徒也，秋者司馬也，冬者李也。昔黃帝以其緩急，作五聲，以政五鍾。……五聲既調，然後作立五行，以正天時。……五官以正人位，人與天調，然後天地之美生。

黃帝一統天下，得六官分掌天、地、東、南、西、北六方，黃帝居中，成為七個方位，並依天地四季之節氣，各佐相之專長，授之以官銜，成為：

〔註67〕林素娟：〈漢代感生神話所傳達的宇宙觀及其在政教上的意義〉（臺南，《成大中文學報》，第二十八期，2010 年 4 月），頁 41。

－55－

附表七:《管子・五行》篇方位、季節、天帝、神、職務職掌表

方位	中央	天	地	東	南	西	北
相名	黃帝	蚩尤	大常	奢龍	祝融	大封	后土
季節	無	無	無	春	夏	秋	冬
官銜職掌	帝王用人督事	當時天時曆法	廩者倉廩	土師司空或稱司工	司徒農官	司馬掌兵馬征戰	李〔註68〕理獄官

　　黃帝依音調之急促緩慢輕重,作五聲,之後「作立五行」,用以調整歸正天象、曆時。如此,則人事與天道和諧,天地萬物無不美滿。

　　文本描摹出一個宇宙的空間與四季的時間,帝王依空間方位與四時節氣,交付:天文、倉儲、工程、農務、國防、刑獄之職掌,天上神明的官銜,一如人世朝廷之官職,以想像而推理,類而廣之,由人間延伸天上。後世的《淮南子・時則訓》,與董仲舒在《春秋繁露・五行相勝》說中的官職,方位與季節的對應,皆類此。

　　之前不見有「五聲」、「五行」、「五官」為黃帝所訂定之記載。〈五行〉篇則將五行之立,歸諸黃帝。到了司馬遷的〈曆書〉亦有:「黃帝考定星曆,建立五行,起消息,正閏餘,於是有天地神祇物類之官,是謂五官。」〔註69〕

　　此篇的五行與方位並不相侔,除了六相分掌天地、四方,共計六個方位以外,而黃帝居中央,成為:上、中、下、東、南、西、北,七個方位,是一種前所未見的三度空間的創制,再加上四季的時間,成為四個維度。到了同書的〈四時〉篇,則視界更為廣闊,向太空延伸,將天上的五星配置於五行與五個方位之中,所建構的四度空間益加渺遠無垠。〔註70〕

(三)時間切割、節氣平均分配於五行:〈五行〉

　　由於一年只有四季,無法以五行的「五」數分配,為求其合理平均,於是不依春夏秋冬四季的「四」數分配,而是另闢方法,將之平均除以五。

〔註68〕「李」:為獄官。

〔註69〕〈曆書〉,頁1306。

〔註70〕有關《管子》中,陰陽五行的合流與天人配屬等關聯,詳參陳麗桂:〈從循環、代勝到主從、尊卑——戰國、秦、漢陰陽五行說的源起與演變〉(《哲學與文化》,第四十二卷,第十期,2025,10)頁3～9。李國璽:〈秦漢之際陰陽五行政治思想源流研究〉(臺北,國立臺灣大學哲學博士學位論文,2010,01),頁20、21、27、84。

〈五行〉

日至，睹甲子木行御，天子出令，命左右士師內御，……七十二日而
畢。睹丙子，火行御，天子出令，命行人內御。……七十二日而畢。
睹戊子，土行御，天子出令，命左右司徒內御……七十二日而畢。睹
庚子，金行御，天子出令，……命左右司馬，行組甲屬兵，合什為伍
以修於四境之內。……七十二日而畢。睹壬子，水行御，天子出令，
命左右使人內御御其氣，足則發而止，……七十二日而畢。〔註71〕

帝王於何時、命何官、行何事，都予以明確規範。甲子、丙子、戊子、庚子、
壬子，十天干除以五，配之以五行，而每行御七十二日，則恰恰有三百六十
日，卻也衍生另一個問題，即是：不分配於四季，而將一年平均除以五，之
後，其節氣必然失衡，無法兼顧以農立國的農業依天象節氣運作農務。

（四）德運首現，土德乃中流主宰：〈四時〉

　　〈五行〉篇的方位是，五行：七方位。五行並未與方位搭配。〈四時〉篇
則將五行的五元素對應五方與四季，且首次出現「土德」。

〈四時〉

東方曰星，其時曰春。其氣曰風。風生木與骨，……此謂星德。

南方曰日，其時曰夏，其氣曰陽，陽生火與氣，……此謂日德。

中央曰土，土德實輔四時入出，以風雨節土益力，土生皮肌膚，其
德和平用均，中正無私。實輔四時，春嬴育，夏養長，秋聚收，冬
閉藏。大寒乃極，國家乃昌，四方乃服，此謂歲德。

西方曰辰，其時曰秋，其氣曰陰，陰生金與甲，……此謂辰德。

北方曰月，其時曰冬，其氣曰寒，寒生水與血，……此謂月德。

日掌陽，月掌陰，星掌和，陽為德，陰為刑，和為事，是故日食，
則失德之國惡之。月食，則失刑之國惡之。彗星見，則失和之國惡
之。風與日爭明，則失生之國惡之。是故聖王日食則修德，月食則
修刑，彗星見則修和，風與日爭明則修生，此四者聖王所以免於天
地之誅也。〔註72〕

天際與人世開始結合，將陰陽、日月、星辰、風雨、四季、五德，系統化建

〔註71〕《管子‧五行》，頁 865～881。
〔註72〕《管子‧四時》，頁 842～855。

置，由中央君王協調撫育。當地上君王刑德不修，則天上以日食、月食、彗星、大風掩日等等徵兆示警，聖王必須兢兢業業，修持不斷，庶幾「免於天地之誅」。之後的司馬遷在〈天官書〉中，類此記載頗夥，天人合一的觀念，漸趨濃厚。

五行元素與：五方、四季、節氣功能、星辰，開始綁束為一體，已形塑出後世五德說中德運的模胚（雖然後世與此稱呼不同），以表列顯示其說：

附表八：《管子·四時》篇五行、方位、季節、德應配置表

方　　位	東	南	中	西	北
五行元素	木	火	土	金	水
季　　節	春	夏	輔四時	秋	冬
職　　掌	贏育	養長	輔四時	聚收	閉藏
星　　辰	星	日	無	辰	月
德　　運	星德	日德	土德（歲德）	辰德	月德

土德又稱之為「歲德」，居中，最為貴：「輔四時，春贏育，夏養長，秋聚收，冬閉藏。大寒乃極，國家乃昌，四方乃服，此謂歲德。」一年農務之運作，春、夏、秋、冬，四個時節的滋養；東、南、西、北，四個空間的調和，均為土德所掌。從「國家乃昌，四方乃服」觀之，中央、土、歲德，已是君王的象徵。

在〈宙合〉篇亦有：

> 左操五音，右執五味，……是唯時德之節。春采生，秋采蓏，夏處
> 陰，冬處陽，大賢之德長。……成功之術，必有巨獲。必周於德，審
> 於時，時德之遇，事之會也，若合符然，故曰是唯時德之節。[註73]

〈宙合〉與〈四時〉兩篇相參，其要在於「周於德，審於時」，君主在上施政，依時行事，即依該季循該當之德，行該當之政；黎民在下，依該季務該當之事，此即謂「時德」。而：東方星德、南方日德、西方辰德（案：辰：為水星）、北方月德。已然開始將五行從平面空間，向浩瀚廣渺的星空維度推移。時間

[註73] 黎翔鳳曰：「本篇理論從〈幼官〉來，合以〈四時〉、〈五行〉方能解釋之。」
王念孫云：「巨獲」讀為榘蒦，……榘，法也；蒦，度也。」安景衡云：「巨古
『矩』字；獲，當為『蒦』字之誤也。矩、蒦，皆法也。」見《管子·宙合》，
頁206～218。

與空間在五行運作之下互生，皆因中央土德之輔助而完成，之後國家昌明，四方蠻夷賓服，成為一年歲月之德。〔註74〕

德運首現，中央土德（歲德）居天下之正中，其他四行、四方之德運，並非如後世以五行物質之名冠於德運，如：金德、火德、水德等等，亦非以顏色稱之，如：赤德、黃德、黑德等。而是以日月星辰冠其上，天下蒼生萬物在土德「和平用均，中正無私」的覆庇下：春嬴育、夏養長、秋聚收、冬閉藏，各安其德，而後「國家乃昌，四方乃服，此謂歲德。」後世的「五德終始說」是以五行物質之名冠於德運，前述的〈四時〉篇，則是將德運冠以日月星辰之名。

這是一個極大的函數，在平面的空間上是：東、西、南、北、中，五方位；在立體空間上，則是從地面向日、月、星、辰的宇宙太空發展；在時間上，以短期的四季與長期的年歲結合，變成以時間貫穿並包覆空間，四維時空完成塑體。且將五行與星曆、天象、季節、自然物理、陰陽、刑德、戰爭、人主治世態度，庶民生活等等諸多有形無形事物結合，庇遮了天上地下，建構成一套涵覆宇宙萬物的哲學。

然則，黃帝據中央土德，為空間之正中，卻不控屬四季的時間，而是以「年歲」含括了四季，這便與同書的〈五行〉篇產生矛盾如下：

〈四時〉：金、木、水、火四行，分佔：春、夏、秋、冬四季，季節明確。但土行並不佔有季節的時間。

〈五行〉：將一年時日平均除以五：金、木、水、火、土，每行各居七十二日。無春、夏、秋、冬四季，節氣混亂。

按理，〈四時〉篇較符合實際。王夢鷗先生對於〈五行〉篇與〈四時〉篇

〔註74〕關於《管子》中，相關「時」的觀念與演繹，胡火金認為：「《管子》中的『時』與道、德、法相融合，不僅在於四時節律、曆法推步、時間的節律性，更不是時間度量及其時序表達，它當是基於一種多元化的理解方式──氣、陰陽、五行，在特定時空情境中具有『媾生』、『境遇』、『時機』、『機發』、『規範』的涵義，天時被延展進入到人們的生存意識之中，包含人們對生存狀態的理解、領會乃至行為方式，這種對於生存意識的理解把握乃至對於生存時境的關注，成就了『天人相參』的時機化的天時觀。」詳參胡火金：〈《管子》「時」觀初探〉，《管子學刊》（2007 年，第 4 期）。另：田茉莉：〈論《管子》敘事的時空特點〉（西南大學學報，第 8 卷，第 4 期，2010 年 8 月）。曹立明：〈《管子》「四時」觀念的生態意蘊〉（三峽大學學報），第 39 卷，第 2 期，2017 年 3 月）均對《管子》中時空的意涵多所闡述。

在季節時間上的敘述不同，作出解釋：「這種不生困難的『五時令』（案：指〈五行〉篇，每行七十二日）……時日分配均等，沒有「土」行統轄其他四行的觀念，……後來或因其不切合於實用的農曆，覺得有改造之必要，因而一面既受春夏秋冬四時觀念的影響，一面又受專制統一思想的牽引，於是衍化為另外兩組小終始：其一組乃與發布教令的王宮建築相配合，發展為《呂氏春秋‧十二月紀》，亦即『明堂月令』的體制；以土德居中不佔時日。……至於另一組，如《淮南子‧時則篇》的設計，把土行配於季夏，則又似出自《管子》書中的〈四時篇〉。……是則二說並行，其來已久。」〔註75〕

　　但王夢鷗先生之釋義，又與〔唐〕孔穎達正義頗異：孔對〈十二月紀〉將土行配於季夏之釋，則認為土行雖居四季之中，然亦涵攝各季的十八日，成為五行、五季，各控七十二日，五季加總共三百六十日。不但解決了土行居於季節位置的問題，同時解決了土行佔有時日的困難，等同是以「五」的技術調整，緩解了《管子》〈五行〉篇與〈四時〉兩篇的矛盾（案：詳見本篇〈第四章‧第一節‧三〉）。

　　〈四時〉與〈五行〉兩篇，是依天地、人事、運作季節中該當之農務，順天之時，務時而寄政，約地之宜，因地而獲。以法施政，刑德並濟，方得使國強民富。「陰陽家為法家政治作陰陽五行的補充，體現在以『務時而寄政』為內容的、屬於五行相生系統的『四時教令』上……稷下陰陽家作〈四時〉〈五行〉等篇，均屬於四時與五行相配合的五行相生系統，而其中的基幹則是四時教令。所謂『人與天調，然後天地之美生』，指君主按四時發布政令，使人事合於天體運行規律。……這種四時教令是五行相生說的基幹，有一定的科學、管理因素；但也有四時禁忌等陰陽災異的迷信成分。」〔註76〕

　　故稷下學者已將五行和季節、時日、人世教化、治國德政，和宇宙自然的運作，互相配屬，共存共生，將五行說推向了治國方向的更高層次。

　　由於三篇敘述不同，不免易生混淆，現以下表比對：

〔註75〕王夢鷗：〈陰陽五行家與星曆及占筮〉，頁521。
〔註76〕胡家聰著：〈從《管子》看稷下之學「百家爭鳴」的特點和規律〉（《管子與齊文化國際學術討論會論文集》，1990），頁320～321。

附表九：《管子·幼官》、〈五行〉、〈四時〉三篇五行元素完成比較表

篇　　名	〈幼官〉	〈五行〉	〈四時〉
方位：空間	五方 東南中西北	七方 天地東南中西北	五方 東南中西北
五行元素	木火土金水	木火土金水	木火土金水
季　　節	春、夏、秋、冬	春、夏、秋、冬	春、夏、秋、冬
時　　日	無	每行各居七十二日	金、木、水、火四行，分佔春、夏、秋、冬四季，土行不佔有時日。
五　　味	酸苦甘辛鹹	無	無
五　　聲	角羽宮商徵	無	無
紀　　數	土：五。水：六。火：七。木：八。金：九。	無	無
五　　色	青赤黃白黑	無	無
掌理各方之名稱	無	中央：黃帝 天：蚩尤 地：大常 東方：奢龍 南方：祝融 西方：大封 北方：后土	無
官　　職	無	中央：黃帝。下轄：當時、稟者、土師、司徒、司馬、李，六官。	無
季節職掌	無	無	春：嬴育。 夏：養長。 秋：聚收。 冬：閉藏。 中央：輔四時。
星　　辰	無	無	星、日、辰、月
德　　運	有紀數，無德運	無德運	星德、日德、土德、辰德、月德。

　　只有在〈五行〉篇中，出現各方之帝、神與官職，其它兩篇無之；空間的繪製方面，以〈五行〉篇的七個方位，最為廣袤，其它兩篇俱為五個方位；時間的差異，已如前述；〈幼官〉篇中，有紀數無德運；〈五行〉篇中，兩者俱

缺;〈四時〉篇中,則已囊括五德,惟其德運名稱冠以日月星辰,與後世不同。徐漢昌論言:「《管子》書多雜春秋、戰國學者之言,且以稷下諸儒為多。彼輩不治而議論,後人雜收之,遂使管子一書紛然雜陳,而不專一。……有同於《老子》者,有異於《老子》者;有言四時者,有言五行者。書中之言,非但與他書不同,本篇前後各篇亦不一致,……然以另眼觀之,管書之價值,……可藉此略窺古人思想遞嬗之迹,以及相生相滅之端也。其中道家、法家、陰陽家交互影響者尤大且多,此正中國學術思想史上極重要之關鍵也。」〔註77〕

從三篇各自表意觀之,應是如徐氏所言,《管》書非一人之作。然,紛陳各說,確也得以令後世「略窺古人思想遞嬗之迹」。《管子》之前的各經籍,相關五行之說都無德運說,此時雖然有德運的描寫,然與後世的說法不同,也並無五行相生、相勝與「五德終始說」。

綜合三篇內容,除了與五行相關的節氣、方位,在之前的典籍已有記載以外,在治國方向的實踐依循上,開始與:政治、法律、軍事、祭祀、尊卑、德行、威權、賞罰、遷黜、賦稅、節氣、音律、軍幟、甲兵等等俱有關聯。

在庶民管理的實踐上,則與:農牧、漁獵、耕作、收藏、修葺、喪葬、撫孤、賞賜、五味、五色、緝捕等等執行面,均依四時之節令,執行當季五行之德。將政治形而上的方向與形而下的管理實踐,都鉅細靡遺地與五行、五德相連結,上至人君下及庶民,已然是一門施政哲學的學術思想。

至此,五行學說的主幹幾已勾勒完成,並現出「五德終始」架構的輪廓,即是以四季輪替不已的敘述,導入五德循環之說。馮友蘭言:「陰陽五行家的企圖,就是要把宇宙各部份結合為一的聯繫揭示出來,對做為連貫性的整體看的自然界總情景給一個總的說明。但是在他們的時代,……只可以更多的虛構代替事實,以更多的想像代替真實的缺乏,……在戰國末期,中國社會在經濟上、政治上、文化上日益趨向統一。陰陽五行家這種對於宇宙統一性的說明,也是這種趨勢在哲學思想方面的反映。」〔註78〕後世的《呂氏春秋》、《淮南子》、《春秋繁露》等等三書,雖然迭有發皇,但都是在這個原型上補強修刪,描摹並添其枝葉。以上述三書相關五行之內容觀之,實難以擺

〔註77〕徐漢昌著:《管子思想研究》〈《管子》書說所見道家與陰陽家之學〉,(臺北,臺灣學生書局,1990),頁110~111。

〔註78〕馮友蘭著:《中國哲學史新編》第二冊,〈陰陽五行家的具有唯物主義因素的世界圖式〉,頁346。

脫《管子》之架構。〔註79〕

八、五方之五帝、五神計十位：《山海經》

　　《山海經》並非如經、子、集一般：或為學者所著，或為學者口述，經由弟子編纂成輯，而是如北方的《詩經》般，經由多人所「唱」。但《詩經》為：人對人、人對君主、人對祖先的祭祀等等範圍，其思也真，其情也誠。《山海經》則不然，是巫師對部落群體「講述祖先的業績，英雄的戰功等等」，與祭神時的傳唱，〔註80〕主要是人歌頌神，對象較為單一，其情敬也畏，並不表示巫師與初民認其為虛假。且文本中多篇述及各地神明時，都記載了祭祀神明的方法與牲牢，故態度應為真，是初民心目中的「遠年歷史」。〔註81〕

　　五行說中，相關方位的五神、五獸來自於神話，且以五行說論述趨近詳整的《淮南子》與《山海經》比對參證，可發現《淮南子》在五方位的五神與五獸，其雛型有可能是源自《山海經》，復將其雅馴之。

　　《山海經》將五個方位或置以帝，或置以神，有時帝與神混淆為同一位，如果是不同一位，帝的神格又較神為高，如果單獨只有帝時，即是指黃帝。

〔註79〕關於《管子》與鄒衍、《呂氏春秋》、《淮南子》、《春秋繁露》等學說中，陰陽五行思想的關係，詳參王夢鷗：〈陰陽五行家與星曆及占筮〉，頁520～525。
　　　　徐漢昌：「《管子》書中四時與五行相配之法，各篇均略有不同，是可見其為尚未定型之說也。各篇均言五行相生，不及五行相克，大小九州等學說，是又在鄒衍前之陰陽家之學也，」見氏著：《管子思想研究》，〈《管子》書說所見道家與陰陽家之學〉，頁98。
　　　　李震：〈先秦陰陽五行觀念的政治展開———以稷下為中心〉：「在先秦，陰陽和五行原本彼此獨立，各自經歷了長期的意義演變進程，……最終在稷下學中實現了融合。五行觀念的一支與陰陽觀念合流，形成了《管子》四時教令的體系，在哲學上實現了對於普遍性和特殊性的恰當安頓；另一支則催生出鄒衍的五德終始理論。陰陽五行影響下的稷下政治學說，構成了先秦政治哲學的重要形態」（北京，《管子學刊》，2017年第3期，12／01），頁42、48。
　　　　羅嘉文：〈《管子》陰陽五行思想研究〉：「《管子》陰陽五行思想下的宇宙觀之建構，目的在提供統治者的施政依據；……陰陽與五行的合流，……標誌著陰陽五行思想作為中國古代思想文化的框架已經逐漸形成，這一創造性的理論工作，正是由《管子》開始並初步完成。之後的鄒衍，《呂氏春秋》、《淮南子》、董仲舒等，都是循著《管子》開創的道路。」（臺北，國立臺灣師範大學國文系碩士論文，2012，01）
〔註80〕袁珂言：「巫師在從事某種宗教儀禮活動時所演唱的神話故事。」見氏譯注：《山海經‧前言》，頁10。魯迅亦言：「《山海經》……蓋古之巫書。」見氏著：《中國小說史略》〈神話與傳說〉，（臺北，五南圖書有限公司，2009），頁40。
〔註81〕同上註。

《呂氏春秋‧十二月紀》與《淮南子‧天文訓》，在五方、五帝、五神之說上，與《山海經》類似，都是帝的位階高於神。

（一）東方：句芒、少昊、顓頊

〈海外東經〉

東方句芒，鳥身人面，乘兩龍。

〈大荒東經〉

東海之外大壑，少昊之國。少昊孺帝顓頊於此。

郭璞云「少昊金天氏，帝摯之號也。」郝懿行云：「《說文》云：『孺，乳子也。……蓋育養之義也。……此言少昊孺養帝顓頊於此。』」〔註82〕

東方出現了少昊與句芒，少昊為帝，句芒為神。而之後成為北帝的顓頊卻是由東方的少昊在東方養育。同書中，少昊除了出現在東方以外，又出現在西方的〈西山經〉中，看似混雜，這或許是東、西部落不同，卻祭祀相同的神帝；也或許是長江流域與黃河流域的五帝尚在混融同化的進程中，才出現了在同一個方位有不同的神帝，或是同一個方位出現了兩位神帝。

（二）南方：祝融、炎帝

〈海外南經〉

南方祝融，獸身人面，乘兩龍。

〈北山經〉

有鳥焉，其狀如烏，文首、白喙、赤足，名曰精衛，其鳴自詨。是炎

帝之少女，名曰女娃，女娃遊于東海，溺而不返，故為精衛。〔註83〕

南方炎帝之女化為鳥。後世《淮南子‧天文訓》中有：「南方，火也。其帝炎帝，其佐朱明，……其神為熒惑，其獸朱鳥。」

「朱鳥」在《吳子兵法‧治兵第三》中即曾出現〔註84〕：「左青龍，右白虎，前朱雀，後玄武」。而《禮記》中，亦以之表示為南方的方位，《禮記‧曲禮上》：「行，前朱鳥而後玄武，左青龍而右白虎。」兩書之義同。正義曰：「此明軍行象天文而作陣法也，前南後北，左東右西。」〔註85〕

〔註82〕《山海經‧海外東經》，頁310；〈大荒東經〉，頁365～366。

〔註83〕分見〈海外南經〉，頁267；〈北次山經〉，頁116。

〔註84〕見註48。

〔註85〕〔東漢〕鄭玄注，〔唐〕孔穎達等正義：《禮記正義‧曲禮上》（臺北，臺灣古籍出版公司，2001），頁96。

或是將「朱鳥」指為南方的星辰，《史記・天官書》:「南宮朱鳥，權、衡。衡，太微，三光之廷。」〔註86〕也稱為「朱鳥」。但《山海經》中，牠的方位除了南方以外，也出現在北方的〈北山經〉中，一獸身處兩方位，尚未統一。

（三）西方：少昊、蓐收

〈西山經〉

又西二百里，曰長留之山，其神白帝少昊居之。……實惟員神磈氏之宮。郝懿行云:「員神蓋即少昊也。」

〈西次三經〉

又西二百九十里，曰泑山，神蓐收居之」。

「蓐收」:郭璞云:「亦金神也，人面，虎爪，執鉞。」

〈海外西經〉

西方蓐收，左耳有蛇，乘兩龍。〔註87〕

《呂氏春秋》和《淮南子》在西方的方位上，都是白帝少昊，其神為蓐收，與《山海經》相同（見下述）。

（四）北方：顓頊、禺彊（玄冥）

〈海外北經〉

務隅之山，帝顓頊葬於陽，九嬪葬於陰。

北方禺彊，人面鳥身，珥兩青蛇。踐兩青蛇。

「禺彊」:郭璞云:「字玄冥，水神也。莊周曰:『禺強立於北極』一曰禺京。一本云北方禺強，黑身手足，乘兩龍。」

〈大荒西經〉

有魚偏枯，名曰魚婦。顓頊死即復蘇。風道北來，天乃大水泉，蛇乃化為魚，是謂魚婦。顓頊死即復蘇。

〈大荒南經〉

有國曰顓頊，生伯服。

〈大荒北經〉

東北海之外，大荒之中，河水之間，附禺之山，帝顓頊與九嬪葬焉。

有儋耳之國，任姓，禺號子，食穀。北海之渚中，有神，人面鳥身，

〔註86〕〈天官書〉，頁1353。

〔註87〕分見〈西山經〉，頁61、62、66；〈西次三經〉，頁67；〈海外西經〉，頁282。

　　珥兩青蛇，踐兩赤蛇，名曰禺彊。〔註88〕

北方之帝為顓頊，其神為禺彊（玄冥）。而顓頊不只位居北方，又曾經在東方
被少昊乳育過，共出現於東、西、南、北等方位，一神四方位，不似《呂氏春
秋》與《淮南子》，顓頊只位居於北方。

（五）四方：黃帝：東、西、北、中，四方位（無南方）

　　與其他經、子、集不同的是，它書中，黃帝皆居天下之正中。而《山海
經》中的黃帝，則是在東、西、北、中，四方都曾出現過，惟缺南方。又與顓
頊不同的是，顓頊雖然也在四方出現，但集中於「海外」與「大荒」兩個大區
域，屬於較邊遠地區，而黃帝的四個方位卻是分布於「山」、「大荒」、「海內」、
「海外」，無所不在，如楊寬言，各方位地域的民族在祭祀上帝時，逐漸將其
轉化為黃帝。〔註89〕

　　〈西山經〉

　　　黃帝是食是饗。是生玄玉。玉膏所出，以灌丹木。丹木五歲，五色
　　　乃清，五味乃馨。黃帝乃取崟山之玉榮，而投之鍾山之陽。瑾瑜之
　　　玉為良，堅粟精密，濁澤有而光。五色發作，以和柔剛。天地鬼神，
　　　是食是饗。〔註90〕

之前，東、南、西、北，四方帝都未記述五色、五味。此時，「五色」、「五味」
出現，然而是以之比喻丹木之花朵與良玉之色澤，並未形容其為何色、何味。
黃帝以「崟山之玉」的精華，種在鍾山之陽，生出瑾和瑜這兩種美玉，發出五
彩的光澤，「天地鬼神」有賴黃帝之作物為食，黃帝成為層級最高之天帝。

　　由於各方位均有黃帝之記述，未免篇幅過長，只能以不同方位擇一為例：

　　〈西山經〉

　　　有神焉，其狀如黃囊，赤如丹火，六足四翼，渾敦無面目，是識歌
　　　舞，實惟帝江也。

<hr>

〔註88〕分見〈海外北經〉，頁294、297～298；〈大荒南經〉頁392；〈大荒西經〉，頁
　　　421；〈大荒北經〉，頁427、431。
〔註89〕楊寬云：「古『皇帝』本指上帝，……《呂刑》以『皇帝』『上帝』為互文均可
　　　證。東、西民族之上帝本有專名，及春秋戰國之世，既皆一變而為人世之古
　　　帝，上帝無專名以稱之，於是泛稱為皇帝，後乃字變而作「黃帝」，亦轉演而
　　　為人間之古帝矣。」參見氏著：《中國上古史導論》〈黃帝與皇帝〉，收入《古
　　　史辨》第七冊，頁197。
〔註90〕〈西山經〉，頁51。

畢沅云：「江讀如鴻……帝鴻氏有不才子，天下謂之渾沌。」袁珂注：「帝鴻者何？《左傳·文公十八年》杜預注：『帝鴻，黃帝』《莊子·應帝王》：『中央之帝為渾沌。』」「渾敦」為「渾沌」，開天闢地之創始者，後成為五方帝中的中央天帝：黃帝。〔註91〕

〈北山經〉

又東北二百里，曰軒轅之山。

〈大荒東經〉

東海中有流波山，……其上有獸，狀如牛，蒼身而無角，一足，……其聲如雷，其名曰夔。黃帝得之，以其皮為鼓，橛以雷獸之骨，聲聞五百里，以威天下。

〈中山經〉

又東十里，曰青要之山，實維帝之密都。

〈海內經〉

名曰建木，百仞無枝，……其實如麻，其葉如芒，大皞爰過，黃帝所為。〔註92〕

整部《山海經》在方位與帝、神的記載，詳加比對後發現一些現象：

1. 顓頊帝出現在東、南、西、北，四個方位，中央無之。

2. 黃帝出現在東、西、北、中央，四個方位，南方無之。但書中的南方卻出現過最多的帝王，計有：炎帝、顓頊、帝嚳、堯、舜、禹六帝，獨無黃帝。

3.《山海經》傳述的主要範圍乃長江流域，所傳述的各方位神為：東方句芒、南方祝融、西方蓐收、北方禺強（玄冥），與黃河流域的經、子、集，所敘述的四方神明竟是完全相同。而這四方神，如果在書中縱然出現了兩次以上，方位也不會更動。但少昊、顓頊、黃帝三位神帝，卻都在不同的方位出現過。

4. 上舉的各經、子、集書內，中央方位的神明為后土，但《山海經》裡，唯獨中央黃帝無未配置神明。

〔註91〕田慧霞：〈黃帝神話新考〉，（《中州學刊》，2004 年第 3 期，2004，05），頁 170。
范瑞紋：〈時空觀念與黃帝信仰──秦漢改制思想探悉〉，（新竹，國立清華大學博士論文，2011，07）

〔註92〕以上分見〈西山經〉，頁 65；〈北山經〉，頁 116；〈大荒東經〉，頁 378；〈中山經〉，頁 168；〈海內經〉，頁 453。另：其他有關於黃帝之記載為：〈西山經〉頁 53、55、57、61；〈北山經〉，頁 114；〈海外西經〉頁 273；〈海外東經〉，頁 306；〈海內西經〉，頁 330；〈海外西經〉，頁 370；〈大荒東經〉頁 372；〈大荒西經〉頁 408、410。相關黃帝記載，凡十七篇。

5. 東方的神帝太皞，攀爬過黃帝所造築的「建木」天梯，以「建木」登天下地。是則，黃帝似乎又較太皞為早，這與楚地所認知最遠古的帝王：〈東皇太一〉太皞，又發生扞格。

6. 東、南、西、北，四方神，均為人面獸身。但是，在各神帝如：太皞、少皞、炎帝、顓頊、帝嚳、堯、舜、禹等諸帝，雖未描繪其面貌，然依文義觀之，各帝王是人君之姿，只有中央黃帝，曾經在〈西山經〉中，被描繪為：「有神焉，其狀如黃囊，赤如丹火，六足四翼，渾敦無面目」，無面目，外貌猙獰，尚未「人化」。從身軀「其狀如黃囊」，面目「渾敦」看來，是上古先民對宇宙初始的一種「神化」想像，之後將其「神話」之。

五神的名稱在《左傳‧昭公二十九年》亦有出現。〔註93〕然《山海經》的作者非一人，各神話又在廣闊的地域流布，復且成書的時間又太長，已很難得知五行說的五帝、五神，是由神話滲入經集，抑或是經集流為神話。但比對得知，後世《淮南子》五行說的五方、五神與五獸的配置，與《山海經》類同（下述）。

九、朝覲禮儀：四門、五色、六方：《儀禮‧覲禮》

《儀禮‧覲禮》〔註94〕

諸侯覲於天子，為宮方三百步，四門，壇十有二尋、深四尺，加方明於其上。方明者，木也，方四尺，設六色，東方青，南方赤，西方白，北方黑，上玄，下黃。設六玉，上圭，下璧，南方璋，西方琥，北方璜，東方圭。〔註95〕

諸侯朝覲周天子，中央共主得築壇接受朝見，壇分上、中、下三層，每層高四尺。「四門」：鄭注：「春會同則於東方，夏會同則於南方，秋會同則於西方，冬會同則於北方。」四季與四方對應。「方明」：鄭注：「上下四方神明之象也」，

〔註93〕《春秋左傳正義‧昭公二十九年》，頁 1733～1734。

〔註94〕《儀禮》即為《士禮》。《史記‧儒林列傳》：「諸學者多言《禮》，而魯高堂生最本。《禮》固自孔子時而其經不具，及至秦焚書，書散亡益多，於今獨有《士禮》，高堂生能言之」，頁 4774。《漢書‧藝文志》：「及周之衰，諸侯將踰法度，惡其害己，皆滅去其籍，自孔子時而不具，至秦大壞。漢興，魯高堂生傳《士禮》十七篇」，頁 2073。梁玉繩曰：「《漢書志》、《傳》皆言高堂生傳《士禮》十七篇，即《儀禮》也。」見氏著：《史紀志疑》，頁 1439。

〔註95〕〔東漢〕鄭玄注，〔唐〕賈公彥疏：《儀禮‧覲禮》（臺北，臺灣古籍出版公司，2001），頁 607～611。

共計為六方神明，但未見神明的名稱敘述。所謂「設六色……北方黑」與「上玄」，
玄色是為黑色，即北方為黑色，上方亦為黑色，故實為五色。即：東方青色，
南方赤色，西方白色，北方黑色，上方黑色，下方黃色。青、赤、白、黑、黃，
五色與方位的相互配置，已和五行說中，相關四季、方位、色澤的配屬相同。

十、兼攝自然義與人文義，囊括宇宙：《禮記》〔註96〕

（一）祭祀五帝：《禮記・曲禮下》〔註97〕

在《晏子春秋》中，齊景公欲於城南祀五帝，然文本中並未云何為五帝，

〔註96〕《隋書・經籍志》：「漢初，河間獻王又得仲尼弟子及後學者所記一百三十一
篇獻之，時亦無傳之者。至劉向考校經籍，檢得一百三十篇，向因第而敘之。
……合二百十四篇。戴德刪其煩重，合而記之，為八十五篇，謂之《大戴記》。
而戴聖又刪大戴之書，為四十六篇，謂之《小戴記》。」〔唐〕長孫無忌、魏
徵等撰：《隋書・經籍志》（臺北、世界書局，2015），頁20。
孔穎達曰：「至孔子沒後，七十二之徒共撰所聞，以為此《記》。或錄舊禮之
義，或錄變體所由，或兼記體履，或雜敘得失，故編而錄之，以為《記》也。
《中庸》是子思汲所作，〈緇衣〉公孫尼子所撰。鄭康成云：『〈月令〉，呂不
韋所修。』盧植云：『〈王制〉，為漢文時博士所錄。』其餘眾篇，皆如此例，
但未能盡知所記之人也。」〔漢〕鄭玄注，〔唐〕孔穎達等正義：《禮記・禮
記正義序》（臺北，臺灣古籍出版公司，2001），頁10。
孫希旦曰：「周衰禮壞，孔子感之而嘆，因子游之問，而為極言禮之運行，聖
人所恃以治天下國家者以告之。陳氏澔曰：疑子游門人所記。」〔清〕孫希旦
撰：《禮記集解・禮運》（臺北，文史哲出版社，1990），頁581。
劉志輝：《禮記》導論・引論》：「在先秦時期，《禮記》並未成書，它只是單
篇流傳，或被收錄在一些儒家弟子的「記」文之中，所以《禮記》的篇章並
非成於一人之手。……46篇文章的內容互不統屬，文章寫成的時間跨度也很
長，如〈哀公問〉、〈仲尼燕居〉、〈孔子閒居〉是春秋末期到戰國初年的孔門
文獻，而〈文王世子〉、〈禮運〉、〈月令〉、〈明堂位〉則是戰國晚期的文獻。」
《《禮記》導論・引論》（香港人文學會講稿，2014，10），頁1。
另請參閱王葆玹：〈禮類經記的各種傳本及其學派〉，收入姜廣輝主編：《中國
經學思想史》（北京：中國社會科學出版社，2003），頁212～217。
依各家考證，《禮記》各篇非一人之作，孔穎達所舉四篇作者分別為春秋末年、
戰國、漢初，故其時間跨度頗長。而孫希旦引陳澔之言，認為〈禮運〉篇為
子游門人所記，子游為春秋末戰國初人，其門人可能是戰國時人。劉志輝則
認為〈禮運〉篇為戰國晚期文獻，故綜合各家論述，將此篇置於戰國時期。
〔註97〕王鍔：《禮記》成書考》，該書對於《禮記》各篇，每篇成於何時，比對先秦
各經、子，廣採諸家學說、見解，且諸多考據釋義。其將〈曲禮〉的文字和
《孟子》、《荀子》、《韓詩外傳》、《新書》等書中文字比對，發現它們多微引
〈曲禮〉之文，故云：「我們認為〈曲禮〉成篇於春秋末期戰國前期。」（北
京，中華書局，2007），頁104。

《左傳‧昭二十九年》產生了五神，之後秦國漸次祭祀四色帝，在《禮記‧曲禮下》，則有：

> 天子祭天地，祭四方，祭山川，祭五祀，歲遍。諸侯方祀，祭山川，
> 祭五祀，歲遍。大夫祭五祀。

「祭五祀」：正義：「春曰『其帝太皞』，夏曰『其帝炎帝』，季夏曰『其帝黃帝』，秋曰『其帝少皞』，冬曰『其帝顓頊』」〔註98〕。然，「祭五祀」到底是祭祀五行之實物，抑或祭祀五帝？

西周時，天子郊天禘祖，只有一位天帝。春秋始，中央周天子的權力式微，從天子、諸侯到大夫俱得以「祭五祀」。

而在《國語‧魯語上》，展禽說國家祭祀五行之「物」，是因天賜萬物以養民，為慎終追遠的感恩崇拜，不見有神明混融於其中。但是，由於在《左傳‧昭二十九年》中，五行已產生了五神，向神話遞進，並與四季對應。秦國完成了四色帝的祭祀，成為宗教祭祀。故神話與祭祀，趨近成熟。而孔之正義，雖曰「以後釋昔」，然其釋義不無參證價值。

依孔之正義，則《禮記‧曲禮下》，從五行到五帝，從物質蛻化成信仰，向神話衍伸出枝枒。由是，五行配以五季、五帝，此時，五帝名稱已然明確，且依等級各有不同種類之祭祀，天子四種，諸侯兩種，大夫一種。只有「祭五祀」的五帝，是三個不同的等級俱祀之。

陳夢家言：「神話的發生……一是自然的，一是人為的。自然地發生，因為神話本身是歷史傳說，歷史傳說在傳遞中不自覺的神化了，於是變成又是歷史又是神話；……還有一種自然發生的神話，乃是由於人類求知欲的伸長，以及人類想像力的奔放，往往造成極離奇的神話。人為的神話，就是所謂神道設教。」〔註99〕先秦的學者、貴族，將五行從粗樸的自然發生的物質，與相關的歷史記載，藉由「人類求知欲的伸長，以及人類想像力的奔放」漸進地日趨繁複，逐漸向神話、祭祀、宗教的方向轉進，成為「所謂神道設教」。

（二）兼攝自然義與人文義，囊括宇宙：《禮記‧禮運》

據王鍔考證：「〈禮運〉是經過多人多次記錄整理而成。……主體部分應該

〔註98〕《禮記正義‧曲禮下》，頁179。
〔註99〕陳夢家：〈商代的神話與巫術〉，收入馬昌儀選編：《中國神話學百年文論選》，
上冊‧第二集，編入葉舒憲主編：《神話學文庫》，（西安，陝西師範大學出版
社，2013），頁165。

是子游記錄的，大概寫於戰國初期。在流傳過程中，大約於戰國晚期摻入了陰陽五行家之言。」〔註100〕故將此篇至於戰國晚期。

《禮記・禮運》

故人者，其天地之德，陰陽之交，鬼神之會，五行之秀氣也。故天秉陽，垂日星；地秉陰，竅於山川。播五行於四時，和而後月生也。

……

「五行之秀氣也」正義云：「秀，謂秀異。言人感五行秀異之氣，故有仁義禮知信，是五行之秀氣也。」此段釋義是將五行以人文義釋之。

「播五行於四時」：播散五行金木水火土之氣，於春夏秋冬之四時，為自然義。五行卻配於四季，奇偶之數難對應。正義：「播五行於四時，謂宣播五行及四時也。五行四時者，以金木水火各為一行，土無正位，分寄四時。」

即春夏秋冬四季，每一季只有七十二日，將各季的十八天挪給土行據有，土行分占四季的十八天，共擁有七十二天，則一年三百六十日，五行各居七十二日，季節未改變，但土行不擁有專屬的季節。（同書的〈月令〉篇，由於與《呂氏春秋・十二月紀》只有幾字之差，〔註101〕故相關之剖析，將在《呂氏春秋・十二月紀》中另述）。

五行之動，迭相竭也，五行、四時、十二月，還相為本也；五聲、六律、十二管，還相為宮也；五味、六和、十二食還相為質也。五色、六章、十二衣，還相為質也。

「五行之動，迭相竭也」，正義：「竭：猶負載也。言五行運轉更相為始也。」五行更相輪替。是則，五行在自然義上，已脫離了靜止不動的物質本然狀態，

〔註100〕王鍔：《《禮記》成書考》，將〈禮運〉篇的不同段落、文字，分拆考據其完成時代，分析不同段落分別為戰國初期、中期，而與五行關聯的文字，則推定於戰國晚期。頁241～246。

〔註101〕《禮記正義・月令》篇中，相關「五行」之說甚為豐富，然並非《禮記》當時的篇章。孔穎達論證：「按鄭《目錄》云：『名曰〈月令〉者，以其記政之所行也，本《呂氏春秋》《十二月紀》之首章也。』……按呂不韋集諸儒士著為〈十二月紀〉，……名為《呂氏春秋》，篇首皆有月令，與此文同，是一證也。又周無大尉，而此〈月令〉云『乃命大尉』，此是官名不合周法，二證也。又以秦以十月建亥為歲首，而〈月令〉云：『為來歲授朔日』，即是九月為歲終，十月為授朔，此是時不合周法，三證也。又周有六冕，郊天迎氣則用大裘，乘玉輅，建大常日月之章，而〈月令〉服飾車旗並依時色，此是事不合周法，四證也。……以《呂氏春秋》《十二月紀》正與此同，不過三五字別。」《禮記正義・月令》，頁512。

而成為宇宙玄元中一種生生不息的滾動。

> 故人者，天地之心也，五行之端也，食味、別聲、被色而生者也。
> 故聖人作，則必以天地為本，以陰陽為端，以四時為柄，以日星為
> 紀，月以為量，鬼神以為徒，五行以為質，禮義以為器，人情以為
> 田，四靈以為畜。……
>
> 以天地為本，故物可舉也；以陰陽為端，故情可睹也；以四時為柄，
> 故事可勸也；以日星為紀，故事可列也；月以為量，故功有藝也；
> 鬼神以為徒，故事有守也；五行以為質，故事可復也。〔註102〕

正義曰：「天地以至於五行，其製作所取象也。……萬物悉由五行而生，而人
最得其妙氣，明仁義禮智信為五行之首也。」由於萬物由五行而生，故：「食
味：五行各有味，人則並食之。」、「別聲：五行各有聲，人則含之，皆有分別
也。」、「被色者，五行各有色，人則被之以生也。」

　　人乃天地之核心，出於自然，賴於自然所提供的味、聲、色維生。所以
聖人以天道為準則，運行順於陰陽四季。而天道則依「五行」的更動而變化。
因此，人間的聖王，也必須相應的效法天地自然的運行，遵循陰陽、四季、日
月星辰、十二月紀運作，以五行的更迭循環輪替，則「故事可復也」，五行周
而復始，運迴無窮，則事必不絕。

　　日月星曆之事，與陰陽、〔註103〕五行、機祥有關，觀天象以占卜，考人
主之吉凶、農牧豐歉。此時，五行因子，歷數百年來的徐徐進化，已然上及日
星，下及人世，以及非以「五」為數的諸多無形象徵，並與陰陽並列。前後已
包括了：天地、五帝、五神、五聲、五味、五色、日月星辰、四時節氣、禮義
人情等等天地間人事，羅織成相關經緯密布的一張網絡，天、地、人，相互交
融運作，天人觀的模型勾勒，已儼然是一個具體而微的小型宇宙。自然義兼
攝人文義與宗教義，和最初的純物質相距甚遠。

　　復且，「五行之動，迭相竭也」、「五行以為質，故事可復也」，雖然尚未

〔註102〕上引諸段及其釋義，見《禮記正義‧禮運》，其中另有：「五味為酸、苦、辛、
　　　　鹹，加之以滑與甘，為六和也。每月之首，各以其物為質，是十二月之食，
　　　　還相質也。五色，為青、赤、黃、白、黑，據五方也。六章者，兼天玄也。
　　　　以玄、黑為同色，則五中通玄，續以對五方，則六色對六章也。為十二月
　　　　之衣，各以色為質，故云：『還相為質也。』」頁803～818。
〔註103〕陰陽調和為國之要事。《漢書‧律曆志》：「今陰陽不調，宜更曆之過也。……
　　　　以故陰陽不調，謂之亂世」，頁1010。

演進至五德終始說，但自然義與人文義咸已具備終始輪迴的動力，推動宇宙自然與人世人文雙軌前進。

十一、五行與文學：《楚辭・遠遊》

戰國末期，除各經、子，在學說中引用五行元素以外，集部的文學亦然開始，以《楚辭・遠遊》的文本比對五行的神話因子：

〈遠遊〉：

東方：

> 吾將過乎句芒。歷太皓以右轉兮。

帝：太皓，神：句芒。

西方：

> 遇蓐收乎西皇。……召玄武而奔屬。

帝：西皇，神：蓐收。神獸：玄武。

南方：

> 嘉南州之炎德兮，……指炎神而直馳兮，吾將往乎南疑。……祝融
> 戒而蹕御兮。

帝：無，神：炎神、祝融，但有一德：「炎德」。

北方：

> 從顓頊乎增冰。歷玄冥以邪徑兮。

帝：顓頊，神：玄冥。

無方位：

> 軒轅不可攀援兮。〔註104〕

帝：未書寫，但應是指黃帝，神：無。

共計：四方、五帝、四神、一德。寫軒轅並未寫方位，也無神明。五方位只有南方炎神的「炎德」，其他「四德」未見。有可能是五方、五帝、五神之說，在南方尚未演繹完成。

文本中還出現了「經營四方兮，周流六漠」。是「四方」，缺中央。《集注》：「六漠，六合也。」空間為東西南北上下，與五行說中的五方不同。〔註105〕

〔註104〕上見〔戰國〕屈原著，黃壽祺、梅桐生譯注：《楚辭・遠遊》（臺北，臺灣古籍出版公司，1998），頁199～217。（以下簡稱《楚辭・遠遊》）

〔註105〕關於《楚辭・遠遊》中，論述四方帝與「四種地理空間圖像」以及「宇宙空

「遇蓐收乎西皇。……召玄武而奔屬，」在西方遇到了「蓐收」和「西皇」之後，命令速度較慢的「玄武」加快步伐一同前往南方。

王逸言：「玄武，北方之神。」王夫之在：「從顓頊乎增冰。歷玄冥以邪徑兮」條下，注：「北方壬癸，其帝顓頊，其神玄冥。」〔註106〕

但是，北方之神玄武和玄冥如果為同一神，玄武卻是先出現在西方，後又跟著屈原前往南方，再之後前往北方時，又經過「玄冥」的住處。這其中的矛盾顯示了〈遠遊〉中的各方位神明，可能不只一位。

到了漢武帝時的《淮南子·天文訓》，將其拆解為：「北方，……其帝顓頊，其佐玄冥，……其獸玄武」，三者拆解為帝、神、獸，就清晰合理的多，且各篇章中，不同的方位、帝、神，皆歸類排序分明。

十二、人文義五德稟乎先天與後天：《孟子·盡心下》

孟子的生卒確切年代，眾說紛雜，〈孟子荀卿列傳〉記載：「孟軻，騶人也。受業子思之門人。道既通，游事齊宣王，宣王不能用。適梁，梁惠王不果所言，……當是之時，秦用商君」，秦用商鞅，為周顯王之時。而多數學者贊同孟子生於周烈王四年（BC372年），卒於周赧王二十六年（BC289年）〔註107〕（案：周烈王－顯王－慎靚王－赧王）。錢穆則在〈孟子不列稷下考〉中，多方舉證，認為孟子不列於稷下之屬。〔註108〕

《孟子·盡心下》

孟子曰：「口之於味也，目之於色也，耳之於聲也，鼻之於臭也，四肢之於安佚也，性也，有命焉，君子不謂性也。仁之於父子也，義之於君臣也，禮之於賓主也，智之於賢者也，聖人之於天道也，命也，有性焉，君子不謂命也。」〔註109〕

間圖像」的關聯，參閱魯瑞菁著：《楚辭文心論》〈諷諫抒情與神話儀式〉，（臺北，里仁書局，2002），頁343～396。

〔註106〕王逸言：「說者曰：『二十八宿，北方為玄武，謂龜蛇。位在北方，故曰玄；身有鱗甲，故曰武。蔡邕曰：『北方玄武，介蟲之長。』收錄於《楚辭·遠遊》，頁216、217、258。

〔註107〕董金裕著：《孟子》，收入邱燮友、周何等編著《國學四書》（臺北，三民書局，1993），頁356。

〔註108〕錢穆著：《先秦諸子繫年·孟子不列稷下考》（臺北，東大圖書公司，2014），頁267～271。

〔註109〕〔東漢〕趙岐注，〔宋〕孫奭疏：《孟子·盡心下》（臺北，臺灣古籍出版公司，2001），頁463～464。〈告子上〉則有：「惻隱之心，仁也；羞惡之心，

孟子將先天的五種器官感覺，對偶於後天五種外在的：味、色、聲、臭、安逸，口溺於美味，目沉於美色，耳耽於五聲，鼻樂於芬芳，四肢享於安逸，皆為人性本能之慾望，此乃先天之命祿，非強求可得。但父子之仁，君臣之義，賓主之禮，賢達之智，聖人之所以得天道，乃是上天賦予。君子仍然必須孳孳不懈地修為於：「仁、義、禮、智、聖」，善養擴增，臻為自性，君子並不認為此德行出於本命。

　　早在春秋時期的《左傳・昭公二十九年》，五味、五色、五聲，已是五行延伸的要素，與德行開始配置，而此三者是介於自然義與人文義的橋樑。爾後，人文義緩緩發酵增生。是以故，孟子以其為介質，導入人文義的五德，並非無例可循。在《尚書・甘誓》中：「有扈氏威侮五行」，後世的孔穎達即以五德釋義。〔註110〕

　　即便孟子未將「仁、義、禮、智、聖」副以五行、五德之名，但稍於其後的荀子在〈非十二子〉一文中，則將孟子此說以「案往舊造說，謂之五行」而非之（詳本文〈第三章・第二節〉）。

第二節　五德終始說，同時及其後

　　戰國晚期，各君王時而合縱，時而連橫〔註111〕，殺伐風雲，遍罩各國天

　　　　義也；恭敬之心，禮也；是非之心，智也。仁義禮智，非由外鑠我也，我固
　　　　有之也。」所謂：仁、義、禮、智，「四懿德」，並非「五行」之說。頁354。

〔註110〕《尚書正義・甘誓》正義：「『五行』水、火、金、木、土也。分行四時，各
　　　　有其德。……且五行在人，為仁、義、禮、智、信。」，頁208。

〔註111〕戰國晚期，各國間的合縱、連橫，反覆無常，凸顯了時局及人君不定且倉皇
　　　　之心：
　　　　BC322 年：魏、秦、韓，三國連橫，攻齊、楚兩國。
　　　　BC319 年：秦、魏連橫的聯盟結束。
　　　　BC319 年：魏相公孫衍，策動合縱，共有趙、韓、齊、楚、燕，等六國伐秦，
　　　　無法取勝。同年，六國合縱瓦解。
　　　　BC287 年：趙國李兌、齊國蘇秦，倡議趙、魏、韓、齊、楚等五國合縱抗秦。
　　　　結果齊湣王卻是出兵滅了宋國，引起列強各國的不滿。於是，各國將進攻的
　　　　矛頭轉向齊國。
　　　　BC284 年：秦和韓、趙、魏、燕，五國合縱伐齊。
　　　　BC283 年：秦發動五國，共計六國再度合縱伐齊。齊國幾乎為之滅亡。
　　　　BC283 年：同年，秦破壞合縱，以大軍攻魏，取魏國都大梁。
　　　　以上參見各〈本紀〉、〈世家〉、〈列傳〉、〈年表〉。

空，惟求一己之存，豈止人命如蜉蝣，即便六國之國祚，亦如風中燭。然，六國對於彊秦的策馬東向，又莫之能禦。

此時，「君權天授」已為歷史既知的論據，復以未知的、神秘的「德應」，搓揉而成「天命」。各國君主亦想從玄學中，嘗試尋「天命」，以求力挽危亡於旦夕。而五行物質已逾千年的蔓生流布，諸子各家，或循古，或變古，或對五行說之「自然義」注以涓滴，或對「人文義」匯以湧泉，或對「宗教義」推理附會，其勢奔湧，已如長江大河。

一、鄒衍五德終始說

《漢書・藝文志》：「陰陽家者流，蓋出於羲和之官，敬順昊天，歷象日月星辰，敬授民時，此其所長也。及拘者為之，則牽於禁忌，泥於小數，舍人事而任鬼神。」〔註112〕陰陽家擅於天象星曆，譁於禁忌規矩，長於鬼神之說。以陰陽五行成分為學說注入元素，由鄒衍匯集成為「五德終始說」。

鄒衍為齊威、宣王時人，以五德終始說見重於威王，之後顯於燕昭王。〔註113〕齊威王時，與五行有關的各項黏著比附，在歷經數百年後，基本體系已架構妥當，司馬遷描述了鄒衍五德說的一個概略：

> 騶衍……乃深觀陰陽消息而作怪迂之變，終始、大聖之篇十餘萬言。
>
> …… 先序今以上至黃帝，學者所共術，大并世盛衰，…… 稱引天地
>
> 剖判以來，五德轉移，治各有宜，而符應若茲。〔註114〕

以正式名稱而言，這是五德終始說的濫觴。鄒衍之書見於《漢書藝文志》，有《鄒子四十九篇》、《鄒子終始五十六篇》，數量龐大，惜今已佚。但《文選・魏都賦》中：「考歷數之所在，察五德之所蒞。」李善注引《七略》：「鄒子有終始五德，從所不勝，木德繼之，金德次之，火德次之，水德次之。」〔註115〕則鄒衍當時的《鄒子終始五十六篇》，即是論述了五德的運行，及其終始的輪迴關係：「據《史記》的《孟荀列傳》、《封禪書》和李善的《文選・魏都賦注》所載，鄒衍的哲學思想要點有三：一是『深觀陰陽消息』，以陰陽消長說明四時的更替；二是『禨祥度制』，即天瑞天譴說；三是『五德轉移』或稱

〔註112〕《漢書・藝文志》，頁30。

〔註113〕關於鄒衍生卒與活動年代，請參閱本篇《第三章》，註7。

〔註114〕〈孟子荀卿列傳〉，頁3172。

〔註115〕〔西晉〕左思著，李善注：〈魏都賦〉，收入《昭明文選》（臺北，文化圖書公司，1979），頁89。

『終始五德』，以五行相生相勝解釋朝代的興衰。」〔註116〕

　　鄒衍之前，五行的盛衰之說，有：《左傳‧昭公九年》「以盛克弱」，說；《左傳‧昭公三十一年》相勝說，但只有見到「火勝金」而已；《墨子‧經下篇》「以多為勝」說；《孫子兵法‧虛實篇》的「五行無常勝」之說。

　　到了鄒衍，依李善注引《七略》中所言鄒子的五德輪替順序，則述明「五德終始」，是以其物理性質一物克一物的相勝論，推演而成今朝勝前朝的德運相代原因。故孫廣德言：「在時令的輪轉上，持五行相生的說法，可能是取自然界中萬物生生不息之意。在朝代的更替上，持五行相勝的說法，則當是取革命之意。」〔註117〕

　　《史記‧曆書》中有：

　　　蓋黃帝考定星歷，建立五行，起消息，……是時獨有鄒衍，明於五
　　　德之傳，而散消息之分，以顯諸侯。

《史記‧孟荀列傳》中敘鄒衍，亦有：「乃深觀陰陽消息而作怪迂之變。」史遷三次提出「消息」，皇侃云：「乾者陽，生為息，坤者陰，死為消也。」瀧川資言則曰：「消息，以陰陽言。」〔註118〕

　　王夢鷗先生則認為「消息」乃是：「顯然是考定星歷而後發生的，……『散消息之分』云者，就是在播五行於四時，而四時更迭過程也是陰陽損益既濟的過程」、「而『明於五德之傳』，即是『轉移』或是『相次轉用事的意思』。」〔註119〕

　　這是從考定星歷，審視日月五星的運轉，將節氣寒暑、冷熱循環、相生相滅，配以陰陽「消息」，並「以類相比」附以五行，以此從五行轉化為五德終始的論述。

　　王夢鷗另從不同的角度論證鄒衍的五德終始論，在當時尚缺一水德，所以不是五行相生，而是五行相勝的理論，故認為鄒衍的五帝德，是「缺水的五帝德」，只要不是「缺水的五帝德」，就非鄒衍之學說。因當時的中央共主：周，為火德。而周在當時已是風雨飄搖，奄奄一息，周之天命已盡，勢將為新

〔註116〕任繼愈，牟鍾鑒等著：《中國哲學發展史》〈秦漢〉（上海，人民出版社，1994），頁18。

〔註117〕孫廣德：《先秦兩漢陰陽五行說的政治思想》第三章，〈五德終始與朝代更替〉，（臺北，臺灣商務印書館，1993），頁124。

〔註118〕上見《史記‧曆書》，頁1306、1307；〈孟荀列傳〉，頁3172；瀧川資言：《史記會注考證》〈曆書〉，頁1442。

〔註119〕王夢鷗：《鄒衍遺說考》，頁58、60；錢穆著：《中國思想史》〈鄒衍與董仲舒〉（臺北，蘭臺出版社，2001），頁84。

朝所代，此乃天下皆知之局勢，各諸侯又有稱帝之意圖，在五行相勝的理論上，代周者即為勝於火德之水德。〔註120〕

鄒衍也因此說而受到各國君王的禮遇敬重，《史記‧封禪書》：

> 自齊威、宣之時，騶子之徒論著終始五德之運，及秦帝而齊人奏之，故始皇采用之。……騶衍以陰陽主運顯於諸侯。〔註121〕

鄒衍既「顯於諸侯」，視自己的思想言論係「大道」，為當世人所嘆服。

> 《資治通鑑‧赧王十七年》
>
> 齊鄒衍過趙，平原君使與公孫龍論白馬非馬之說。鄒子曰：「不可。夫辯者，別殊類使不相害，序異端使不相亂。……及至煩文以相假，飾辭以相惇，巧譬以相移，引人使不得及其意，如此害大道。夫繳爭言而競後息，不能無害君子，衍不為也。」座皆稱善。公孫龍由是遂絀。〔註122〕

公孫龍為戰國時名家，善雄辯，但他被鄒衍評為：「煩文以相假，飾辭以相惇，巧譬以相移」，鄒衍則自視為君子，他的思想是「大道」，竟至公孫龍被絀；魏惠王親到郊外迎接；趙國的平原君為他側行開路、以袖子拂撢座席；燕昭王甚至為他執掃帚在前開路，自居弟子座。〔註123〕顯然其人在當時倍受各國君王與政治領袖的尊重，也旁證了其說當時已甚為流行。

> 《史記‧曆書》
>
> 是時獨有鄒衍，明於五德之傳，而散消息之分，以顯諸侯。而亦因秦滅六國，兵戎極煩，又升至尊之日淺，未暇遑也。而亦頗推五勝，而自以為獲水德之瑞，更名河曰「德水」，而正以十月，色上黑。
>
> 〔註124〕

秦始皇「亦頗推五勝」，尊崇五德相勝的天命之說。在先秦，並未見到經、子、集，記載任何一個朝代，是以五德相勝取前朝而代之。在秦始皇採用後，秦代也成為史上第一個以五德終始說訂定王朝制度的皇帝與朝代。

〔註120〕王夢鷗：《鄒衍遺說考》〈缺水的五帝德〉，頁108、112。

〔註121〕〈封禪書〉，頁1445。

〔註122〕〔宋〕司馬光等編著：《資治通鑑》第一冊，〈赧王十七年〉，頁115。

〔註123〕〔宋〕司馬光等編著：《資治通鑑》第一冊，〈赧王十七年〉：「以騶子重於齊。適梁，惠王郊迎，執賓主之禮。適趙，平原君側行撤席。如燕，昭王擁彗先驅，請列弟子之座而受業，築碣石宮，身親往師之。作〈主運〉。其游諸侯見尊禮如此。」，頁115。

〔註124〕〈曆書〉，頁1307。

後世學者多以鄒衍的言論著作為虛妄之言，史遷說他：

> 其語閎大不經，必先驗小物，推而大之，至於無垠。……因載其機
> 祥度制，推而遠之，至天地未生，窈冥不可考而原也。先列中國名
> 山大川，通谷禽獸，水土所殖，物類所珍，因而推之，及海外人之
> 所不能睹。
>
> 騶衍以陰陽主運顯於諸侯，而燕齊海上之方士傳其術不能通，然則
> 怪迂阿諛苟合之徒自此興，不可勝數也。〔註125〕

「必先驗小物」，即鄒衍仍然是經過實際的驗證，以求其理論的正確，在理論獲得證明之後，於是：「推而大之」、「推而遠之」、「因而推之」，在具有驗證的實際基礎之下，以推理、想當然耳的方式，將證明結果推向到「至於無垠」、「窈冥不可考而原也」、「海外人之所不能睹」的未知時空。

司馬遷的〈孟子荀卿列傳〉，敘述孟子只有一百多字，荀子兩百多字，但談及鄒衍，卻是六百餘字，史遷並將其跟隨者視為趨權嚮利之徒，以不屑的態度說他們是「怪迂阿諛苟合之徒」。韓非子則將他的五德終始與龜筴卜筮並列，視為江湖術士，嘲笑說是迷信、是愚蠢。〔註126〕東漢的王充也認為鄒衍的見識比不上禹、益，閱歷不如淮南王的賓客伍被、左吳，既缺聖人之才，復無天授，其書為虛妄之言。〔註127〕

戰國時，兵連禍結，爭戰不已。諸國競雄，多為稱帝，進而以天命取代周天子，而士人為脫離布衣，紛紛以其學干於世主，尋廟堂之路，「在戰國那種極端功利的時代中，只有訴諸天人感應以及歷史證據建立的思想才能打動君王之心，蠱惑其實踐道德。」〔註128〕因此，鄒衍以其五德終始之說，遊走

〔註125〕分見〈曆書〉，頁1307。〈封禪書〉，頁1445。〈孟子荀卿列傳〉，頁3172。

〔註126〕《韓非子・飾邪》：「鄒衍之事，燕無功而國道絕。……故曰：龜筴鬼神不足舉勝，……然而恃之，愚莫大焉。」，頁173。

〔註127〕〔東漢〕王充著，蕭登福校注：《論衡・談天篇》：「案鄒子之知不過禹。禹之治洪水，以益為佐。禹主治水，益之記物。極天之廣，窮地之長，辨四海之外，竟四山之表，三十五國之地，鳥獸草木，金石水土，莫不畢載，不言復有九州。淮南王劉安，召術士伍被、左吳之輩，充滿宮殿，作道術之書，論天下之事。《地形》之篇，道異類之物，外國之怪，列三十五國之異，不言更有九州。鄒子行地不若禹、益，聞見不過被、吳，才非聖人，事非天授，安得此言？案禹之〈山經〉，淮南之〈地形〉，以察鄒子之書，虛妄之言也。」（臺北，國立編譯館，2000），頁977。（以下簡稱《論衡》）

〔註128〕張端穗：〈董仲舒思想中三統說的內涵、緣起及意義〉，（臺中，《東海中文學報》，2004年7月，第16期），頁70。

於列國，向國君進言，也多為功利。

《史記‧孟子荀卿列傳》

自騶衍與齊之稷下先生，如淳于髡、慎到、環淵、接子、田駢、騶
奭之徒，各著書言治亂之事，以干世主。〔註129〕

「言治亂之事，以干世主」便是以陰陽五行之論述，博君王之青睞，冀圖青
雲。錢穆曾對騶衍的思想以及為何受到諸國君主的重視，提出看法：「騶衍思
想……喜歡講天文，喜歡講地理，講古史，汪洋自恣，作荒唐無端崖之辭，近
似莊子，但莊子所說是想像，是寓言，而騶衍卻實有其事般像科學，像真歷
史，因此為世俗所重視。……騶衍學說之最大影響，在其重建古代天帝之舊信
仰。但他別創新說，認為天帝有五，循環用事，以之配合四方與五色，四時與
五行，一切人事、物理、天象，都用金、木、水、火、土五行相生相剋之理來
解釋。宗教、自然科學與人文歷史，雜投一爐，做成大雜燴。……最重要的是
他們的尊神論，其次是他們的尊君論。」〔註130〕

錢先生之言：「騶衍卻實有其事般像科學，像真歷史，因此為世俗所重視。」
這也是騶衍受到各國君主重視的原因。但「天帝有五、配合四方與五色，四
時與五行、相生相剋」等說法，並非騶衍「別創新說」，但他倒是將之前的各
家學說「雜投一爐，做成大雜燴」，蔓生成自己的學說。

顧頡剛對騶衍受世人所重的現象，提出當時時代背景看法：「騶衍的時代
正是帝制運動的時代。騶衍的居地正是東帝（齊）和擬議中的北帝（燕）的國
家。騶衍的思想，則是講仁義禮樂的魯文化和夸誕不經的齊文化的混合物。
有了這三種環境於是五德終始說就產生了，五德終始說沒有別的作用，只在
說明如何才可有真命天子出來。」〔註131〕

曾春海則言：「騶衍汲取孔儒及諸家精華融於陰陽五行的體大思精之結
構，符合戰國末年之大國內以鞏固政權，外以擴張勢力，及節制動亂的一
套理論。其建構一套詮釋歷史、政權發展的秩序模式，具宗教性之無比力
量。」〔註132〕

〔註129〕〈孟子荀卿列傳〉，頁3172。
〔註130〕錢穆著：《中國思想史》，頁84～85。
〔註131〕顧頡剛：《古史辨》第五冊，〈五德終始說下的政治和歷史〉，頁414～415。
〔註132〕曾春海：《中國哲學史綱》第六章，〈陰陽家學派〉（臺北，五南圖書出版有
限公司，2012），頁198。

　　鄒衍是「先序今以上至黃帝，學者所共術。」〔註133〕從黃帝以降，以之前學者所共同敘述過的事物，建立起朝代更替的循環。後來的《呂氏春秋》的五帝德，也是從黃帝的土德開始起敘。但既是五德終始，有始卻無「終」，五德無法循環完成，因為缺水德，而「水勝火」，周之火德盡，將由水德代之。鄒衍無法預知後代，因之，水德的空缺不可能是未卜先知的為若干年後的秦、漢所保留。

　　關於此點：孫廣德說：「這便含有很重大的政治意義……可能在他的心目中先有這樣一個人，然後才為他安排這個位置。」〔註134〕王夢鷗以為鄒衍為了報答燕昭王的知遇之恩，以燕國位處北方，屬水德方位，而周為火德，水勝火，故以五行相勝作新說，以合法的天命，為燕稱帝取得理論的正當性。〔註135〕鍾宗憲則認為鄒衍既為齊之學者，由他的稷下背景與田氏稱祖黃帝的情況來看，鄒衍與稷下學派為獲求國君賞識，立言著書以迎合國君，係屬正常，「騶衍其言雖不軌，儻亦有牛鼎之意乎？」〔註136〕故「五德終始論原本應該是為田齊所設計。」〔註137〕

　　是為燕抑或為齊，皆各有所本，而最終為始皇採用。且此一學說的規律，讓始皇之後的各朝代，沿用了一千五百年左右，實也不易。〔註138〕

二、名家以之辯喻：《公孫龍子・通變論》

　　公孫龍雖因鄒衍之辯而為平原君所絀，但在《公孫龍子》一書中，同樣出現了五行說中的成分：

〔註133〕〈孟子荀卿列傳〉，頁3174。瀧川資言曰：「『術』，與『述』通。」《史記會注考證》〈孟子荀卿列傳〉，頁3039。

〔註134〕孫廣德著：《先秦兩漢陰陽五行說的政治思想》，（臺北，臺灣商務印書館，1993），頁123。

〔註135〕《鄒衍遺說考》，頁104～108。

〔註136〕〈孟子荀卿列傳〉，頁3173。

〔註137〕鍾宗憲著：〈「黃帝」形象與「黃帝學說」的窺測——兼以反省《黃帝四經》的若干問題〉收入李學勤、林慶彰等編著：《新出土文獻與先秦思想重構》，（臺北，五南出版社，2007），頁439。

〔註138〕始皇之後，各朝代皆依五德終始說訂定德運，直至宋恭帝亡，元入主中國為止（西元1276年）。參見：〔南宋〕王應麟：《小學紺朱・卷一・五運》，收入〔清〕：永瑢、于敏中、紀昀等編纂：《四庫全書・紀數略・卷一・天部・理氣類》（北京，中華書局，1995）。康哲茂編著：《綜合國語辭典》〈中外歷代大事年表〉（臺南，綜合出版社，1996）

〈通變論〉

曰：「青白不相與而相與，反對也。不相鄰而相鄰，不害其方也。不
害其方者，反而對。……故一於青不可，一於白不可。惡乎其有黃
矣哉？黃其正矣，是正舉也。其有君臣之於國焉，故強壽矣。而且
青驪乎白，而白不勝也。白足之勝矣，而不勝，是木賊金也。木賊
金者碧，碧則非正舉矣。」〔註139〕

「青」為東方顏色，「白」為西方顏色，兩個方向不相鄰。即便相鄰，各自所
代表的方位意義仍然相反。在不相妨害的情況下，縱然其方位相反，亦未相
斥。「一於青不可，一於白不可，惡乎其有黃矣哉？」即東方青色與西方白色
是截然分明，不能混而為一的兩個方位與顏色，豈能和中央黃色同於一？黃
色為正色，青白之於黃色，正如君臣與國家，因為同為臣子，則勉強相類於
同一範疇（案：「壽」同疇）。西方、白色、金，足以勝東方、青色、木，乃因
五行相克說中：「金克木」，之所以不能勝，因為東方木侵蝕了西方金。「碧」
為青白相混色，非正色，兩者既統一卻又反常。

司馬談說：「名家苛察繳繞，……若夫控名責實，參伍不失」〔註140〕名家
糾纏於繁瑣細節，著重名實相符，並要求對照比較。公孫龍為名家代表人物，
他雖非如鄒衍為陰陽五行家，但同樣引用五行因子作為論述。在戰國時，五
行元素已成為多家學者在學說中引用的例證。

三、五行、五德入於寓言：《莊子》

莊子生年，約略與鄒衍同期，又稍早於鄒衍。〔註141〕其時，陰陽五行說
已為各家所共述。至於《莊子》一書成於何時，一說是成於戰國中晚期；〔註
142〕另一說則經多人考證，成於戰國的莊子至淮南王時代，今從眾。〔註143〕

〔註139〕譚業謙譯注：《公孫龍子·通變論》（北京，中華書局，1997），頁28～32。
〔註140〕《史記·太史公自序》，頁5127。
〔註141〕參見錢穆：《先秦諸子繫年·稷下通考》、〈莊周生卒考〉、〈鄒衍考〉、〈鄒衍
　　　　與公孫龍子辯於平原君家考〉等篇。《先秦諸子繫年》（臺北，東大圖書公
　　　　司，2014），頁264、306、495、521。
〔註142〕張耿光言，見莊周著，張耿光譯注：《莊子》（臺北，臺灣古籍出版有限公司，
　　　　1998），頁2。
〔註143〕陳品卿：〈莊子三十三篇真偽考辨〉舉：梁啟超、胡適、劉汝霖、錢玄同、
　　　　王叔珉、胡哲敷等多位學者，依每一單篇考據，認為非一人非一時之思想。
　　　　（《師大學報》第二十九期，1984年，6月），頁339～340、363～364。

其中〈天運〉篇，作於何人，又各具見地。〔註144〕

（一）《莊子・天運》

> 天其運乎？地其處乎？日月其爭於所乎？……孰居無事推而行是？
> ……雲者為雨乎？雨者為雲乎？……孰居無事淫樂而勸是？風起北
> 方，一西一東，……孰居無事而披拂是？敢問何故？巫咸袑曰：「……
> 天有六極五常，帝王順之則治，逆之則凶。

「六極五常」：成玄英疏：「六極，謂六合。五常，謂五行，金木水火土。」
〔註145〕

　　因古人對於：「天如何運行？大地為何靜止？日月為何相互爭替出沒？
是何人閒居無事在推動運行？……雲層是因為雨水蒸發而成？抑或雨水是由
雲層落下而成？……是誰閒來無事追求歡淫而造成了這種現象？……風起自
於北方，有時成西風，有時成東風，……是誰閒著無事去煽動吹拂？」神巫回
答說：「大自然本來就具有六合與五行，帝王順應它，國家便大治，違反它就
招來災禍。」這雖是一段寓言，但是得以瞭解古人對於自然、天象的觀念，是
一則有趣且有極大助益的文字。凡與天、地、日、月、雲、雨、風的運行和形
成，由於並不具備今之天文、大氣科學的認知，因而認為上述的運行，係因
五行的推動，有以致之。

> 帝曰：「……夫至樂者，先應之以人事，順之以天理，行之以五德，
> 應之以自然，然後調理四時，太和萬物。四時迭起，萬物循生；……
> 〔註146〕

至高無上的音樂，應該對應人的性情，依天道來調和，用五德去推行，與自
然相應，之後，才能調節四季，與天地萬物和諧。樂曲因四季而更迭變奏，萬
物也遵循而生長變化。

〔註144〕陳品卿：〈莊子三十三篇真偽考辨〉，認為〈天運〉篇中，有漢代的「六經」
　　　　之稱，故有後人在原文中植入：「六經之名，始於漢。莊子書中稱六經，故
　　　　此篇為盡出於莊子，或有後人竄入之語」，頁351。莊萬壽則認為：「《莊子》
　　　　書中，……如〈天地〉、〈天道〉、〈天運〉、〈天下〉等篇，都隱藏著陰陽家的
　　　　原型。……莊子稱「天道運」，即指鄒衍的「主運」，「帝王之德」，乃鄒衍的
　　　　「五帝德」。見氏著：《莊子與陰陽家》（《師大學報》人文與社會類，民國
　　　　89年，45），頁1。

〔註145〕同上註，頁6。

〔註146〕莊周著，張耿光譯注：《莊子・天運》（臺北，臺灣古籍出版有限公司，1998），
　　　　頁274、278。

兩段為同一篇，上段的「自然義」，應以五行；下段的「人文義」則應以五德。五行、五德，成為天地四時，節氣萬物，遵循德行，等等自然要素與人文道德的推手。

（二）與刑德、陰陽並論，以之治國：《莊子‧說劍》

《莊子‧說劍》是否為莊子作品，《史記‧老子韓非列傳》載：「莊子者，……然其要本歸於老子之言。……作漁父、盜跖、胠篋，以詆訿孔子之徒，以明老子之術。」並未舉〈說劍〉為例。且〈說劍〉之文義為規勸天子以征戰、防禦、刑德、五行、陰陽等等要件治國，與老莊思想虛靜、無為、逍遙，順其自然，殊為不類。張耿光認為〈說劍〉既非莊子之文，也非莊子學派的作品，而是戰國時假託莊子之名的策士說客之文；〔註147〕據錢穆先生考證〈說劍〉為晚於莊子之後的趙惠文王二十二年，莊辛之趙的說詞。然因其篇章以《莊子》為名，故仍歸於其中。

> 《莊子‧說劍》
>
> 天子之劍，……包以四夷，裹以四時，繞以渤海，帶以常山，制以五行，論以刑德，開以陰陽，持以春夏，行以秋冬。……此劍一用，匡諸侯，天下服矣。此天子之劍也。〔註148〕

「天子之劍」的綱要為：憑地勢扼險，依鄰國為阻，結邊塞為援，照節氣施作，以五行統御，依刑德論政，遵陰陽創治，循四季運行。「制以五行」，已將五行與刑德、陰陽綜合並論，強化為治國條件之一，以之曉喻趙文王以此「劍」方能強國。

四、五德副以五行之名：《荀子‧非十二子》

劉榮賢謂：「『五行』的意義從『五材』轉變成『五德』」不會早於戰國早中期」。〔註149〕戰國末年的荀子作〈非十二子〉文，〔註150〕非難子思、孟子

〔註147〕 分見：〈老子韓非列傳〉，頁 2793。《先秦諸子繫年》〈莊子見趙惠文王論劍乃莊辛非莊周辨〉，頁 501～502。莊周著，張耿光譯注：《莊子‧說劍‧前言》，頁 651。

〔註148〕 莊周著，張耿光譯注：《莊子‧說劍》，頁 651～655。

〔註149〕 劉榮賢：〈先秦兩漢所謂「黃老」思想的名與實〉《逢甲人文社會學報》，第 18 期，2009 年 6 月。

〔註150〕 〈孟子荀卿列傳〉：「荀卿，趙人。年五十始來游學於齊。……田駢之屬皆已死齊襄王時，而荀卿最為老師。齊尚修列大夫之缺，而荀卿三為祭酒焉。……

的五行之說：

略法先王而不知其統，猶然而材劇志大，聞見雜博。案往舊造說，謂之五行，甚僻違而無類，幽隱而無說，閉約而無解。……是則子思、孟軻之罪也。〔註 151〕

荀子譏子思與孟子但知「法先王」，而不知「法後王」，猶自才廣志大，見聞博雜，依據從前人的言論，創造為新說，稱之為五行，既冷僻而無系統，幽微乖引，封閉狹隘而無解說。

荀子非難子思與孟子的五行說，卻並未對五行所指作一說明，《孟子》與世傳為子思所作的《中庸》兩書，其中並無述及自然的五行物質，故雖有五行之名，卻看不出與物質的五行及其衍伸有何關聯。〔註 152〕然前述《孟子·盡心下》有：「仁、義、禮、智、聖」之說。〔註 153〕

近世出土的馬王堆帛書與郭店楚簡中則有：

仁形於內，謂之德之行；不形於內，謂之行。義形於內，謂之德之行；不形於內，謂之行。禮形於內，謂之德之行；不形於內，謂之行。智形於內，謂之德之行；不形於內，謂之行。聖形於內，謂之

齊人或讒荀卿，荀卿乃適楚，而春申君以為蘭陵令。春申君死而荀卿廢」，頁 3182。

《史紀志疑》：「案：《楚策》、《韓詩外傳》、劉向《荀子序》、《風俗通·窮通篇》並言春申君因客之說，使人謝荀卿。遂去之趙為上卿。春申君又因客之說，使人請於趙，荀卿謝之以書」。《鹽鐵論·毀學篇》：「方李斯之相，秦始皇任之，人臣無二。然荀卿為之不食，覩其罹不測之禍也。」收入《史記會注考證》，頁 3044～3045。據此，李斯相秦之時，荀卿尚存。

錢穆亦認為荀子曾至燕，並於之後仕楚春申君之蘭亭令，且為長壽者，不是不可能與孟子相見論學。見氏著：《先秦諸子繫年》〈荀卿年十五之齊考〉，頁 378～379。據以上各書所考證，則荀子在世約當於嬴政即位初期。

〔註 151〕荀況著，熊公哲註譯：《荀子·非十二子》（臺北，臺灣商務印書館，2010），頁 98。

〔註 152〕《中庸·第二十章》內，有：「天下之達道五，所以行之者三，曰：君臣也，父子也，夫婦也，昆弟也，朋友之交也，五者天下之達道也。知、仁、勇三者，天下之達德也。」所謂的「五達道」與「三達德」，並未冠以「五行」之名。蔣伯潛：《中庸·第二十章》，（長春，吉林人民出版社，2013），頁 62。《孟子·告子上》則有：「惻隱之心，仁也；羞惡之心，義也；恭敬之心，禮也；是非之心，智也。仁義禮智，非由外鑠我也，我固有之也。」所謂：仁、義、禮、智，「四懿德」，也並無「五行」之說。〔漢〕趙歧注，〔宋〕孫爽疏：《孟子·告子上》（臺北，臺灣古籍出版有限公司，2001），頁 354。

〔註 153〕見本文〈第三章·第一節·十二〉。

德之行，不形於內，謂之行。

龐樸認為上述文字即是〈非十二子〉一文中的五行，為：仁、義、禮、智、聖。
〔註154〕故，荀子所謂的五行，雖然不見與金、木、水、火、土的五材相聯繫，
卻是將五德之內涵，副以五行之名。在《禮記・樂記》中有：「合生氣之和，道
五常之行。」孔穎達正義曰：「故以五常為五行，非父義母慈之德為五常之行
者。若木性仁，金性義，火性禮，水性智，土性信，五常之行也。」〔註155〕孔
穎達之釋與其在《尚書・甘誓》中，對「有扈氏威侮五行」釋義相同。〔註156〕

「仁、義、禮、智、聖」或「信」，與包括了五方、五色、五帝與季節的
五行是否有關，又或此時的五行已完全包括了五德？鄭吉雄、楊秀芳等學者
認為《荀子・非十二子》的五行的意涵為：

> 〈五行〉簡文說「仁、義、禮、智」「四行和」是「善」，是「人道」；
> 四行再加上「聖」為「五行和」則是「德」，是天道，「聖」這個概
> 念，是五行中層次最高的，是天道抑或人道、德抑或善的判準。……
> 「行」……其概念內涵，實同時包括了自然義與人文義。「五行」的
> 概念，也包括了這兩個方向的意義，而產生了「金、木、水、火、
> 土」（自然），和「仁、義、禮、智、聖」（人文）兩方面的內涵，我
> 們可以說「五行」一詞一直在「人文義」與「自然義」之間扮演橋
> 樑腳色。〔註157〕

〔註154〕有關《荀子・非十二子》與子思、孟子的「五行說」的關聯，詳參龐樸著：
〈竹帛五行篇與思孟五行說〉（臺灣，《哲學與文化月刊》，第300期，1999
年5月），第26卷第5期，收入氏著：《竹帛五行篇》校注及研究》，（臺北，
萬卷樓圖書公司，2000）。楊晉龍：〈《五行篇》的研究及其引用《詩經》文
本評述〉（經學研究集刊，第二期，2006年10月），頁159～196。李學勤：
〈從簡帛佚籍〉〈五行〉談到〈大學〉，《孔子研究》，1998年第3期。黃冠雲
則從訓詁與聲訓的角度對郭店竹簡釋義，見氏著：〈郭店竹簡〈六德〉、〈五
行〉關於仁義之際的一組詞彙〉（香港中文大學，《中國文化研究所學報》
Journal of Chinese Studies No. 59 - July 2014）黃俊傑則以思想的角度，論證
思、孟「五行說」中，與荀學所論在「道」的差異，見氏著：〈荀子非孟的
思想史背景——論〈思孟五行說〉的思想內涵〉，《臺大歷史學報》第15期
（1990，12），頁21～38。

〔註155〕《禮記・樂記》，頁1290。

〔註156〕《尚書正義・甘誓》正義：「『五行』水、火、金、木、土也。分行四時，各
有其德。……且五行在人，為仁、義、禮、智、信。」，頁208。

〔註157〕鄭吉雄、楊秀芳、朱岐祥等合著：〈先秦經典「行」字字義的原始與變遷—
—兼論「五行」〉，頁113、117。

五行從最初為自然義，之後漸次向人文義成熟演化。而依上述諸家學者的考證釋義，則到了戰國末期，五行成為自然與人文二義之橋樑，或兼攝二義。考之文獻，戰國以後，相關五行之論述，已是人文義多於自然義。

五、縱橫家推行人世五方帝及其實踐：《戰國策》、《史記》

戰國末年，捭闔於國際間的縱橫家，逞其如簧之舌，於各國間奔波於道途，棲止於津渡，或說以「合縱」，或說以「連橫」。要之，不脫於分析國際局勢利害關係，誘之以利，脅之以力，方能打動君王之意願，說服其參與合縱或是投入連橫。其時，為鄒衍在世之際，而相關五行、五方、五帝之說，已是君王以至於貴族的通識。

依〈六國年表〉、〈燕召公世家〉、〈蘇秦列傳〉、〈封禪書〉、《資治通鑑》、《先秦諸子繫年》，以及〈中外歷代大事年表〉諸書比對，燕昭王、秦昭襄王、齊湣王，在世歲月皆與鄒衍有所交疊，然以生卒年論之，則依序為：燕昭王，齊湣王，秦昭襄王，鄒衍。

（一）嘗試推行人世五方帝：《戰國策・燕策一》

蘇秦穿梭於六國，提「合縱」之議，聯六國以抗強秦，為「從約長」，佩六國相印，後死於齊。〔註158〕其弟蘇代亦襲其兄故事，倡「合縱」，先仕於燕，後歸於齊，之後又附於宋。

燕助齊伐宋，宋不敵而危，於是蘇代為宋遣書燕昭王，建議昭王勿助仇敵齊國。並建議昭王出使辯士前往秦國，說服秦王派「涇陽君」、「高陵君」，分別去燕、趙兩國為人質，取得兩國之信任，並互立為：西帝、中帝、北帝，三方之「方位帝」，以號令天下，若有不從，則伐之。

> 《戰國策・燕策一》
>
> 今涇陽君、高陵君先於燕、趙，秦有變，因以為質，則燕、趙信秦矣。秦為西帝，趙為中帝，燕為北帝，立為三帝而以令諸侯。韓、魏不聽，則秦伐之。齊不聽，則燕、趙伐之。天下孰敢不聽？……并立三帝，燕、趙之所同願也。〔註159〕

各國依其地理位置，循五行說中的「方位帝」，設：「秦為西帝，趙為中帝，燕為北帝」。五行說中的「方位帝」，原先屬神界，如今由天際轉為人世，人間帝

〔註158〕《史記・蘇秦張儀列傳》，頁 2965～3000。

〔註159〕《戰國策・燕策一》，頁 1239；《史記・蘇秦張儀列傳》，頁 3013。

王引用屬於天界之帝號，此時在人世間，尚不見有「帝」之名號。

其後，秦、趙、燕雖未行之，然，從「燕昭王善其書」觀之，即便燕僻處東北，但對於五行說中的重要元素，並非無所知。而北方屬「水」，燕稱「北帝」，不見有「循水德之義」，且三個國家均以方位稱帝，皆無鄒衍的「從所不勝」以德相代之說。

（二）方位帝的人世實踐：〈田敬仲完世家〉、〈秦本紀〉、《戰國策・齊策四》

上說「秦為西帝，趙為中帝，燕為北帝」乃單純之書面擬議，然而，實際之踐行於其後開始，〈田敬仲完世家〉：

> 三十六年，王為東帝，秦昭王為西帝。……於是齊去帝復為王，秦亦去帝位。

〈秦本紀〉

> 王為西帝，齊為東帝。皆復去之。

除上徵文獻外，另：〈六國年表〉，《戰國策・齊策四》，四說均載齊湣王與秦昭襄王並稱東、西帝，雖然為時只有兩個月，〔註160〕然據此可知，在秦始皇之前，人世已有五行說的「方位帝」，並非以「從所不勝」，以德相代稱帝。

〔註160〕以上分見：〈田敬仲完世家〉，頁 2322；〈秦本紀〉，頁 257；〈六國年表〉，頁 866；《戰國策・齊策四》，頁 433。

第四章　秦代五行說的思想發展

　　秦自商鞅變法後，廢除了曩昔的世襲貴族領主制度，國家的權力集中於君王一人，惟才是用，以法為遵，以功見賞。六國人才在本國不見重用者，多奔秦國，客卿之多，為七國之最。〔註1〕反觀東方諸國，世襲貴戚氏族依舊把持國家資源，壟斷權力與權利，上下不能同心，遇戰多先潰。張儀復以連橫之說，破六國合縱之盟，致使原先離散之六國，更難一心以制秦。原本六國中，與秦接壤又能與秦抗衡者為北方趙國，待罷廉頗任趙括，以致白起與趙括長平一役，趙慘敗後國力大損，而後廉頗亡於魏，趙又誅名將李牧，則六國之壯臂已折，苟延圖存，在秦每役均如摧枯拉朽之勢下，六國之崩已是期日可待。

　　前此，五行思想歷數百年的發展，迄今已成顯學，先秦諸子無論各學派在發皇本身之學說時，時常或引用、或闡述，或以為例證，以之強化學說，或以其論證天命所歸，即便經《管子》到鄒衍的五德終始說完成之後，仍然不斷有五行演繹及五德終始說的養分出現，之後秦相呂不韋的《呂氏春秋》付丹青，將德運終始輪迴，形諸論證，寓意了天命將現。逮至始皇二十六年掃滅群雄，鯨併天下，以五德終始說上應天命，改制為水德，數以六為紀，終於成為中國有史以來，依五德終始說第一個以德建朔的帝國。

〔註1〕秦用各國客卿人才者，計有：1、楚國：百里奚、李斯。2、齊國：蹇叔。3、西戎：由餘。4、衛國：商鞅。5、趙國：樓緩。6、魏國：魏舟、范雎、張儀，尉繚。7、燕國：蔡澤。8、韓國：呂不韋。詳見〈秦本紀〉、〈始皇本紀〉、各〈列傳〉。

第一節 《呂氏春秋》

由於鄒衍之書闕如，至今所能得閱與五德相關論述的是鄒衍其後的《呂氏春秋》。《呂氏春秋》又名《呂覽》，該書是秦王政八年，〔註2〕「秦相呂不韋輯智略士作」〔註3〕。班固《漢書・藝文志》將其列為雜家，認為其：「兼儒墨，合名法，知國體之有此，見王治之無不貫，此其所長也。」〔註4〕綜合儒家與墨家，融攝名家與法家，知曉國家的體制典章需要這些學術思想，則「見王治之無不貫」，治國的王者無不貫通各家的思想，無須排他。在〈不二〉篇中，闡述了此一觀點：

> 老耽貴柔，孔子貴仁，墨翟貴廉，關尹貴清，子列子貴虛，陳駢貴
>
> 齊，陽生貴己，孫臏貴勢，王廖貴先，兒良貴後。〔註5〕

廣列之前各家的長處，不拘流派，博採眾說，一律平等視之，無有高下之別，將先秦各家天人思想的精華融合，築造出天人合一的宇宙架構，賦予歷史與政治的意義。〔註6〕故葛兆光認為《呂氏春秋》：「從春夏到秋冬，在這種象徵與聯想構築起來的天時體系裡，農者的歲時之功，兵家的治軍之道，儒者的立身之本，墨者的節葬之說，都在天道運轉陰陽變化中一一被納入。」〔註7〕在吸納各家精華後，嘗試將季節運行，天道往復，融以「象徵與聯想」，又將

〔註2〕呂不韋編撰，陳奇猷校釋：《呂氏春秋・序意篇》：「維秦八年，歲在涒灘」，頁14。

〔註3〕《漢書・藝文志》，頁2124。

〔註4〕《漢書・藝文志》，頁2125。

〔註5〕《呂氏春秋・不二篇》，頁2094。

〔註6〕周桂鈿認為，《呂氏春秋》並不是先秦單一學派的論述，而是承襲各家思想，綜合各家之說，匯流成包羅萬象的新體系，開啟了秦漢時代思想大一統的先河。見氏著：《秦漢思想史》（石家莊，河北人民出版社，2000），頁39。

　　侯文莉：〈從天人觀念看《呂氏春秋》的雜家之謂〉：「孔孟以天道人性相通，論證社會秩序與倫理道德的合理性；老莊以道為最高本原，強調人道合於天道的必然性。戰國中後期，各家思想趨於融合。荀子吸收道家天道自然的思想，突出了天人之間的區別；《易傳》視天地人為整體系統，肯定人道的積極性；稷下黃老以精氣釋道，肯定人事的合理性。而以鄒衍為代表的陰陽五行學派，將陰陽、五行結合起來，提出了陰陽消息，五德終始的歷史迴圈模式，觸發天人關係的哲理性探討向具體的政治歷史層面落實。儒、道、陰陽各家對天人關係不同層面的哲理性探討，為《呂氏春秋》的綜合提供了思想素材。」《社會科學研究》，2001年，第2期。

〔註7〕葛兆光：《中國思想史》第三編，〈第二節・哲理的綜合：從《呂氏春秋》到《淮南子》〉，頁222。

「歷史神話化」，包覆宇宙與人事，擬於施政的原則，成為政治的依據。

　　陰陽五行學說對《呂氏春秋》思想體系的形成，起了很大的作用。書中將五行、陰陽術數、天文、人世等等結合。〈十二月紀〉所載：星辰、方位、神明、帝王、服色、味覺、視覺、臟腑、音聲等等萬物，盡可能的以「五」之數組織，以對應五行之說，並依此施行法律、修繕、祭祀、農務、貿易、貢賦、田獵、撫卹、齋戒、乃至房事等等國事、家事。而對於朝代的更迭，是以鄒衍的五德終始說為基礎，賦予了更完整的論證圖式。

一、四德論述完成：〈十二月紀〉

　　在〈十二月紀〉中（案：與《禮記・月令》只有幾字之差，[註8] 而《禮記・月令》文字較為集中，故以其為引文），已將五行、神話、政治交融，儼如正史。

　　〈十二月紀〉
　　〈孟春紀・正月紀〉
　　孟春之月，……其日甲乙。其帝大皞，其神句芒。……其音角。律中太蔟。其數八。其味酸。其臭羶。……天子……，駕倉龍，載青旗，衣青衣，服倉玉，……大史謁之天子曰：「某日立春，盛德在木。」立春之日，天子親率三公九卿諸侯大夫以迎春於東郊。

　　〈孟夏紀・四月紀〉
　　孟夏之月，……其日丙丁。其帝炎帝，其神祝融。……其音徵。律中仲呂。其數七。其性禮。其事視。其味苦。其臭焦。……天子……乘朱路，駕赤騮，載赤旗，衣朱衣，服赤玉。……大史謁之天子曰：「某日立夏，盛德在火。」立夏之日，天子親率三公九卿大夫以迎夏於南郊。

　　〈季夏紀・六月紀〉
　　季夏之月，……其日丙丁。其帝炎帝。其神祝融。……其音徵。律中林鐘。其數七。其性禮。其事視。其味苦。其臭焦。天子……乘朱輅，駕赤騮，載赤旂，衣朱衣，服赤玉。……中央土。其日戊己，其帝黃帝，其神后土。……其音宮。律中黃鐘之宮。其數五。其味甘。

[註8]《禮記正義・月令》，頁512。

其臭香。……天子……駕黃騮，載黃旗，衣黃衣，服黃玉。

〈孟秋紀·七月紀〉

孟秋之月，……其日庚辛。其帝少皞，其神蓐收。……其音商。律中
夷則。其數九。其味辛。其臭腥。……天子……，駕白駱，載白旗，
衣白衣，服白玉，……大史謁之天子曰：「某日立秋，盛德在金。」
天子乃齋。立秋之日，天子親率三公九卿諸侯大夫以迎秋於西郊。

〈孟冬紀·十月紀〉

孟冬之月，……其日壬癸。其帝顓頊，其神玄冥。……其音羽。律中
應鐘。其數六。其味鹹。其臭朽。……天子……駕鐵驪，載玄旗，衣
黑衣，服玄玉，……大史謁之天子曰：「某日立冬，盛德在水。」天
子乃齋。立冬之日，天子親率三公九卿大夫以迎冬於北郊。〔註9〕

上述引文，可看出在〈十二月紀〉中，五行說的因子已大致建構完成，依序
為：五季、十二月、十天干、帝、神、五音、紀數、五味、五臟、（案：五臟
為：脾、肺、心、肝、腎（無胃），為避免引文過長，故未引述）五色、五方。
後世五行說中，相關五行隸屬概念的配置，均與此同。

由於奇偶之數無法對應，四無法對應五，原來是四季配置四帝、四神，
但為了安插五帝、五神，因此夏季切割出一個季夏，於是在〈季夏紀·六月
紀〉中，安置了兩位帝、神，一為「其帝炎帝。其神祝融」，另一為「其帝黃
帝，其神后土」，以契合五行、五季、五帝、五神之數。

演進不斷隨著時空而異化，從秦襄公「自以為主少皞之神，作西畤，祠
白帝」，將少皞白帝視為西方之神，到秦文公作鄜畤祭白帝、宣公作密畤祭青
帝、靈公於吳陽建上畤祭黃帝，建下畤祭炎帝、獻公作畦畤祭白帝等等，〔註
10〕前後五位君主建畤祭祀：白、青、黃、赤（炎帝）四色、四方的神帝（案：
無北方黑帝），神明與帝王為同一位。但《呂氏春秋·十二月紀》則將其拆解
成為十位，且出現了北方水德黑帝與玄冥，五個方位各一帝一神，較之前的
四位更為細分化。

《呂氏春秋·十二月紀》是繼《管子·四時篇》與鄒衍之後，五德終始說
中，「四德」的首次一起出現。殊堪玩味的是〈十二月紀〉中，金、木、水、
火，均有其「德」，而黃帝位居中央土，卻並無土德的書寫。且四季伊始，大

〔註9〕《禮記正義·月令》，頁517～635。
〔註10〕〈封禪書〉，頁1429～1431。

史向天子謁見稟報，〔註11〕某日為立春、立夏、立秋、立冬，並奏明該季為何德，天子依照大史的奏請，齋戒後「親率三公九卿大夫」因季節於相應之方位迎氣。卻未見大史向天子稟報黃帝的土德，亦未「親率三公九卿大夫」於季夏迎氣。於是成了：五方、五季、五帝、五神、五色，卻只有四德的對應組合。

孫希旦在《禮記集解·月令》中，對此一現象解釋：「〈月令〉於中央但曰『其帝黃帝』，而不言迎氣，豈秦自以為水德，土者水之所畏，故遂闕其禮歟？」〔註12〕此說不易成立，因《呂氏春秋》完成於始皇八年，其時尚未定德運，始皇推終始五德之傳，則是於即位二十六年，定天下於一尊之後，〈十二月紀〉的作者不太可能於十八年前即預知始皇將以水德自居。

同樣的，有論者言：「原夫鄒衍之創禨祥制度之說，目的本在以新奇怪迂之談，唊淫侈失德之主，而即以災異妖怪之變，恐動人主之心，使之承受重大之壓力，而不敢不尚德。《呂氏春秋》之作者，深明此意，亦思如法炮製，而恐其因附會太過而不見信也，乃為賦以理論之基礎，使迷信之談，亦獲合理之解釋；令淫侈之君，深信而不疑，因而『驚惶亟革』。如是則可以收限制君權、歸本仁義之效矣。」〔註13〕

此說將《呂氏春秋》的五德終始說歸於是為了「以新奇怪迂之談，唊淫侈失德之主」，以收「限制君權、歸本仁義」之效。依文本觀之，一年四季均由大史告知天子「盛德」為何，故「歸本仁義」應是存在。然「限制君權」，則不免令人存疑，其原因與上述略同，即《呂氏春秋》成於始皇八年，其時，六國未滅，十年罷呂不韋，十七年滅韓，二十六年滅齊而一統天下。《呂氏春秋·十二月紀》的作者，很難在十八年前即預知嬴政定然於何年滅何國，復於何年統一天下，並預知了未來將行何種政治制度。

又，在此期間，位居北方水屬的燕尚未滅，在《呂氏春秋》完成之後，始皇一統天下之前，期間，燕是否會自稱水德黑帝？且秦在六合歸一後，政治

〔註11〕「大史」負責：「正歲年以序事，頒之於官府及都鄙，頒告朔於邦國。」《周禮注疏》〈春官·宗伯〉，頁815。秦時「大史」改為奉常之下的太史，《漢書·百官公卿表》：「奉常，秦官，掌宗廟禮儀，有丞。景帝中六年更名太常。屬官有……太史。」《漢書·百官公卿表》，頁743。

〔註12〕孫希旦撰：《禮記集解·月令》（臺北，文史哲出版社，1990），頁461。

〔註13〕傅武光撰：《呂氏春秋與諸子之關係》（臺北，國立臺灣師範大學博士論文，1988年，2月），頁287～288。

制度一改周朝之血胤勳臣的分封建制，開創了前此未有的自皇帝以降的中央、郡、縣三級制，天子因天命而擁四海，皇權之行使，無遠弗屆，〈十二月紀〉的作者，同樣不可能預知始皇在政治制度上的創舉，故「限制君權」恐有待更多的證據。

　　自《管子》始，到《呂氏春秋》，五行、五色、五方、五季，配以五帝、五神的論述，邏輯規律已然賦予完成，然，只出現四德，如《管子·四時篇》的土德，尚未納入《呂氏春秋》中。

二、五德終始、朝代相替：〈應同篇〉

　　《呂氏春秋·十二月紀》幾乎是以陰陽五行之說推行政事，在同書的〈應同篇〉中，則描述了秦以前的各朝代，都因新朝代之「德」，勝於前朝而取代了前朝，並以該德所屬的色澤與物質完成改制，其中先是黃帝的土德。

> 《呂氏春秋·應同篇》
> 凡帝王者之將興也，天必先見祥乎下民。黃帝之時，天先見大螾大螻，黃帝曰：「土氣勝」，土氣勝，故其色尚黃，其事則土。及禹之時，天先見草木秋冬不殺，禹曰：「木氣勝」，木氣勝，故其色尚青，其事則木。及湯之時，天先見金刃生於水，湯曰：「金氣勝」，金氣勝，故其色尚白，其事則金。及文王之時，天先見火，赤鳥銜丹書集於周社，文王曰：「火氣勝」火氣勝，故其色尚赤，其事則火。代火者必將水，天且先見水氣勝，水氣勝，故其色尚黑，其事則水。〔註14〕

依〈應同篇〉所述，五德相勝說之終始順序如下表：

附表十：〈應同篇〉先秦五德終始朝代相勝表

五行相勝	朝代德運相勝相代
木勝土	夏木德，勝黃帝土德（案：無顓頊、帝嚳、唐堯以及虞舜）
金勝木	殷金德，勝夏木德
火勝金	周火德，勝殷金德
水勝火	新朝代水德，勝周火德

　　五行的相勝各說，在之前的經、子、集，有：《左傳·昭九年》的「以盛克弱說」；〈昭三十一年〉因果並不明確的「物質相勝說」；《墨子·經下篇》

〔註14〕《呂氏春秋·應同篇》，頁 677。

的「以多為勝說」；《孫子兵法‧虛實篇》的「五行無常勝說」。

以上各說，皆為物質屬性的詮釋，並未暈染至人世間的朝代因「德運」而相替。〈應同篇〉應是鄒衍五德終始說的延伸：前一個朝代之「終」，乃是其德將逝，被後一個朝代的德運之「始」而勝之。依五行之物理性質，從而擴大釋義至「德運」。成為：木勝土，土勝水、水勝火、火勝金，金勝木。於是，五德循環，終而復始。以現存的文獻而言，因鄒衍的文字不復見，故，將「五行」擴散成朝代「德運」輪替的「五德終始說」，〈應同篇〉為首現，且是完整的「五德相勝」之說。

本篇作者並未往前追溯顓頊、帝嚳、唐堯以及虞舜之德應，有可能是黃帝之後的四帝被作者視為是一個朝代，也有可能是作者並不承認其他四帝。

在〈十二月紀〉中，黃帝並無相對之德應，〈應同篇〉則書寫了黃帝的德運為土德。但〈十二月紀〉中，黃帝為天帝，到了〈應同篇〉，黃帝卻翻轉為人帝，應該也是因為作者不同的緣故。

三、四季時日解決：〈十二月紀〉

由於《禮記‧月令》與《呂氏春秋‧十二月紀》只有幾字之差，〔註15〕故引孔穎達在《禮記‧月令》篇「中央土」條下的正義，作為〈十二月紀〉的釋義：

> 四時係天，年有三百六十日，則春夏秋冬各分居九十日。五行分配四時，布於三百六十日間，以木配春，以火配夏，以金配秋，以水配冬，以土則每時輒寄王十八日也。雖每分寄，而位本末，宜處於季夏之末，金火之間，故在此陳之也。〔註16〕

《呂氏春秋‧十二月紀》將土行的位置，以「五」調整的技術植入，土行在每季之戊己日各居十八日不變。但將春、夏、秋、冬，四季的金與火之間，插入一個季夏，四季切割成為五季，土行寄於正中控屬四季。於是，土行既擁有各季的十八天，而一年四季的節氣不變，同時，土行亦得有專屬的季節位置。

鄭玄曰：「戊之言茂也，己之言起也。……至此萬物皆枝葉茂盛，其含秀者抑屈而起，故因以為日名焉。」〔註17〕戊己日成為萬物之始，而夏秋之間

〔註15〕《禮記正義‧月令》，頁512。
〔註16〕同上註。
〔註17〕《禮記‧月令》，頁602。

安排了一個季夏，列於四季之正中，此一作法讓奇偶數得以相配，解決了《管子‧四時》篇與〈五行〉兩篇，在季節、時日、土行之位的困擾。

現將《管子‧四時》篇、〈五行〉篇、與《呂氏春秋‧十二月紀》三篇，製表比對如下：

附表十一：《管子‧四時》、〈五行〉、《呂氏春秋‧十二月紀》三篇五行季節時日比對表

	《管子‧四時》	《管子‧五行》	《呂氏春秋‧十二月紀》
季節	四季	無四季	春、夏、季夏、秋、冬五季
各行天數	金、木、水、火 占各季九十日 土行不占時日	五行平均 各七十二日	金、木、水、火 占各季七十二日 土行分占四季各十八日 同樣據有七十二日
土行季節	無	無	季夏
造成影響	四季明確 土行不據時日 土行無季節位置	季節混亂 土行據有時日 每行時日平均 各行均無季節	四季明確 土行七十二日 四行分居四季 土行位居季夏

《呂氏春秋‧十二月紀》極具巧思的移植調整，緩解了《管子‧四時》、〈五行〉兩篇，在季節時日上的矛盾衝突以及土行無季節位置的困擾。葛兆光言：

> 在《呂氏春秋》中，思想家曾為"五"並列出種種匹配的事物和現象，這說明人們普遍接受和相信"五行"可以歸納和整理宇宙間的一切，使宇宙整齊有序，而有條不紊是符合宇宙法則和人類理性的，相反，如果五行、五色、五聲、五位、五方、五臟、五祀等等發生紊亂，人們就要用技術將其調整過來，否則人就會生病，社會就混亂，宇宙就會無序。〔註18〕

農業社會諸事主要是依節氣循曆法而施作，〈十二月紀〉「用技術將其調整過來」，相對地容易遵從節氣。如此，土行不但居中擁有季節，並且不妨礙春、夏、秋、冬四季的運行，形成兩種時間與兩種運用方式：一為四季時間，庶民

〔註18〕葛兆光：《中國思想史》第三編，〈第一節‧秦漢時代的普遍知識背景與一般思想水平〉，頁210。

日常運行以此為準；一為五行時間，朝廷政治運作以此為主。〔註19〕

　　耕、耘、收、藏，一年之獲賴於天，據四季節氣之溫涼寒暑進行農務。逆天之節氣，不但個人、家庭衣食無著，即便充實國家倉廩財賦亦有所難。此之謂「時政」。王夢鷗先生言：「五行的政治思想，其實說穿了就是『依時行政』。一言以蔽之，都是在『生』『養』『收』『藏』四種意義下訂立的施政綱領。」〔註20〕《呂氏春秋・十二月紀》的技術調整，則生、養、收、藏的實務，仍舊是「依時行政」，同時也兼顧了五行的政治論述。

　　〈十二月紀〉以五行為骨架，建構出時間與空間的交錯對應，將四季節氣和方位、時間、氣象、物產、政令、祭祀、耕作等等規劃成朝野庶民依循的方針，也將宇宙的四維觀與天、地、人、物互融。

四、天帝人帝交融：〈十二月紀〉、〈應同篇〉

　　從最早的《詩》《書》中，天上與人間是截然不同的兩個空間，天上是單一的昊天上帝，地上是單一的人王。自西方的秦，祀：青、白、炎、黃，四帝，將天上「多神化」，之後齊景公欲祭五帝，約略與齊景公同期的《左傳・昭十七年》記載郯子朝魯，對於昭子問為何少皞氏以鳥名官，回答：

> 郯子曰，吾祖也，我知之。……昔者黃帝氏以雲紀，……炎帝氏以火紀，……共工氏以水紀，……大皞氏以龍紀，……我高祖少皞，摯之立也。〔註21〕

昭子的回答，是將後世所認知的神王，當作人世間的帝王。日人白川靜言：「經過數百年的漸次改造，『分裂性狀態的神話』中，被口耳相傳的氏族英雄，與被獲得天下的氏族帝王所祭祀的神明，在將其賦予天命與倫理的道德高度之後，逐漸從神壇下來，走入了人世的歷史，這就是所謂的『神話歷史化』，尤以五帝為顯。」〔註22〕但由於年代與畛域的差異，各地仍然存在著不同的

〔註19〕劉榮賢言：「諸子所言之時令或月令並不完全是憑空臆說，有很大一部分是觀察天時、地利與人事的因果關係，一種長久經驗的歸納。人們在經驗中發現，如果人的活動和季節、物候相配合，往往會有很好的結果，反之則不然。」見氏著：〈先秦兩漢所謂「黃老」思想的名與實〉，《逢甲人文社會學報》，第18期，2009年6月，第1～20頁，頁3。

〔註20〕王夢鷗：《鄒衍遺說考》，頁80。

〔註21〕《春秋左傳正義・昭公十七年》，頁1566～1568。

〔註22〕（日）白川靜著，王孝廉譯：《中國神話》〈中國神話學的方法〉（臺北，長安出版社，1983），頁5。

神話，神話與歷史陷於「分裂性狀態」的緩進改造。《墨子・貴義篇》黃帝一人殺四龍，未見到其他四帝；《管子・五行篇》是黃帝一天帝，下轄六神以制六方；再之後的《孫子兵法・行軍篇》是黃帝一帝戰勝了四帝，到了《呂氏春秋》，則神話與五行五德和歷史都已融為一體，它的改造進程如下表：

附表十二：天帝、五行、五德、五人帝關係演進表

單一天帝、五天帝、五行、五方、五色、五德、五人帝	文獻出處
單一天帝	《詩》、《書》
天上四色帝	秦國祀四帝《史記・秦本紀》、〈封禪書〉
天上五神	《左傳・昭二十九年》
天上五帝	《晏子春秋・內篇諫上第一》
天上一帝，四方殺四色龍	《墨子・貴義篇》
天上一帝轄六方六神	《管子・五行篇》
地上一君、天上四德（日月星辰）地上一德（土德）	《管子・四時篇》
黃帝，勝四方四色天帝，共五帝	《孫子兵法・行軍篇》
天上五色帝，人世一帝、四德	《呂氏春秋・十二月紀》
人世五帝依五德相勝順序	《呂氏春秋・應同篇》

《呂氏春秋・十二月紀》中，天上有五帝、五神，人世只有一帝；〈應同篇〉同為人世一帝，朝代循「五德終始」興亡。而人世的帝王皆是遵照天帝所掌控的：五行、五德、方位、季節、顏色等等，行人間施政之事，人帝遵照天帝，天帝輔佐人帝，天帝與人帝之間互融合作，天帝已不再像是西周時的邈遠難及。膠凝了天人合一的思想，遵歷史之循環，應天命之德運，提供了大一統帝王在政治哲學上的支撐基礎，成為皇帝家天下訴諸四海的象徵。

在前舉各典籍，自《尚書・虞書・大禹謨》以降至《管子》，但有論五行、五方、五季、五色等元素，也有如《管子》書寫黃帝為土德，但並無任何一個物質的「德」就代表了人世朝代的說法。《呂氏春秋・應同篇》中，朝代應德而建之前，即有祥瑞出現。〔註23〕另一個創舉是：不論何「德」為勝，均出

〔註23〕依各書記錄，五德終始說始於鄒衍，然依現有文獻觀之，只能以《呂氏春秋・應同篇》為例。

自於開朝奠基的首任君王之口。

　　在鄒衍的五德終始說以後，於此有「朝代終始，五德循環」的相勝說法。
而陰陽五行學說對《呂氏春秋》思想體系的形成，起了很大的作用。」〔註24〕
五行演進為五德終始的各德，成為「相勝相代」的政治符碼，已是共識。「故
始皇即位，雖未採呂不韋政治集團所設計之建國宏規，但對其所論五德終始
之說，謂秦得水氣之瑞，則為始皇所樂用。蓋始皇雖跋扈專制，而猶有畏天
之觀念，而此說對秦亦無不利之因也。」〔註25〕雖然，〈應同篇〉並未說「秦
得水氣之瑞」。

　　始皇滅六國，稱皇帝，定德運，此時，嬴政自京畿號令天下，乃係繼周
九百餘年之後，首次政令定於一尊，四方六合靡不俯首。印順法師言：

> 　五方五帝說的真正意義，是為了實現多民族的互相尊重，平等融合
> 的理想。所以將古代傳說中的，具有崇高威望的不同民族的領袖—
> —祖神，綜合而成為五方五帝。這是綜合的平衡分布，從分布的形
> 勢來看，是適合於周王朝的理想。姬姓的是天子，王畿千里，住在
> 中央；四方是各民族的諸侯、夷狄。在五帝中，姬姓的黃帝在中央，
> 其他民族的上帝在四方。這一境界最適合於西周盛世。〔註26〕

印順法師雖說的是周王朝，但在西周時，五方、五帝的傳說，以現有文獻觀
之，並未完成。甚且，北方水屬的黑帝，要到戰國時的《孫子兵法》中：「黃
帝……北伐黑帝」方見五帝之齊整。待秦一統天下，是時，「溥天之下，莫非
王土；率土之濱，莫非王臣」。雖然，中國的東南、南方、西南、北方、東北
各方，仍為夷狄諸蠻，但昔日周武王與周公，以及歷代周天子所分封的諸侯
國，無不雲散湮滅，嬴姓天子睥睨中原，揮鞭四域，各方俯伏，故印順法師之
說或許用於秦較為適合。

　　自殷商經西周歷春秋以迄戰國所發展的天命觀，已成為各國君主所追尋
並亟於達成的目標。而五行此時業已成為據天命徵兆以應德運的政治上認知。
劉榮賢謂：「戰國時代『五行』發展成五種物性發展的方向，甚至是五種不同
但卻可相遞嬗的政治格局（即所謂『五德』）。這代表了戰國時代『五行』已發

〔註24〕任繼愈，牟鍾鑒等著：《中國哲學發展史》〈秦漢〉（上海，人民出版社，1994），
　　　　頁 18。
〔註25〕田鳳台撰：《呂氏春秋研究》（臺北，國立政治大學博士論文，1979），頁 433。
〔註26〕印順法師：《中國古代民族神話與文化之研究》（臺北，正聞出版社，1994），
　　　　頁 241。

展成為五種『知識分類系統』或『政治作為方向』的觀念。」〔註27〕

《呂氏春秋》不但包括了，如：《左傳》、《墨子》、《管子》等諸篇的內涵之外，還包括了相對應的天帝與神等等神話人物，皇帝又是因德運而擁天下，賦予了天命玄秘的徵兆，走進了政治的殿堂，成為朝廷施政的憑藉。依節令而行事，包含了儀仗、服色、施政、農牧、漁樵、狩獵、營建、百工等等。上至天子，下至庶民，均依十二個月的節氣運作，且用五行來描摹宇宙的建構圖式，其體系已較《管子》更為完整，也將五行導入天、地、人的和諧運作，生生不息。

第二節　兵家運用五行

一、軍事管理，部伍識別：《尉繚子》

《漢書‧藝文志》中有兩位尉繚子：一為雜家，有《尉繚》二十九篇，顏師古注曰：「尉，姓；繚，名也。……劉向《別錄》云：『繚為商君學』。另一為兵書略形勢家，有《尉繚》三十一篇。〔註28〕《史記‧秦本紀》中：

> 大梁人尉繚來，說秦王曰：……秦王從其計，見尉繚亢禮，衣服食飲與繚同。繚曰：「秦王為人，蜂準，長目，摯鳥膺，豺聲，少恩而虎狼心，居約易出人下，得志亦輕食人。我布衣，然見我常身自下我。誠使秦王得志於天下，天下皆為虜矣。不可與久游。」乃亡去。秦王覺，固止，以為秦國尉，卒用其計策。〔註29〕

今本《尉繚子》中，各篇內容頗多與行軍布陣等等軍事兵書相關，且下舉之文本為兵家部陣之法，故以兵家視之。〔註30〕

〔註27〕劉榮賢：〈先秦兩漢所謂「黃老」思想的名與實〉，頁3。

〔註28〕《漢書‧藝文志》，頁35、52。

〔註29〕〈秦始皇本紀〉，頁279～280。

〔註30〕尉繚著，劉春生譯注：《尉繚子‧前言》：「今本《尉繚子》中，關於部伍編制的內容與秦陵兵馬俑的軍陣吻合書中談到的軍法禁令與秦的傳統精神吻合，說明《尉繚子》一書的作者與秦有密切關係。」鄭良樹則認為：「今本《尉繚子》恐怕是雜家類及兵家類的合訂本，前面十二篇是雜家類的《尉繚子》，中間八篇是兵家類《尉繚子》，再連同後面的兩篇就合編為今傳的《尉繚子》了。」（臺北，臺灣古籍出版公司，1998），頁3、6。錢穆先生則認為兩位尉繚，實為始皇時的尉繚一人而已。至於：「梁惠王問尉繚子曰」係為托言。見氏著：《先秦諸子繫年》〈尉繚辨〉，頁557。三學者將《尉繚子》歸之為兵家。

《尉繚子・經卒令》

　　經卒者，以經令分之為三分焉：左軍蒼旂，卒戴蒼羽；右軍白旂，
卒戴白羽；中軍黃旂，卒戴黃羽。

　　卒有五章：前一行蒼章，次二行赤章，次三行黃章，次四行白章，
次五行黑章。次以經卒，亡章者有誅，前一五行，置章於首；次二
五行，置章於項；次三五行，置章於胸；次四五行，置章於腹；次
五五行，置章於腰。如此，卒無非其吏，吏無非其卒，見非而不詰，
見亂而不禁，其罪如之。〔註31〕

三軍分左、右、中，以五行說之五方、五色的配置指揮管理，面向正南成縱
隊：

附表十三：《尉繚子・經卒令》五行運用於軍事表

東	中　央	西
左軍	中軍	右軍
青旗青羽	黃旗黃羽	白旗白羽

　　而各縱隊兵卒又分五橫列：

附表十四：《尉繚子・經卒令》五行運用於軍事表

部伍列別	第一列	第二列	第三列	第四列	第五列
識別顏色	青色	紅色	黃色	白色	黑色
標示部位	頭部	頸部	胸前	腹部	腰間

　　各縱隊，無論由何人執掌，長官依顏色辨識，不至於不認識自己的部卒，
士兵也不至於不認識自己的長官與袍澤，毋須每每牢記其姓名、長相。蓋因
戰陣中，兵將犧牲汰換頻繁，只要視其顏色即可判別其歸屬。而長官因顏色
發現非本軍或本行列之士卒混於其中而不予詰問，看見顏色混亂不予制止，
其過錯視同犯罪懲處。

　　各橫列配之以五色；依青、紅、黃、白、黑五色，繫綁於身體不同部位，
用以標示各橫向隊伍，利於識別，確保軍事管理上的認證容易。兩軍對決，
戰馬奔騰，吶喊廝殺，生死間做狂獸之鬥，人仰馬翻之際，塵煙瀰漫中只能
瞬間反應，情急下不免誤刺、誤傷同袍。然而依顏色識別管理，便於感官囊

〔註31〕《尉繚子・經卒令》，頁120，121。

那間的本能判斷,不但一目了然,且利於同袍歸屬、默契,團結作戰,又有效地維持隊伍秩序。

以外在、簡易的方法,顧及不識之無的士兵,亦能於驟然間分辨出敵我,並將識別、約束之責,加諸部伍官長,律以法紀。之中並無感恩、神明、祭祀等等宗教信仰於其間,是相關五行要素的論證中,罕見的科學管理方法,這已儼如近世企業管理的顏色管理識別系統,在兩千多年前以色澤區分作為感官識別,成為軍隊的科學管理,不可不謂之智慧。

二、《鶡冠子》

《鶡冠子》在《隋書・經籍志》及《舊唐書・經籍志》皆被歸為道家類。然其留存之篇章兼及法家,偶爾涉及兵家。至於其書真偽,之前有不同爭議,〔註32〕1973年馬王堆漢墓出土,其中帛書文字有許多與《鶡冠子》雷同,因而認定此書非偽。〔註33〕李學勤認為鶡冠子的活動年代,約於 B.C.300 年～B.C.240 年,而始皇焚書為始皇三十五年,即 B.C.212 年。故《鶡冠子》為焚書之前的作品,然其書不會早於 B.C.235 年。〔註34〕

繼孫臏將五行、五方、五帝的無形觀念書之於兵書;繼起的吳起,以五行元素指揮部隊;《尉繚子》又以五行方位、色澤運用於軍事的科學管理,之後的《鶡冠子》亦將五行的觀念用於軍事上的行軍布陣:

(一)陣法配置:〈天權〉篇

《鶡冠子・天權》

兵有符而道有驗,備必豫具,慮必蚤定,下因地利,制以五行,左

〔註32〕《鶡冠子》在《隋書・經籍志》〈子・道家類〉,及《舊唐書・經籍志》〈子錄・道家類〉皆被歸為道家類。然其留存之篇章兼及法家,偶爾涉及兵家。唐代柳宗元有《辨鶡冠子》一文,認為該書是偽書。錢穆則認為,有可能為戰國時趙將龐煖著書別題《鶡冠》,也可能為後世偽作。見氏著:《先秦諸子繫年》〈鶡冠子辨〉,頁546。呂思勉在《先秦學術概論》中說:「此書義精文古,決非後世所能偽為,全書多道、法二家論,與《管子》最相似」。

〔註33〕唐蘭:〈馬王堆出土〈老子〉乙本卷前古佚書的研究〉:「1973 年馬王堆漢墓出土的帛書發現,其中許多文字與《鶡冠子》相合,因之有學者研究證明此書並非偽書」,見《考古學報》,1975 年,第 1 期。

〔註34〕李學勤著:〈鶡冠子與兩種帛書〉(香港,《道家文化研究月刊》,第一期,2000,08),頁 333～343。黃懷信認為《鶡冠子》一書,當是鶡冠子一生學術的結晶,其撰作年代跨度較大,而最終完成,當在 B.C.242 年以後。見氏著:《鶡冠子彙校集注》〈鶡冠子的撰作年代〉(北京,中華書局,2004),頁 7。

> 木右金前火後水中土，……取法於天，四時求象，春用蒼龍，夏用
>
> 赤鳥，秋用白虎，冬用元武。天地已得，何物不可宰。

因地制以五行：「左木、右金、前火、後水、中土」；又因季節不同，而有不同
的陣法配置：「春用蒼龍，夏用赤鳥，秋用白虎，冬用元武。」

　　在軍事戰陣引用五行說中，隨著時代的推進，可看出不同的兵家，漸次
滲入新的元素：《孫子兵法・行軍篇》與〈虛實篇〉：是一種原則，一個概
念；《吳子兵法・治兵第三》：是方位、顏色、神獸，成為實際的運用；《尉
繚子・經卒令》：將其用於部伍的識別管理；《鶡冠子・天權》：不僅在方位、
顏色、神獸的搭配上，與《吳子兵法・治兵第三》：「左青龍，右白虎，前
朱雀，後玄武。」如出一轍，〔註35〕且與四季相呼應，而「左木、右金、前
火、後水、中土」，則又注以五行的物質元素，成為：方位、顏色、神獸、五
行物質、季節等五種素質。在實務的執行與運作上，更見細膩。後世的《淮南
子・天文訓》，其中的方位、顏色、神獸，亦類此（見後述）。

（二）治國：〈夜行〉篇

　　《鶡冠子・夜行》

> 天文也，地理也，月刑也，日德也，四時檢也，度數節也，陰陽氣
>
> 也。五行業也，五政道也，五音調也，五聲故也，五味事也，賞罰
>
> 約也。

以「夜行」的謹慎態度喻治國，循天文、地理、月刑、日德，順之四時，調以
陰陽，和之五行，施以五政，和「五音」、「五聲」、「五味」，調和同濟，兼以
賞罰分明，刑德並顧，而後離開暗夜走向光明，聖君之政得以行化天下。

　　〈王鈇〉篇

> 天用四時，地用五行，天子執一以居中央，調以五音，正以六律，
>
> 紀以度數，宰以刑德。〔註36〕

天道為「四時」，地德為「五行」，四時與五行搭配，「天子執一以居中央」，天
子居天下大地之中，以音律、法紀、刑德統馭天下。這裡是四時對五行，與
《管子・四時》篇中：「中央曰土，土德實輔四時入出」以土居中央，不佔四
季的觀念類同。

〔註35〕參見本篇《第三章・第一節・六》。

〔註36〕上引分見：黃懷信彙校集注：《鶡冠子・天權》，頁341；〈夜行〉，頁24；〈王
　　　　鈇〉，頁167。（北京，中華書局，2004），頁7。

第三節　始皇水德建朔

一、五德成為建朔體制

　　秦以水德代周之火德，上黑。始皇篤信方士神仙、五行之說，亦崇符瑞。而以「五德終始說」建制，依太史公載錄，則是受到鄒衍門徒的進奏的影響：

〈封禪書〉

自齊威、宣之時，騶子之徒論著終始五德之運，及秦帝而齊人奏之，故始皇采用之。〔註37〕

前此，儒、道、墨、兵、名、縱橫，等各家皆對「五行」滴注增義，施予養分。逮至戰國末年，「五行說」已成存亡之續，天命所歸的蔚然樹枒。而陰陽五行家鄒衍，則集「自然義」與「人文義」於大成，將其系統化，成「五德終始說」。

　　復且，始皇曾祖：秦昭襄王亦曾自稱西帝，雖然為時不長，畢竟有實踐的前例可循。始皇一統寰宇後，以秦代周之火德，為水德起始，循環不已，天下「五方」在朕一人：「後世以計數，二世三世至於萬世，傳之無窮」。

〈秦始皇本紀〉

始皇推終始五德之傳，以為周得火德，秦代周德，從所不勝。方今水德之始，改年始，朝賀皆自十月朔。衣服旄旌節旗皆上黑。數以六為紀，符、法冠皆六寸，而輿六尺，六尺為步，乘六馬。更名河曰德水，以為水德之始。〔註38〕

〈封禪書〉

秦始皇既并天下而帝，或曰：「黃帝得土德，黃龍地螾見。夏得木德，青龍止於郊，草木暢茂。殷得金德，銀自山溢。周得火德，有赤烏之符。今秦變周，水德之時。昔秦文公出獵，獲黑龍，此其水德之瑞。」於是秦更命河曰「德水」，以冬十月為年首，色上黑。〔註39〕

因為「昔秦文公出獵，獲黑龍，此其水德之瑞。」於是秦更改了德運為水德。矛盾的是，在同篇的〈封禪書〉中，秦文公則是：

秦文公東獵汧渭之閒，卜居之而吉。文公夢黃蛇自天下屬地，其口止於鄜衍。文公問史敦，敦曰：「此上帝之徵，君其祠之。」於是作

〔註37〕〈封禪書〉，頁1445。
〔註38〕〈秦始皇本紀〉，頁294。
〔註39〕〈封禪書〉，頁1444。

鄜時，用三牲郊祭白帝焉。〔註40〕

是「夢黃蛇」郊祭上帝：白帝，而非「獲黑龍」定水德。且依〈年表〉所載，秦文公作鄜時的三百八十八年之後，秦獻公又有：「櫟陽雨金，秦獻公自以為得金瑞，故作畦時櫟陽而祀白帝」，仍然是以白帝為上帝，且是「得金瑞」。

但是，〈封禪書〉的記載，則闡明了朝代的互代順序，為：土、木、金、火、水。此時，秦朝以水德建制，完成了終始循環。也成為中國歷史上第一個認為自己的國家，是以五德終始的相勝之說，更替了前朝的德應，繼而為擁天下者。「事實上，先秦的任何一個朝代都沒有留下任何宣稱本朝德運的文字記載。以鄒衍的五德說來論證王朝正統性的傳統濫觴自秦朝。」〔註41〕

但始皇既然相信並採用「五德終始說」，以其建朔，不免有其矛盾，即：有「始」便有「終」，欲「後世以計數，二世三世至於萬世，傳之無窮」，則成了有「始」而無「終」，這焉是「終始」的概念。

如今，五德終始說已演進成為政治上的符應與哲學思維，受天之命的帝王雖然仍像此前各朝代的君主一般，向溥天之下，以皇權面南，詔達皇帝號令。但與之前朝代有所不同的是，如今取代前朝，係因德運勝之，且出現了神話中的祥瑞、徵應，才得以成為天子，代天牧民。其後必須以相應的政令、文教、祭祀、服色等等外在的儀式，向天下傳遞此一哲學思想。

除了在政教上的變革以外，太廟祭祀的禮樂，也隨之相應更動，〔註42〕依《漢書‧禮樂志》所載，遠在周代時，便以舞蹈為祭祀宗廟之儀式。而在始皇二十六年，滅齊一統天下之後，將原本的「周舞」，更名為「五行舞」，至漢立，仍依循之。是故，包括了周、秦、漢高、文、武，乃至之後的漢代諸帝，在祭祀太廟時，都奏「五行舞」。而其名卻是由秦皇更改而來。

約瑟夫‧坎伯（Jose Campbell）言：

> 特別是在東方，強調的重點已開始轉移。人們不再單純地呈現形象，形象本身也開始被闡釋。……強調的重點已從原先視覺的與主動的關係轉移到對神話的形式，它的意象與它所產生的儀式進行思考與闡釋。〔註43〕

〔註40〕〈封禪書〉，頁1429。

〔註41〕饒宗頤著：《中國史學上之正統論》（上海，上海遠東出版社，1996），頁16。

〔註42〕「五行」之舞，是周代的一種舞蹈，舞者身穿五色衣起舞。見《漢書‧禮樂志》，頁1143、1144。

〔註43〕約瑟夫‧坎伯（Jose Campbell）著，李子寧譯：《神話的智慧》，頁144～145。

顯然，除了以外在的形象，向天下昭告：秦是以「水德」上應天授之命，而對內在「告天敬祖」的尊崇，也是以形諸外在的儀式：「五行舞」，表達慎終追遠的虔誠。

原先，五行從最初期勉人君對於相關百姓飲食、興作、孳生的物質特性利用，不過是單純的物質，將之載諸籍冊，之後，五行的「形象本身也開始被闡釋」，經由長時期的衍義比附，並加入神話中的帝王與神明：「強調的重點已從原先視覺的與主動的關係轉移到對神話的形式」，漸進成「神話歷史化」，至此，復將神話置於朝廷廟堂，以正式的建制配合，用意象黏著於儀式，訴諸正史，逐漸又向「歷史神話化」衍進，但整個階段尚未完成，因為始皇改金德為水德，卻不見水德黑帝祠。

二、缺水德黑帝

土、木、金、火，四德，分別代表了黃、青、白、赤四色以及四個朝代：黃帝、夏、商、周，卻不見象徵水德以及冬季的天帝：黑帝顓頊，此實令人困惑，因為五行的五色帝體系已然完備。始皇一統六合後，以雍州近天子之都，日月星辰、二十八宿、風伯、雨師等等包羅萬象的祠廟，共祭祀百餘廟。〔註44〕而以五行、五方帝的祭祀觀之：秦為水德，上黑，卻為何不建象徵水德的黑帝祠？

顧頡剛以《呂氏春秋・應同篇》為基礎，〈應同篇〉推論未來天子所據的德運為水德。秦既滅火德的周，則理當居水德，但此時與水德相應的另一外在形式：北畤或黑帝祠，卻不見出現。顧氏認為其因有二：

（一）《呂氏春秋》抄錄《鄒子終始》之文未加潤色；

（二）當時六國未滅，秦雖滅周，尚未成一統之功，故《呂氏春秋》不為秦尋出水德的符應。〔註45〕

顧氏言：「戰國時五行之說如此盛，天上不容不有五帝，既有青、黃、白、

〔註44〕其中還包括了秦以水德代火德的周天子祠、周朝開國功臣的九臣廟，連最小的周之右將軍，亦有祠奉祀。〈封禪書〉：「而雍有日、月、參、辰、南北斗、熒惑、太白、歲星、填星、〔辰星〕、二十八宿、風伯、雨師、四海、九臣、十四臣、諸布、諸嚴、諸逑之屬，百有餘廟。西亦有數十祠。於湖有周天子祠。於下邽有天神。灃、滈有昭明、天子辟池。於〔社〕〔杜〕、亳有三社主之祠、壽星祠；而雍菅廟亦有杜主。杜主，故周之右將軍，其在秦中，最小表之神者。各以歲時奉祠」，頁1452～1454。

〔註45〕顧頡剛：《古史辨》第五冊，〈鄒衍的五德終始說〉，頁420～421。

赤四色，不容不有黑色。必待漢高而具五帝，誠為可疑。或者秦王稱帝，待周而標水德，衣服旄旌節旗皆尚黑，乃自居於黑帝乎？」〔註46〕清初的何焯同樣認為：「無黑帝者，秦自以水德，當其一也。」〔註47〕顧頡剛之言雖是臆測，但亦不無可能。在〈秦始皇本紀〉中：

> 使者從關東夜過華陰平舒道，有人持璧遮使者曰：「為吾遺滈池君。」
> 因言曰：「今年祖龍死。」使者問其故，因忽不見，置其璧去。使者
> 奉璧具以聞。始皇默然良久，曰：「山鬼固不過知一歲事也。」退言
> 曰：「祖龍者，人之先也。」〔註48〕

「滈池君」為水神，亦即水德之神，江神告之使者，其祖神將於今年死亡，〔註49〕此說似乎印證了顧頡剛之言，即秦始皇自居水德黑帝。

　　顧氏所言第一點，由於鄒子《終始》已佚，無法證明兩書的關係，不敢妄加置喙。第二點雖不無可能，但個人淺見以為或許尚有其他因素需考量：

　　（一）建朔與改曆為一體兩面，秦為顓頊之後，在改制後，曆法採「顓頊曆」，〔註50〕以顯示尊崇其祖，不太可能不建廟以奉祀。

　　（二）以先秦的祖先崇拜之盛觀之，虞、夏、殷、周，四朝均祀奉其祖，而天子立七廟，可遠溯其始祖。

　　《禮記・祭法》

> 祭法：有虞氏禘黃帝而郊嚳，祖顓頊而宗堯。夏后氏亦禘黃帝而郊
> 鯀，祖顓頊而宗禹。……王立七廟，一壇一墠，曰考廟，曰王考廟，
> 曰皇考廟，曰顯考廟，曰祖考廟；皆月祭之。〔註51〕

「禘」於郊外之圜丘；「郊」為南郊；「祖」則於皇家之內的明堂，「祖」為配享，非正祀。而顓頊是在皇家之內的明堂，以「祖」為配享，〔註52〕依孔

〔註46〕同上註，頁415。
〔註47〕《史記會注考證》〈封禪書〉，頁1602。
〔註48〕〈秦始皇本紀〉，頁326～327。
〔註49〕〔索隱〕：「服虔云水神，是也。江神以璧遺滈池之神，告始皇之將終也。且秦水德王，故其君將亡，水神先自相告也。」收入《史記會注考證》〈秦始皇本紀〉，頁363～364。
〔註50〕陳遵媯著：《中國天文學史》第五編，〈歷代曆法〉：「戰國末期齊國人鄒衍等倡立五行學說，論著終始五德之運……秦始皇統一中國後，認為秦以水德代替周火德，遂採用顓頊曆，相應地改變正朔……秦始皇自以為獲水德之瑞，故用顓頊曆」（臺北，明文書局股份有限公司，1990），頁111。
〔註51〕《禮記・祭法》，頁1506。
〔註52〕《禮記・祭法》正義：「『有虞氏禘黃帝』者，謂有虞氏冬至祭昊天上帝於圜

穎達《禮記正義》，天帝、人帝、人神，共十五位，顓頊只是配享。且正義「祭昊天上帝，由黃帝配祭」、「感生之帝，由譽配享」，〔註53〕這「昊天上帝」與「感生之帝」也不在後世所認知的五方、五色帝的範圍之內。

是否有可能因為：

1. 顓頊為「祖」，不在郊外祭祀，故外人難得知。

2. 顓頊為「祖」，乃皇帝家族內部之事，無須外人參與，是以，外人亦難得知。

3. 皇家內「明堂」祭祀：天帝、人帝、人神，各五位，共十五位為正祀，但皆無顓頊，因顓頊乃為「祖」，是配享，故更難以被記錄。（案：張蒼應是熟悉，見後述。）

4. 入祖廟由皇帝親祀祖祧，其警衛必然森嚴，無關聯者難以窺知。不是像鄜畤、畦畤的祭祀，歷來皇帝都不參加，而由朝廷代表祀之。〔註54〕

王夢鷗先生持類似看法：「雖則秦世不立水帝之祠，我們還可以解釋為秦人以為自己一家當了水德，故他們的祖廟就可以代表黑帝祠，而無須更立此祠。」〔註55〕

（三）《呂氏春秋》完成於秦王政八年，是時嬴政尚未加冠，國事主要由呂不韋及嫪毐代行，〔註56〕對於一個尚未成年、國事取決於他人的君王而言，首要之務是先取得實際的王權，至於德運的符應如何定案，非當務之急。故嬴政在正式即位的秦王九年，手握了完整的君權，即將嫪毐車裂。十年，相國呂不韋坐嫪毐畔而罷之。縱然到加冠的十七年之後，一統六合，惟秦獨尊，也要待到始皇二十六年，其時始皇已三十九歲，才以「方今水德之始」，據水德訂制。

（四）依《史記·秦本紀》、〈封禪書〉與〈年表〉所載，始皇二十六年改朔居水德，崩於三十七年，只有短短十年多的時間，而這十年多之內，計有：

丘，大禘之時，以黃帝配祭。『而郊譽』者……祭感生之帝於南郊，以譽配也。『祖顓頊而宗堯』者，謂祭五天帝、五人帝及五人神於明堂，以顓頊及堯配之，故云『祖顓頊而宗堯』，頁1507。

〔註53〕《禮記·祭法》，頁1507。

〔註54〕〈封禪書〉：「西畤、畦畤，祠如其故，上不親往」，頁1444。

〔註55〕《鄒衍遺說考》，頁56。

〔註56〕〈秦始皇本紀〉：「年十三歲，莊襄王死，政代立為秦王。……呂不韋為相，……王年少，初即位，委國事大臣。……嫪毐封為長信侯……事無大小皆決於毐。……九年……王冠，帶劍。」頁277～279。

阿房宮、馳道、長城、極廟，等等重大工程建設；軍事上又有：取陸梁，置桂林、南海、象郡，取越地，西北取戎等等戰事。〔註 57〕凡此種種，概需龐大之人力、物力、時間，即便始皇要另砌築黑帝祠，以始皇窮大務極之個性，不太可能是一個簡易急就章的祠廟，而一時之間是否尚能調度人力，不無疑問。

　　始皇稱帝後一年即改制，一時之間，國中也並無祀黑帝祠以因應的記載，從改制迄駕崩，短短的十年多，〔註 58〕是否黑帝祠尚未建妥？

　　但確實也不見有始皇正式奉水德、顓頊、黑帝祠的文字記載。

第四節　秦代五行說的思想轉變

　　始皇以水德應天命，是一樁奇妙地轉變。之前，秦之符應乃是「櫟陽雨金，秦獻公自以為得金瑞」的金德，並無水德祥瑞之跡象，復無祖先案例。以〈秦本紀〉與〈封禪書〉的記載，並以〈年表〉比對，秦朝從相關色帝的祭祀，逮至祥符徵兆以應天命，是歷經五百多年的緩進變異：

　　一、〈秦本紀〉記載襄公時：「祠上帝西畤」。〈封禪書〉是襄公「自以為主少暤之神，作西畤，祠白帝」，兩意同。由於秦不與中原的周天子及諸侯祀昊天上帝，故秦之上帝為白帝：少暤，主西方。

　　二、文公時：「文公夢黃蛇自天下屬地，其口止於鄜衍。文公問史敦，敦曰：『此上帝之徵，君其祠之。』於是作鄜畤，用三牲郊祭白帝焉。作鄜畤，祀上帝」，文公與襄公時的上帝都是主西方的白帝。且「自古以雍州積高，神明之隩，故立畤郊上帝，諸神祠皆聚云。蓋黃帝時嘗用事，雖晚周亦郊焉。」在黃帝時代即有人在雍州這裡建畤郊祭上帝，黃帝與上帝分屬二者，一為天帝，一為人帝，而天帝乃白帝。

　　三、秦宣公「作密畤於渭南，祭青帝。」後世祀五方色帝時，建畤的方位都與其所主之方位相同。然而，此時祀青帝的密畤卻不在東方，而在南方，方位與色澤尚未呼應。

　　四、穆公二十三年，在與西戎由餘的對話中，黃帝仍是人帝，與五行、五德、方位、顏色無關。

　　五、秦靈公時：「秦靈公作吳陽上畤，祭黃帝；作下畤，祭炎帝。」此時

黃帝已從兩百多年前，秦穆公時期的人帝轉變為神帝，站上神壇，接受立廟祭祀。

六、秦獻公時：「櫟陽雨金，秦獻公自以為得金瑞，故作畦畤櫟陽而祀白帝。」〔註59〕「得金瑞」、「祀白帝」，祖先所崇祀的白帝成為符瑞德運的象徵。

自東周初，秦襄公「作西畤，祠白帝」，至始皇稱帝，歷時大約五百五十年，其先祖已祀五方帝中的：白、青、赤、黃四帝，並始終以西方白帝居上帝位，歷代祖先並無祀黑帝祠的紀錄。而五帝是和五行的方位、顏色互為配屬，秦地處西陲，屬西方的白色金德，與屬北方的黑色水德關聯不大。

復且，直至秦昭襄王十九年（案：依〈年表〉記載，距始皇即位只有四十二年）尚自稱西帝，〔註60〕而當時蘇代建議燕昭王稱北帝，〔註61〕蓋因燕居北方，依五德終始說，北方為水屬。故始皇改制以前，秦有可能仍然是以西方、金德、白帝居之。

以〈秦本紀〉、〈封禪書〉與〈年表〉三篇互參，秦文公因夢黃蛇而作鄜畤，以及獲「若石」而立祠祀陳寶，未見有文公獲黑龍之記載。且黃帝得土德，夏得木德，殷得金德，周得火德，係出自《呂氏春秋·應同篇》，然而〈應同篇〉也無秦文公出獵獲黑龍之事。不過，〈應同篇〉在敘述四個朝代的德運之後，繼言：「代火者必將水，天且先見水氣勝，水氣勝，故其色尚黑，其事則水。」〔註62〕而秦滅周，盡掃諸侯成為天子。依五德相勝說，勝周火德者，必須為水德。於是：「始皇推終始五德之傳，以為周得火德，秦代周德，從所不勝。」故秦代受五德終始說的影響，將原來歷代祖先祭祀之白帝金德，轉而為黑帝水德。

〔註59〕上引六條，見〈秦本紀〉，頁202～234、〈封禪書〉，頁1429～1432。
〔註60〕〈秦本紀〉，頁257。（依〈年表〉記載對照，約為B.C. 288年。）
〔註61〕秦稱西帝，燕稱北帝一事，分見〔漢〕劉向編著，王守謙、喻芳葵、李燁等譯注：《戰國策》〈燕策一〉，（臺北，臺灣古籍出版公司，1998），頁1239。《史記·蘇秦列傳》，頁3013。
〔註62〕《呂氏春秋·應同篇》，頁1280。

第五章　漢初的五行思想脈絡

第一節　高祖時期

漢家出身本為里巷亭長，忖度之間，夜縱囚徒於大澤，反被囚徒擁立豎起反幟，起義本屬無奈，而「由所殺蛇白帝子，殺者赤帝子，故上赤。」自居火德，類似草莽之徒以天命附會的臨時起意。

又在即位前，只因為左右不知秦代為何只祭祀四帝，不見黑帝，遂當下自立為黑帝、建北時。非但不親往，即便是祭祀的太祝、太宰，也是舊秦的故官，甚且，所有故事循秦禮。然而，「水勝火」，兩者相斥，劉邦卻身居相斥之二德，顯示出他對於「五德終始，從所不勝」的理論，是漫不經心的態度。〔註1〕

有漢一朝，自劉邦起兵居火德，後兼水德，逮至武帝以土德建朔，期間該當何德，即便帝王卿相、江湖方士，各據不同德應之說，朝野擾嚷了百餘年，然其紛紜的結果卻難以定於一，而亂源孳生的肇始，卻是帝國的奠基者。

一、以火德托天命造反

秦末，劉邦在造反之初，以斬蛇托言火德赤帝子殺金德白帝子。〈封禪書〉：

〔註1〕〈封禪書〉：「東擊項籍而還入關，問：『故秦時上帝祠何帝也？』對曰：『四帝，有白、青、黃、赤帝之祠。』高祖曰：『吾聞天有五帝，而有四，何也？』莫知其說。於是高祖曰：『吾知之矣，乃待我而具五也。』乃立黑帝祠，命曰北時。有司進祠，上不親往。悉召故秦祝官，復置太祝、太宰，如其故儀禮。」頁 1460。

漢興，高祖之微時，嘗殺大蛇。有物曰：「蛇，白帝子也，而殺者赤
帝子。」……因以十月為年首，而色上赤。〔註2〕

此時，距秦襄公及其各代繼任者祠白帝，已長達約五百六十年之久；距秦獻
公以金德為德運，亦已約一百六十年。而距始皇改制為水德，卻只有十年多。
〔註3〕有可能在短期內，偏鄉大澤之小民依舊以為秦是白帝金德，才以德運相
代的「火勝金」、「赤帝子殺白帝子」之說，托言自己上應天命，便於人心依附
以及使人畏己。〔註4〕於是到了正式造反時，明確地以赤帝之火德，上赤之服
色，向秦挑戰天命。

〈高祖本紀〉

秦二世元年秋……立季為沛公。祠黃帝，祭蚩尤於沛庭，而釁鼓旗，
幟皆赤。由所殺蛇白帝子，殺者赤帝子，故上赤。〔註5〕

「由所殺蛇白帝子，殺者赤帝子，故上赤」即是五德終始的相勝說。最能代
表劉邦在起兵後，以火德赤色作為天命符應象徵的，乃是劉邦仍為漢王時，
遣韓信與趙王歇作戰。

〈淮陰侯列傳〉

韓信……選輕騎二千人，人持一赤幟，……馳入趙壁，皆拔趙旗，立
漢赤幟二千。趙軍已不勝，……欲還歸壁，壁皆漢赤幟，而大驚，以
為漢皆已得趙王將矣，……兵遂亂，遁走，……於是漢兵夾擊，大破
虜趙軍，斬成安君泜水上，禽趙王歇。〔註6〕

〔註2〕〈封禪書〉，頁1460。

〔註3〕自「櫟陽雨金，秦獻公自以為得金瑞，故作畦畤櫟陽而祀白帝。」其時為B.C.368
年。而「秦始皇既并天下而帝……今秦變周，水德之時。昔秦文公出獵，獲黑
龍，此其水德之瑞。……於是秦更命河曰『德水』，以冬十月為年首，色上黑，
度以六為名。」其時為B.C.220年。劉邦以火德起兵為B.C.209年，距始皇改
制居水德只有十年多。見〈封禪書〉，頁1431；〈六國年表〉，頁846、880；〈秦
楚之際月表〉，頁890。（以上西元年代，為韓兆琦在《史記·年表》中所注）

〔註4〕應劭曰：「秦襄公自以居西戎，主少昊之神，作西畤，祠白帝。至獻公時，櫟
陽雨金，以為瑞，又作畦畤，祠白帝。少昊，金德也。赤帝，堯後，謂漢也。
殺之者，明漢當滅秦也。」《史記會注考證》〈高祖本紀〉，頁484。錢穆亦言：
「所以秦襄公自以居西陲而祠白帝，漢高祖起兵，自稱赤帝子殺白帝子，民
間只知秦在西方是白帝子，楚在南方是赤帝子，不知道朝廷禮制早是改尚水
德。」見氏著：〈評顧頡剛五德始說下的政治與歷史〉，收入《古史辨》第五
冊，頁625。

〔註5〕〈高祖本紀〉，頁470。

〔註6〕〈淮陰侯列傳〉，頁3744。

趙軍大敗，固然是因韓信的奇計，但由此可看出「赤幟二千」、「壁皆漢赤幟」，令人震懾地效果，是陣地營壘已屬於火德尚赤的漢軍象徵，造成趙軍士氣渙散，惶然遁走，也是潰敗的主因。劉邦出身草野，以五行相勝說假託天命，反映了即便偏荒郊鄉，庶民對於五行中的五行相勝、五德終始相代，不無所知。〔註 7〕

二、稱王時為水德

劉邦為漢王時，敗於項羽，退回關中，對於為何無黑帝之祠，問之左右，左右無以對，〈封禪書〉：

> 二年，東擊項籍而還入關，問：「故秦時上帝祠何帝也？」對曰：「四帝，有白、青、黃、赤帝之祠。」高祖曰：「吾聞天有五帝，而有四，何也？」莫知其說。於是高祖曰：「吾知之矣，乃待我而具五也。」乃立黑帝祠，命曰北畤。〔註 8〕

「故秦時上帝祠何帝也？」劉邦縱使是以「火勝金」之符應舉事，卻對於秦祀何帝仍然是不知情的，而「吾聞天有五帝」，卻也表示了他有朦朧的概念，於是「乃代我而具五也」，自居黑帝，建北畤，因而雙擁水火不容之二德。

漢之前，天子或王侯皆系出貴族血統，乃秉承天命。劉邦則係出無奈而竄起於荒澤，〔註 9〕血液中並非七國之胤，這便難以昭示天下，舉義幟乃應天而起。於是對不讀《詩》、《書》，復且憎儒的漢王而言，對五德終始的認知或

〔註 7〕從秦迄漢初，社會上對於五行、讖緯的認知即其源流的變異，參見陳槃：《古讖緯研討及其書錄解題》〈論早期讖緯及其與鄒衍書說之關係〉（臺北：國立編譯館，1991），頁 99～140。關於漢初為火德，及五行相勝五行相生之說，參見錢穆，〈評顧頡剛五德始說下的政治與歷史〉，收入《古史辨》第五冊，頁 617～630。

從馬王堆出土帛書得知，漢初，即有專門敘述陰陽五行的篇章。程少軒言：「《陰陽五行》篇抄寫於呂后年間，……該篇帛書抄錄的不是當時實際驗算的數據，而是根據一個較早的文本抄寫的，這個較早文本的使用時間應該在漢高祖七年至漢惠帝二年之間。……《陰陽五行》乙篇抄寫所據底本的實際使用時間為漢高祖十一年前後。」〈馬王堆帛書《刑德》、《陰陽五行》諸篇曆法研究──以《陰陽五行》乙篇為中心〉（中央研究院，歷史語言研究所集刊，第八十七本，民國一〇五年六月），頁 326。

〔註 8〕〈封禪書〉，頁 1460。

〔註 9〕劉邦從逃亡到造反，實出於無奈。〈高祖本紀〉：「高祖以亭長為縣送徒酈山，徒多道亡。自度比至皆亡之，到豐西澤中，止飲，夜乃解縱所送徒。曰：『公等皆去，吾亦從此逝矣！』」頁 463。

許只具有一些粗略地常識，至於火德、水德的深奧探究，在烽煙漫天的戰事中，並非要事。且此時尚未於楚漢相爭中勝出，只要能昭示天下草莽豪傑，自己是上應天命，契合德運，以便號令於天下。而漢營中，張良為韓貴族，張蒼曾為秦御史，王陵為豪族出身，除此三人以外，餘皆來自於普羅大眾，出身低微，〔註10〕對於玄邃的五行、五德終始說，難有深層的內在思想。因此以概略的方式「上赤」、「黑帝祠」，作簡明、有效的外在識別認知，以此訴諸天命，使渠等俱信服並擁護沛公。葛兆光對於非知識精英份子的「一般知識、思想與信仰」曾言：

> 是一種「日用而不自知」的普遍知識和思想，作為一種普遍認可的知識與思想，這些知識與思想通過最基本的教育構成人們的文化底色，他一方面背靠人們一些不言而喻的依據和假設，建立起一整套簡明、有效的理解，一方面在日常生活中對一切現象進行解釋，支持人們的操作，並作為人們生活的規則和理由。〔註11〕

容或可以對劉邦及其部眾在五德終始上的認知做出解釋。天命即是「普遍認可的知識與思想」，「上赤」、「黑帝祠」為「不言而喻的依據和假設」，讓知識水準不高的部眾達到「簡明、有效的理解」，進而依附並支持具天命的劉季造反。

但劉邦問於左右為何只有四帝：「莫知其說」，不免亦有令人疑惑之處，即是後來成為漢朝宰相的張蒼，在降劉邦前，曾任職於秦朝，精通律曆，官至御史。劉邦尚為沛公時，張蒼即已歸降劉邦。〔註12〕按理，既然精通律曆，對於秦之為水德，不可能無所知，卻為何沒有做出解釋。顧頡剛認為：「這件事可以做兩種解釋：「其一是承認秦為水德，也承認漢為水德，兩代的水德不妨並存。其二，承認漢為水德，但以為漢是直接繼周的，不承認秦佔有五德之運，其理由是秦的年代太短。」〔註13〕

〔註10〕漢陣營中，蕭何為文書刀筆吏、曹參為監獄文書、韓信窮至行乞、樊噲屠狗為業、周勃為織工兼喪事吹簫、灌嬰為絲繒商販、陳平為貧民、酈食其為鄉里守門吏、陸賈為平民、周倉為泗水卒史，皆係低下出身。分見上述各〈世家〉與〈列傳〉。

〔註11〕葛兆光：《中國思想史》〈一般知識、思想與信仰世界的歷史〉，頁12。

〔註12〕〈張丞相列傳〉：「張丞相蒼者，陽武人也。好書律歷。秦時為御史，主柱下方書。有罪，亡歸。及沛公略地過陽武，蒼以客從攻南陽。蒼坐法當斬，……時王陵見而怪其美士，乃言沛公，赦勿斬」，頁3883。

〔註13〕顧頡剛：《古史辨》第五冊，〈五德終始說下的政治和歷史〉，頁430。

但顧之說法，對於劉邦當年以「火勝金」之說，火德赤帝殺金德白帝的符應造反，就變得難以解釋。

況者，秦從襄公始封侯，到嬴政一統天下，成為千古一帝，斷於子嬰獻降，國祚畢竟近千年，說秦的年代太短，變成無視於秦稱帝之前的嬴姓脈絡與歷史地位，以及之前的金德符應。王夢鷗先生對此的看法則是從人性的現實面考量，即：張蒼曾經做過偽朝（秦）的高官，降漢後，為了得到漢王的信任，忠心於漢王，故當下難以在劉邦面前承認秦之德應。〔註14〕

因此，從劉邦稱帝以迄呂后掌政，其正朔仍是以秦朝的水德居之。

《史記·曆書》

漢興，高祖曰：「北畤待我而起」，亦自以為獲水德之瑞。雖明習歷及張蒼等，咸以為然。是時天下初定，方綱紀大基，高后女主，皆未遑，故襲秦正朔服色。〔註15〕

至此，黑帝有祀祠載於籍冊，而五帝也均有祀祠，從黃帝起，五行、五方、五色、五帝，五祠，迄今方見無缺。

然則，既號火德又稱水德，雙擁水火不容的兩德，此一率性為之的舉措，卻令漢朝為此困擾了百年。文帝時的「外黑內赤」水火並存，兼顧到了「火勝金」，即漢勝秦；以及「水勝火」，漢繼周，成了漢勝秦，又勝周，但這已不是五德終始的說法了。

第二節　文景時期

一、兼容水、火二德

文帝初即位時，賈誼建議文帝改正朔，易服色：

〈屈原賈生列傳〉

賈生以為漢興至孝文二十餘年。天下和洽而固，當改正朔，易服色，法制度，定官名，興禮樂，乃悉草具其事儀法，色上黃，數用五，為官名，悉更秦之法。孝文帝初即位，謙讓未遑也。〔註16〕

「改正朔」、「易服色」、「色上黃」、「數用五」之說已由賈誼發之，因為秦為水

〔註14〕《鄒衍遺說考》，頁56。
〔註15〕〈曆書〉，頁1307。
〔註16〕〈屈原賈生列傳〉，頁3485。

德，以六為紀，而漢為土克水，故應當據土德，以五為紀。〔註17〕一切的制度「悉更秦之法」。但文帝未予採用的原因是：「初即位」，其勢、位、權，均未牢固，〔註18〕並不適宜驟然改祖先之制，卻不代表賈誼之奏在五德終始說中不合理。〔註19〕

到了文帝十三年，魯人公孫臣上書文帝，建議改為土德，依舊未被採納，但是朝廷卻設定了一套怪異的服色。

〈封禪書〉

> 是歲，制曰：「朕即位十三年於今，……」魯人公孫臣上書曰：「始秦
> 得水德，今漢受之，推終始傳，則漢當土德，土德之應黃龍見。宜改
> 正朔，易服色，色上黃。」是時丞相張蒼好律歷，以為漢乃水德之始，
> 故河決金隄，其符也。年始冬十月，色外黑內赤，與德相應。〔註20〕

先是，劉邦以火德赤帝之天命造反，誤以為秦乃金德，其意在火勝金。待立為漢王時，立北時兼居水德黑帝，變成了水勝火，又成為漢繼承了周。當時，張蒼已是重臣，且精通律歷，對於之前劉邦自居水德，與秦重複，默不作聲，如今卻成了：「以為漢乃水德之始，……色外黑內赤，與德相應」，將水克火變成了水火兼容。〔註21〕

〔註17〕 中井積德曰：據『上黃』、『用五』句，賈生亦惑於五行家異端之言也。周壽
　　　　昌曰：案武帝紀『太初五年夏五月』」，正曆，遂以正月為歲首。色尚黃，數
　　　　用五，似皆追行賈生之言。」見《史記會注考證》〈屈原賈生列傳〉，頁3241。
　　　　韓兆琦曰：「『數用五』者，絕非印文字數之一項，涉及禮容、禮器之數正多。
　　　　其所以用五，蓋因『土』在金、木、水、火、土『五行』中，排在第五也。」
　　　　見氏注釋：《史記》〈屈原賈生列傳〉，頁3489。
〔註18〕 文帝之即位，一、非高祖之託；二、在世不見呂后重用，亦不見呂后將其視
　　　　為對手；三、功臣在剷除諸呂後，文帝只是討論人選之一，而非唯一人選；
　　　　四、文帝對於是否要從代地前往長安及帝位是猶豫不決的。且即位後，對於
　　　　諸王、功臣多所謙恭忍讓。事見〈呂太后本紀〉、〈孝文本紀〉、〈齊悼惠王世
　　　　家〉、〈絳侯周勃世家〉、〈吳王濞列傳〉、〈淮南衡山列傳〉、〈袁盎晁錯列傳〉、
　　　　〈酈生陸賈列傳〉等各文本。
〔註19〕 顧頡剛認為賈誼定制度的理據，是鄒衍的五德終始說：「漢滅秦，土克水，漢
　　　　應為土德的。秦為水德故尚黑，漢為土德故尚黃。水德之數以六為紀，土德
　　　　之數以五為紀。他是確遵了五德終始說而議禮的。」見氏著：《古史辨》第五
　　　　冊，〈五德終始說下的政治和歷史〉，頁431。
〔註20〕 〈封禪書〉，頁1461～1462。
〔註21〕 今人韓兆琦論張蒼：「既堅持其繼續秦朝的『色上黑』之論，又不排斥劉邦所
　　　　倡的『上赤』之說，『外黑內赤』足見張蒼等的『頑固』而又『圓滑』。〈封禪
　　　　書〉，頁1466。

二、草擬土德，郊祭尚赤

在「色外黑內赤」之後三年，符瑞又出現，〈孝文本紀〉中：

> 十五年，黃龍見成紀，天子乃復召魯公孫臣，以為博士，申明土德
> 事。……十六年，上親郊見渭陽五帝廟，亦以夏答禮而尚赤。〔註22〕

文帝任公孫臣為博士，並與其他博士諸生草擬改元與服色之事，這近乎是對張蒼的一種否定。但是天子在郊祭時，服色卻又不照博士諸生議定的土德黃色，而是代表火德的赤色。

故，文帝一朝，對於依五德終始說的改制，混淆不定。之前以水德改制，十月為歲首，但服色卻是外黑內赤，成為水火相併。而今土德的符應：黃龍出現，下詔公孫臣等博士研議，闡明了是土德，但郊祭時又變成尚赤的火德。成為水德、火德、土德三者兼顧，其實是三者都模稜不明，而造成改制原因的「黃龍見成紀」，是神話甚或是人為的作假，難以得知。

五行從〈大禹謨〉、〈洪範〉期勉人君尊重天地之物以利厚生的純物質：六府、五材的純樸簡約實錄開始，之後不斷地附會、演進，到滲入神話，再成為五德終始說，又與歷史互滲糾結。非但如此，到了文帝一朝，已成了神話、宗教、歷史與政治互相干擾的一個亂象。朝中重臣、博士諸生、江湖方士，其中或為利祿，如公孫臣；或為維持既有之權威，如張蒼；或忠心以諫上，如賈誼，各以論證、符應、舊例，支持己說，於是懷柔的文帝廣採眾說，融三德於一爐。司馬遷在〈孝文本紀・贊〉中說：「漢興，至孝文四十有餘載，德至盛也。廩廩鄉改正服封禪矣，謙讓未成於今。」對於文帝未訂定服色封禪，雖以「謙讓」、「盛德」譽之，但不無遺憾之意。

雖說繼任的景帝「無有所興」，未改制，但不代表他對五行之說不重視。登位元年，即下詔：

> 蓋聞古者祖有功而宗有德，制禮樂各有由。歌者，所以發德也；舞
> 者，所以明功也。高廟酎，奏武德、文始、五行之舞。孝惠廟酎，
> 奏文始、五行之舞。

《漢書・禮樂志》亦載：

> 高祖廟奏武德、文始、五行之舞；孝文廟奏昭德、文始、四時、五行
> 之舞；孝武廟奏盛德、文始、四時、五行之舞。武德舞者，高祖四年

〔註22〕〈孝文本紀〉，頁 610～611。

作，以象天下樂己行武，以除亂也。文始舞者，曰本舜招舞也，高祖

六年更名曰文始，以示不相襲也。五行舞者，本周舞也，秦始皇二十

六年更名曰五行也。……諸帝廟皆常奏文始、四時、五行舞云。〔註23〕

依《漢書·景帝紀》與〈禮樂志〉所載：祀高祖時，奏「武德」、「文始」、「五行」之舞；祀惠帝，奏「文始」、「五行」之舞；祀文帝，奏「昭德」、「文始」、「四時」、「五行」之舞；祀武帝，奏「盛德」、「文始」、「四時」、「五行」之舞。

五帝的太廟祭祀，依各帝的文治武功不同，奏不同的樂舞。然只有「文始」與「五行」之樂舞，四帝持續重疊。且景帝本人，亦親自前往祭祀五時。〔註24〕

而在《史記·孝景本紀》中，記錄了災異多達二十二次〔註25〕；《漢書·景帝紀》，亦記錄了十八次。〔註26〕其中：

熒惑逆行，守北辰。月出北辰閒。歲星逆行天廷中。……五星逆行

守太微。月貫天廷中。

即：火星向相反方向運行，接近了北極星，月亮也出現在北極星的附近，而木星也反向運行。……金、木、水、火、土五星，全都反向運行，逼進了太微垣（案：太微垣即天庭，代表了皇族與大臣，也代表了政府）。蓋因景帝在位時，誅諫臣晁錯；將維繫漢家血食於不絕的功臣周亞夫，尋隙下獄，遂使絳

〔註23〕以上分見：《漢書·景帝紀》，頁 149；〈禮樂志〉頁 1143。（案：「五行」之舞，是周代的一種舞蹈，舞者身穿五色衣起舞。）

〔註24〕《漢書·景帝紀》：「六年冬十月，行幸雍，郊五時」，頁 161。

〔註25〕東漢衛宏：《漢書·舊儀注》：「司馬遷作〈景帝本紀〉極言其短，及武帝過，武帝怒而削去之。」
認為傳世之「本紀」乃諸先生所補。〔東漢〕班固認為有錄無書；〔曹魏〕王肅亦持此說，《三國志·魏書·王肅傳》：「帝又問：『司馬遷以受刑之故，內懷隱切，著史記非貶孝武，令人切齒。』對曰：『司馬遷記事，……有良史之才，謂之實錄。漢武帝聞其述史記，取孝景及己本紀覽之，於是大怒，削而投之。於今此兩紀有錄無書』。另持「有錄無書」者，有〔晉代〕張晏、〔明代〕柯維騏。而認為係司馬遷所作，有〔清代〕李景星、近世韓兆琦。《史記·景帝本紀》，頁 652。

〔註26〕《漢書·景帝紀》中所記載景帝時期的天文異象，與《史記·孝景本紀》頗多雷同，如：「熒惑逆行，守北辰」、「月出北辰閒。歲星逆行天廷中」、「長星出西方。天火燔雒陽東宮大殿城室」、「江都大暴風從西方來，壞城十二丈」、「五月丙戌，地動，其畫食時復動」、「後三年十月，日月皆（食）赤五日。十二月晦，雷。日如紫。五星逆行守太微。月貫天廷中」等等，見〈景帝紀〉，頁 637～646。

侯在獄中絕食嘔血而死；殺臨江王劉榮；七國之亂時，又鼓勵將士「深入多殺為功」。故司馬遷「究天人之際」，將天際代表五德的行星，逆向而行，詮釋景帝時期的天文異象，以「曲筆」暗喻人主失德。

　　漢初自高祖、惠帝、呂后、文帝、景帝，以迄漢武，雖說景帝：「數年而孝景即位。十六年，祠官各以歲時祠如故，無有所興。」〔註27〕在祭祀與五德符應方面，並未更動祖先之創制，亦未廢除「五行」、「五德」的儀式。然，景帝在位時，天災、異象尤多。所以，後世的司馬遷與班固在撰寫史書時，仍然以「五行」、「五德」之說，記錄當時的天文異象，暗喻景帝施政之「德」。

〔註27〕〈封禪書〉，頁 1463。

第六章 武帝時期的五行思想發展

　　以「五德終始」之說，實際建制為當朝德運者，雖曰為始皇，然始皇稱帝後，國祚乍然而滅。代之繼起的劉邦，無所謂德運理論，惟以之宣傳，號召人心歸附。真正將「五德終始」之說，付諸研議，固樁於朝代開國符應之上者，當為漢武帝。故，其後，中國逾千年的歷朝各代，在開國之初即定德運，漢武可算是深耕植基之帝。

　　有漢一朝，經劉邦肇奠、呂后續高祖與民休生養息之策，歷文景之治，逮至漢武，八十餘年的蓄積繁孳，國力空前。此時，九州歸一，四域聽命於中央。但不能再像周天子般，雖貴為天下共主，實權卻逐漸為諸侯分削，終至徒存虛名。復不能如秦朝，雖為一統，然虎狼之虐，各方離心，令六國之後裔，萌生叛意。

　　自高祖以天命火德赤帝起兵，又率爾自居水德黑帝，文帝以外黑內赤，水火相並；後又改為黃赤兼容、土火同存，漢家的德運難以一元昭告四海。而此時代亟須有天下歸於一統的論證，作為天命所歸的依據。是以自文帝起，依五德終始說的改制、修正、兼容、再修正，卻是無法定案。

　　故漢武時期以五德終始說改制建朔，雖為改祖宗之制，但再難像高祖任意而行的態度，卻也不似文帝的模稜，景帝的無為，而是傾力慎重以對。

　　武帝即位，好大喜功，復且信方士崇神仙，終其在位五十餘年，迷信長生成仙之舉措不斷，上有所好，下必趨之。是以武帝一朝，相關陰陽五行、讖緯術數的學說如春筍四現。顧頡剛言：「漢儒生以陰陽五行為信條的社會裡，便沒有不受陰陽五行說的浸潤的，陰陽五行即是他們的思想的規律。」[註1]

〔註 1〕顧頡剛：〈五德終始說下的政治和歷史〉《清華學報》第六卷，第一期，1930，06。收入《古史辨》第五冊，頁 410。

—121—

而與此類屬的神話亦依附其中，張強言：

> 漢代依舊是神話傳說的發展期，當然，這已經屬於廣義神話傳說的
> 範圍。漢代新生神話一方面以原生神話為依據，展示它的風貌，一
> 方面受讖緯神學的刺激和國家多神的宗教信仰的籠罩，表現為宣揚
> 天命受歷史循環論控制的形式，但蘊含的卻是大一統的意識。新生
> 政治神話的產生是直接為現實政治服務的。〔註2〕

這期間，相關五行的成分屬以神話「宣揚天命」，並蘊含「大一統的意識」，學者闡發五行說，在自然義與人文義的詮釋面向上尤為多元。劉安的《淮南子》於武帝建元二年編成，略早於董仲舒的《春秋繁露》。〔註3〕兩書都是：「以原生神話為依據，展示它的風貌，一方面受讖緯神學的刺激和國家多神的宗教信仰的籠罩，表現為宣揚天命受歷史循環論控制的形式」，二者都對陰陽五行之說多所發皇。

漢武改制，重修律曆，漢居土德以應天命，主事者司馬遷除了深信陰陽五行說，且其《史記》中，〈本紀〉、〈世家〉、〈列傳〉、〈書〉、〈表〉，五體例的多篇中，均不時述及五行及五德之義。

而漢武帝對《淮南子》「愛秘之」，復採董仲舒諸說，並由深信陰陽五行，掌管天象星曆的司馬遷負責改德建朔。〔註4〕

第一節　《淮南子》

漢武既信方士、崇神仙、重陰陽五行，於是干侯、學者、方士競相風從，其中淮南王劉安雅好文學復修道，又貴為王侯，有足夠的經濟條件蓄賓客。《淮南子》即為淮南王賓客中的方術之士所作。

〔註2〕張強著：《司馬遷與宗教神話》〈歷史與神話傳說〉（西安，陝西人民教育出版社，1995），頁165。

〔註3〕董仲舒在武帝元光元年，武帝下詔徵求治國方略，董仲舒上書《舉賢良對策》中提出了「天人感應」、「大一統」的論證。淮南王劉安與仲舒兩人為同時期，但《淮南子》略早。事見《史記》〈淮南衡山列傳〉，頁4657；《漢書》〈董仲舒列傳〉，頁3317。

〔註4〕王國維：〈太史公繫年考略〉：「太初改曆之議發於公，而始終總其事者亦公也。故〈韓長孺列傳〉言：『余與壺遂定律曆』；《漢志》言：『乃詔遷用鄧平所造八十一分律曆』。蓋公為太史掌星曆乃其專職；公孫卿、壺遂雖領此事，不過虛領而已。」原載1916年上海倉聖明智大學《學術叢編》，（上海，商務書局，1940）。收入：《史記·司馬遷年表》，頁5245。

《漢書·淮南衡山濟北王傳》

淮南王安為人好書，……招致賓客方術之士數千人，作為〈內書〉

二十一篇，〈外書〉甚眾，又有〈中篇〉八卷，言神仙黃白之術，

亦二十餘萬言。……時武帝方好藝文，……初，安入朝，獻所作〈內

篇〉，新出，上愛祕之。〔註5〕

或許是前此相關五行的學說頗多，其要旨、架構、組織，已然大定，或許是
「方術之士」所作，又或作者頗眾，故《淮南子》一書，較之前所有相關五行
言論的集策都更為複雜多義，不但重五行，亦重神話，且尤多道、氣與宇宙
的關聯及演化。〔註6〕在〈要略〉中云：「〈本經〉者所以明〈大聖〉之德，通
維初之道，……原人情而不言〈大聖〉之德，則不知五行之差。」〔註7〕〈大
聖〉為鄒衍所作，故《淮南子》宗鄒衍，其說應與鄒衍之五德終始說有非常大
之關聯，且文本幾乎已將五行說包羅萬象。

一、五行與神話、人世宦場交融：《淮南子·天文訓》

《淮南子·天文訓》除了五方帝與《呂氏春秋》相同，但在五方神明的
部分則有所更動，將原先的「神」改為「佐」，並另立新神，新立的神明成為
天上的星辰。論述中，復將五方神明開始具備工具、坐騎。

《淮南子·天文訓》

何謂五星？

東方，木也，其帝太皞，其佐句芒，執規而治春；其神為歲星，其

〔註5〕《史記》〈淮南衡山列傳〉載，劉安入朝晉見武帝，為建元二年（B.C.139年）。
但《漢書》〈淮南衡山濟北王傳〉，則記載劉安入朝晉見武帝，並獻《淮南子》，
為元光六年（B.C.122年）。頁2785～2786。兩者有十七年差異，而淮南王國
除為B.C.129年，故其書最遲大約於B.C.129年完成。（西元年代以韓兆琦所
注《史記·年表》之西元年代，以及康哲茂編著：《綜合國語辭典》〈中外歷
代大事年表〉中，漢代年號和西元年代對照表，兩書互參以為依據）。

〔註6〕相關《淮南子》中道氣陰陽化生及宇宙之關聯詳參：唐君毅：《中國哲學史新
編》〈第二十九章·淮南王劉安的黃老之學〉，頁145～182。牟鐘鑒著：《《呂
氏春秋》與《淮南子》思想研究》（濟南，齊魯書社，1987），頁173～188。
陳平坤：〈《呂氏春秋》與《淮南子》的感應思維〉（臺北，國立台灣大學哲學
論評，第32期，2006年10月）。劉康得：〈《呂氏春秋》《淮南鴻烈》合論〉
（南京，南京師範大學文學院學報，第2期，2006年6月）

〔註7〕劉安編著，熊禮匯注釋：《淮南子·要略》（臺北，三民書局股份有限公司，
1997），頁1160。

獸蒼龍，其音角，其日甲乙。

南方，火也，其帝炎帝，其佐朱明，執衡而治夏；其神為熒惑，其
獸朱鳥，其音徵，其日丙丁。

中央，土也，其帝黃帝，其佐后土，執繩而制四方；其神為鎮星，
其獸黃龍，其音宮，其日戊己。

西方，金也，其帝少昊，其佐蓐收，執矩而治秋；其神為太白，其
獸白虎，其音商，其日庚辛。

北方，水也，其帝顓頊，其佐玄冥，執權而治冬；其神為辰星，其
獸玄武，其音羽，其日壬癸。〔註8〕

〈天文訓〉將：五行物質屬性、方位、帝、佐與工具、節氣、神與星辰及其工
具、坐騎、五音、天干等等俱都相互結合，囊括於內。

　　在「佐」的部分與《左傳・昭公二十九年》所記載的「五官」完全相同。
〔註9〕但前此相關五行論述的經集中，帝與神並無工具與坐騎。〈天文訓〉中
則將神話擬人化，神明均配有工具與坐騎，是五行相關論述中的首見。

　　而天上星辰也如《管子・四時》篇，同樣的與五行產生關聯：歲星為木
星、熒惑為火星、鎮星為土星、太白為金星、辰星為水星。其後，司馬遷的
《史記・天官書》中，五行與星名，即與《淮南子・天文訓》相同。

　　後世相關五行的要素，〈天文訓〉中已大抵皆備，並符合邏輯的相互對
應，成為一套完整的宇宙配置體系，如下表：

附表十五：《淮南子・天文訓》五行元素表

五　行	木	火	土	金	水
方　位	東	南	中央	西	北
帝	太皞	炎帝	黃帝	少昊	顓頊
佐	句芒	朱明	后土	蓐收	玄冥
神	歲星	熒惑	鎮星	太白	辰星
四　季	春	夏	四方	秋	冬
獸	蒼龍	朱鳥	黃龍	白虎	玄武

〔註8〕《淮南子・天文訓》，頁100。
〔註9〕《春秋左傳正義・昭公十七年》，頁1566～1568。

工　具	圭	衡	繩	矩	權
五　音	角	徵	宮	商	羽
日	甲乙	丙丁	戊己	庚辛	壬癸

　　《淮南子・天文訓》在過往不斷蔓生的五行歷史紀錄上，又接枝旁生它事它物，使得五行從歷史蛻變成神秘玄異的神話。如陳夢家所說：「神話最初的使命是傳述歷史，而其方法是神道設教，或者因人對鬼神獸物觀念之混雜，故使歷史變為神話；有些神話完全脫開歷史的面貌，然仍有歷史成分的存在；有些神話表面像歷史，而其實骨子裡毫無真實性。」〔註10〕〈天文訓〉即是「人對鬼神獸物觀念之混雜」，「宗教義」已鋪墊成天上地下無所不覆，其中雖無「真實性」，但卻使得五行體系更為豐富。

　　〈天文訓〉中，「五行」除了與神話牽絆，復將其中的「五方」，與人世宦場的職稱對比，〈天文訓〉：

> 何謂五官？東方為田，南方為司馬，西方為理，北方為司空，中央
> 為都。〔註11〕

「田」為司農；「司馬」為軍事；「理」為刑法；「司空」為工程營建，「都」為中央機構總稱。

　　此說將人世的治理部會與官職五行化。不過，〈天文訓〉旨在釋義，並未詳述宦場各職務之施政方針，以及相生相克之循環。稍在其後的董仲舒，於《春秋繁露・五行相生》、〈五行相勝〉兩文中，亦有與《淮南子》類同的人世五行官職。然董子以「五行相生」與「五行相克」說，強調宦場的重要官職，為「相生相勝」的衍生與制衡，其義又較《淮南子》繁複，顯示了在漢武時期，「五行說」的理論，已向人世轉向。

二、神話《山海經》、文學《楚辭》，到《呂氏春秋》與《淮南子》的五行流變演進

　　《淮南子・天文訓》將先秦的神話逐一滲融，在五帝、五佐、五神、五獸，四個部分，和春秋末年至漢初形成的《山海經》，與戰國末年的《楚辭・

〔註10〕陳夢家：〈商代的神話與巫術〉，收入馬昌儀選編：《中國神話學百年文論選》上冊・第二集，編入葉舒憲主編：《神話學文庫》，（西安，陝西師範大學出版社，2013），頁170。
〔註11〕《淮南子・天文訓》，頁107。

遠遊》，以及《呂氏春秋‧十二月紀》類似，四書的演進與差異饒有興味。

　　《山海經》是巫師祭祀的神話傳唱，帝、神、獸的面目帶有原始粗曠地猙獰。經春秋、戰國、秦，歷數百年教育的扎根，民智的啟迪，學術的茁壯，到了漢武的《淮南子‧天文訓》時，帝、神、佐，等原始神話的摹繪，已完全是人君良相的儀容。如白川靜所言：「經過數百年的漸次改造，『分裂性狀態的神話』中，被口耳相傳的氏族英雄，與被獲得天下的氏族帝王所祭祀的神明，在將其賦予天命與倫理的道德高度之後，逐漸從神壇下來，走入了人世的歷史，這就是所謂的「神話歷史化」，尤以五帝為顯。」〔註12〕

　　從部落祭祀的神話「經過數百年的漸次改造」，五帝「逐漸從神壇下來，走入了人世的歷史」，演繹成五行架構的歷史政治哲學。

　　《山海經》中，神明大多沒有坐騎，有坐騎的神明僅有五位：句芒、祝融、蓐收、玄冥與夏后啟。〔註13〕

　　《楚辭‧遠遊》與《呂氏春秋‧十二月紀》中的神話人物並無坐騎。

　　《淮南子‧天文訓》，東、南、西、北，四個方位的神明與坐騎，與《山海經》五位神明的其中四位，坐騎近似同胎。

> 　　《淮南子‧天文訓》中，四方天帝之佐，執工具，各「治」一季，
> 黃帝之佐亦執工具，卻是「制」四方。「治」：是「治理」之義；
> 而「制」卻是「制伏」、「制定」、「制約」之義。一字之差，可
> 看出作者有意凸顯黃帝的至高無上，居天下之正中，不「治」季節，
> 卻「制」四方。

　　將《山海經》、《楚辭‧遠遊》、《呂氏春秋‧十二月紀》與《淮南子‧天文訓》四書比對梳理後，可以了解《淮南子》中相關五行的：五方、五帝、五神，五佐，五獸等等描述，從神話的《山海經》，到文學的《楚辭‧遠遊》，再到《呂氏春秋‧十二月紀》，流變進化至《淮南子‧天文訓》的五行玄學、哲學，系統化 推演的痕跡。

（一）東方

　　〈海外東經〉

〔註12〕（日）白川靜著，王孝廉譯：《中國神話》〈中國神話學的方法〉（臺北，長安出版社，1983），頁5。

〔註13〕分見：《山海經‧西次三經》，頁67；〈海外南經〉，頁267；〈海外西經〉，頁273；〈海外北經〉，頁297；〈海外東經〉，頁310。

東方句芒，鳥身人面，乘兩龍。〔註14〕

〈遠遊〉

吾將過乎句芒，歷太皓以右轉兮。〔註15〕

〈十二月紀〉

孟春之月……其帝大皞，其神句芒。……盛德在木。

〈天文訓〉

東方，木也。其帝太皞，其佐句芒，執規而治春，其神為歲星，其
獸蒼龍。

四書的東方神明均為句芒。

《山海經・海外東經》的句芒是「鳥身人面，乘兩龍」。

《楚辭・遠遊》與《呂氏春秋・十二月紀》不書句芒之外貌。

《淮南子・天文訓》則將句芒從神改為「佐」，又將原先〈海外東經〉句
芒的坐騎：「乘兩龍」，改為「蒼龍」，成為歲星的坐騎。

（二）南方

〈海外南經〉

南方祝融，獸身人面，乘兩龍。

〈遠遊〉

指炎神而直馳兮，吾將往乎南疑。……祝融戒而蹕御兮。〔註16〕

〈十二月紀〉

孟夏之月……其帝炎帝，其神祝融。……盛德在火。

〈天文訓〉

南方，火也。其帝炎帝，其佐朱明，執衡而治夏，其神為熒惑，其
獸朱鳥。

〈海外南經〉、〈遠遊〉、〈十二月紀〉，三書中的南方之神均為祝融。

《淮南子・天文訓》將祝融改為「朱明」，兩者同義，但又多出一位「熒

〔註14〕「句芒」：郭璞云：「木神也」〈海外東經〉，頁311。

〔註15〕《楚辭・遠遊》：「王逸《楚辭章句》注云：『此木帝之君，木官之佐，自古以
　　　來著德立功者也。』」朱熹《楚辭集注》：『句芒，木神也』，頁208。

〔註16〕《楚辭・遠遊》：「朱熹《楚辭集注》：『南方丙丁，其帝炎帝，其神祝融。』」
　　　頁210。

惑」。「其佐朱明」：高誘注：「舊說云祝融。」《左傳·昭公二十九年》：「火正曰祝融」賈逵云：「夏，陽氣明朗。祝，甚也。融，明也。亦以夏氣為之名耳。」

〈天文訓〉稱之為「朱明」，有其出處，《尸子·仁意》：「春為青陽，夏為朱明，秋為白藏，冬為玄英。」〔註17〕《爾雅·釋天》有文字亦與《尸子·仁意》篇相同。〔註18〕在《楚辭·招魂》中：「朱明承夜兮，時不可以淹。」〔註19〕即指太陽。鄭玄云：「黎為高辛氏火正，以熠耀敦大，光照四海，故命之曰『祝融』。正義曰：「彼以其官掌夏，德又稱之，故以夏氣昭明命之耳。」〔註20〕

〈海外南經〉中，祝融面貌為「獸身人面」，坐騎為「乘兩龍」。

〈遠遊〉與〈十二月紀〉不書祝融面貌，無坐騎。

〈天文訓〉中，將祝融拆解為一佐：「朱明」，是「執衡而治夏」，再拆出一神：「熒惑」，坐騎為「朱鳥」。蓋因南方炎熱，尤以夏季日照長，陽光照曬，其色火赤，故：南方、炎帝、赤色、朱明、祝融、熒惑等，均與方位、色澤、節氣等特性相關。

（三）西方

〈西次三經〉

又西二百九十里，曰泑山，神蓐收居之。

〈海外西經〉

西方蓐收，左耳有蛇，乘兩龍。

〈遠遊〉

遇蓐收乎西皇。〔註21〕

〈十二月紀〉

孟秋之月……其帝少皞，其神蓐收。……盛德在金。

〔註17〕尸佼著：《尸子》卷上，〈仁意〉收入《四部備要·子部》（上海，中華書局據平津館校刊），頁12。

〔註18〕〔晉〕郭璞注，〔宋〕邢昺疏：《爾雅·釋天》：「春為青陽，夏為朱明，秋為白藏，冬為玄英。」（臺北，臺灣古籍出版有限公司，2001），頁184。

〔註19〕屈原著，黃壽祺、梅桐生譯注：《楚辭·招魂》，頁286。

〔註20〕《春秋左傳正義·昭公二十九年》，頁1734。

〔註21〕《楚辭·遠遊》：「朱熹：《楚辭集注》：『西方庚辛，其帝少皞，其神蓐收。』」，頁212。

〈天文訓〉

西方，金也。其帝少昊，其佐蓐收，執矩而治秋，其神為太白，其
獸白虎。

前三書顯示了「蓐收」居於西方，為神。

〈海外西經〉的蓐收是金神虎爪，貌如怪獸。

〈遠遊〉與〈十二月紀〉，不書蓐收面貌，無坐騎。

〈天文訓〉將之演化綜合，將蓐收由神改為「佐」，「執鉞」改成了「執矩
而治秋」，虎爪變成了太白星的坐騎「白虎」，隨著時代智識與學說的演進，
而將原始粗野不雅的外貌，雅馴並擬人化。

（四）北方

〈海外北經〉

北方禺彊，人面鳥身，珥兩青蛇。踐兩青蛇。

〈遠遊〉

召玄武而奔屬。……從顓頊乎增冰。歷玄冥以斜徑分。〔註22〕

〈十二月紀〉

孟冬之月……其帝顓頊，其神玄冥。……盛德在水。

〈天文訓〉

北方，水也。其帝顓頊，其佐玄冥，執權而治冬，其神為辰星（案：
水星），其獸玄武。

「禺彊」：郭璞云：「字玄冥，水神也。莊周曰：『禺強得之，立於北極』一曰
禺京。一云北方禺強，黑身手足，乘兩龍。」〔註23〕故禺強即為玄冥。

〈海外北經〉只敘述了位於北方的「禺彊」這一位水神，是「人面鳥身，
珥兩青蛇。踐兩青蛇」，並未將顓頊、玄武並列。

〈遠遊〉則將北方書寫成為三位：帝為顓頊，神為玄冥，獸為玄武。

〈十二月紀〉中，帝為顓頊，神為玄冥，無神獸。

〈天文訓〉則演進成四位：帝：顓頊。佐：玄冥。神：辰星。坐騎：玄武。

〔註22〕《楚辭・遠遊》：「洪興祖《楚辭補注》：「北方壬癸，其帝顓頊，其神玄冥」，
頁 213。

〔註23〕上述所引《山海經》分見：〈海外東經〉，頁 310；〈北次三經〉・頁 116；〈海
外南經〉，頁 267；〈西次三經〉，頁 67；〈海外北經〉，頁 297～298。莊周著，
張耿光譯注：《莊子・大宗師》（臺北，臺灣古籍出版社，1998），頁 117。

（五）中央

〈山海經〉中，黃帝包覆：東、西、北、中四方，而無南方。〔註24〕

〈遠遊〉中，軒轅並未寫成「黃帝」，但云其居於天上，亦未書寫方位。〔註25〕

> 〈十二月紀〉：季夏之月……其帝黃帝，其神后土。

> 〈天文訓〉：中央，土也，其帝黃帝，其佐后土，執繩而制四方；其神為鎮星，其獸黃龍。

上述比對可以看出神話以及五行演進的痕跡，以東方為例：

《山海經·海外東經》是屬於較為渾樸粗野的原始神話，東方的句芒是人面鳥身，乘龍，與五行之「木」無關。

文學的《楚辭·遠遊》，經過修飾，多了一個太皓，但無季節、無神獸、無五行之「木」於其內。

《呂氏春秋·十二月紀》，帝與神已完全卸下原始的容貌，成為人君，並添加了五行、方位、季節與德應等等元素，天與人開始互染。

《淮南子·天文訓》中，不但將前三書的成分加總揉為一，且將原來的神改為「佐」，「佐」持工具協助「帝」治理季節，神則轉變成天上的星辰，並安上一匹坐騎：蒼龍。

（六）神明數量

《山海經》：東、南、西、北四方，都只有一位神明，共計四位。

《楚辭·遠遊》：東、南、西，三方都是兩位神明，北方則成為三位，共計九位。

《呂氏春秋·十二月紀》：東、南、西、北、中，五個方位都是一神一帝，共計十位。

《淮南子·天文訓》：則各個方位都是：一帝、一佐、一神，共計十五位，較前三書數量為多，且較為齊整。

神明從四位逐步遞增至十五位，從巫師傳唱的神話，進展到人文的學術論述，「層累」的痕跡非常明顯。〔註26〕

〔註24〕見《第三章·第一節·八》。

〔註25〕《楚辭·遠遊》，頁204。

〔註26〕有關「層累說」，參見顧頡剛：〈與錢玄同先生論古史書〉，收入顧頡剛主編：《古史辨·第一冊》；楊寬：《中國上古史導論·論層累造成說》，（臺北，藍

（七）神明面目

《山海經》：帝：皆似人君，只有一次黃帝是：「其狀如黃囊，赤如丹火，六足四翼，渾敦無面目」長相猙獰。神：則皆為人面獸身。

《楚辭‧遠遊》與《呂氏春秋‧十二月紀》：不敘神明面目與身形。

《淮南子‧天文訓》：帝：端然無動作。佐：各持工具，治理四季，兩者擬人化一如人世朝廷君王與臣屬。神：則進化成天上星辰，從地上推展至宇宙，並配神獸為坐騎，成為星辰運行的載具。

（八）神明坐騎

《山海經》：神明坐騎為龍、蛇兩種。

《楚辭‧遠遊》與《呂氏春秋‧十二月紀》：不賦予神明坐騎。

《淮南子‧天文訓》：神明各具：青龍、朱雀、白虎、玄龜、黃龍等，成為五方、五神、五色、五獸，五行說中的成分，益形玄秘繁複。

（九）五行星辰

《山海經》、《楚辭‧遠遊》與《呂氏春秋‧十二月紀》，三書皆無天上星辰。

《淮南子‧天文訓》：則將天上星辰：歲星（木星）、熒惑（火星）、鎮星（土星）、太白（金星）、辰星（水星），等五星與五行對應，並神化之。

（十）四季

《山海經》與《楚辭‧遠遊》：無四季。

《呂氏春秋‧十二月紀》：分：春、夏、季夏、秋、冬，共五季。

《淮南子‧天文訓》有：春、夏、秋、冬四季，由四佐分「治」，中央土的黃帝，不治季節而「制」四方。

《山海經》與《楚辭‧遠遊》兩篇，只敘五行中的方位與神明，不述及其他要素。從《呂氏春秋‧十二月紀》開始，羼入更多的元素，而《淮南子‧天文訓》則在每一個方位起始後，即依序闡明：五行、帝、神、佐、獸、季節、星辰、五音、天干等等幾乎所有的五行要素。隨著時代的演進，天上的神話逐漸變異轉向人間的五行說，由單一增為複數，由粗樸邁向雅致，由祭祀神話走向文學、玄學與哲學，由天上趨向人間，復迴轉至天上，天人之界泯除，

燈文化事業股份有限公司，1987），頁60、97。

神人共擁寰宇以及星空，包覆宇宙循環的四次元空間的流變進化現象，使得五行體系向宇宙八方延伸，廣闊多義。

三、季節時日分配的矛盾：〈天文訓〉

由於四季的季節時日與五行難以契合，於是《呂氏春秋·十二月紀》將四季切割出一個季夏，以便安置中央土的時日。但在《淮南子·天文訓》中，敘述五行與季節時日的搭配，成為：

附表十六：《淮南子·天文訓》五行與四季分配表

方　位	東	南	中央	西	北
五行屬性	木	火	土	金	水
天　帝	太皞	炎帝	黃帝	少昊	顓頊
治理季節	春	夏	制四方	秋	冬

《淮南子·天文訓》回歸了四季的時間，中央土的黃帝不「治」四季而「制」四方，這是採《管子·四時》篇的季節分配方式，春、夏、秋、冬，四季配屬於四行，一年四季分明，土居天下中央制四方。以邏輯言，較為合理，便於朝野上下依四季節氣行事。雖然與《呂氏春秋·十二月紀》的方式略有不同，但以智慧的技巧，從而解決了在四季時間上與五行搓合的困難，則兩書殊無差異。

然在同一篇〈天文訓〉的後文中，卻出現了一個奇怪的矛盾現象，即一年時間又不照原來的四季分配方式，而是平均除以五，變成每行七十二日。

《淮南子·天文訓》
壬午冬至，甲子受制，木用事，火煙青。七十二日，丙子受制，火用事，火煙赤。七十二日，戊子受制，土用事，火煙黃。七十二日，庚子受制，金用事，火煙白。七十二日，壬子受制，水用事，火煙黑。七十二日而歲終，庚子受制。〔註27〕

以下表敘明其時日分配：

〔註27〕《淮南子·天文訓》，頁 121～123。

附表十七：《淮南子・天文訓》五行與一年時日分配表

五行屬性	木	火	土	金	水
時　日	甲子	丙子	戊子	庚子	壬子
治理季節	七十二日	七十二日	七十二日	七十二日	七十二日歲終
火煙顏色	青	赤	黃	白	黑

　　這又是混合了《管子・五行》篇的敘述，將時日平均除以五，以之分配於五行中，乍看較為一致，卻再次導致了季節的混亂。春、夏、秋、冬，各季重疊，而各季卻又時日不足，且「用事」的困難。

　　為何在同一篇〈天文訓〉中，分採《管子・四時》與〈五行〉兩篇，不同的時日分配方式，致使五行季節與五行時日相互衝突？令人費解。尤其是「火煙」在燃燒時，由於和五行、五色的搭配，結果會呈現不同的顏色，實不免些許附會。

　　《淮南子・天文訓》與之前經集的混融：

　　（一）在五行、五方的帝、神、佐、獸，等素材，是融合了《山海經》、〈遠遊〉與《呂氏春秋・十二月紀》，將之雅馴擬人化。

　　（二）十天干分配於五行，同於《墨子・貴義》篇。

　　（三）五音附之於五行，是取《管子・幼官》篇。

　　（四）季節時日的分配方式，則兼採《管子・四時》篇與〈五行〉兩篇。

　　廣採眾說的結果，固然彰顯了博大，卻難免陷於紛亂與矛盾。

四、五行包覆人世朝廷：〈時則訓〉

　　五行從起始的人間五材，因實務的運用，經過各種人文義的比附，之後孕育成五德終始說，已融神話、政治、讖緯於一爐，距金字塔最廣大的底層庶民實務已遠。

　　之前，《管子・五行》篇，是天上的神明身具官職，其官職與人世朝廷相同，將天廷擬人化，而人世朝廷的仕宦也與開始五行結合，但畢竟只是一種學說，文獻上並未見諸施行。

　　而自《呂氏春秋》始，五行說除了豐富《管子》各篇，更在「五德」的實踐上，具體的擘畫了每「行」的施政準則。秦皇改制是為了尋天命與德運，傚效五行、五方、五色、五德的天帝，是屬於形而上的帝王統治哲學，雖說皇帝居於人世，卻又離人世最遠。而從秦皇循《管子》的「水用事」，與《呂氏春

秋》中的「水德」之義治國觀之，此類學說卻是皇帝居於人世，依此治理人世的準繩之一。

《淮南子》則續《管子》與《呂氏春秋》之一貫脈絡，然將學說更擴大、細緻、精準化。除了顧及五方五帝、神界、星際，也論及人間政治上五行五德的實務。

〈時則訓〉

孟春之月，招搖指寅，……其位東方，其日甲乙，盛德在木，……其音角，……其數八，……天子衣青衣，乘蒼龍，服蒼玉，建青旗，……東宮御女青色，衣青采，……朝於陽左個，以出春令。

孟夏之月，招搖指巳，……其位南方，其日丙丁，盛德在火，……其音徵，……其數七，……天子衣赤衣，乘赤騮，服赤玉，建赤旗，……南宮御女赤色，衣赤采，……朝於明堂左個，以出夏令。

季夏之月，招搖指未，……其位中央，其日戊己，盛德在土，……其音宮，……其數五，……天子衣黃衣，乘黃騮，服黃玉，建黃旗。……中宮御女黃色，衣黃采，……朝於中宮。

孟秋之月，招搖指申，……其位西方，其日庚辛，盛德在金，……其音商，……其數九，……天子衣白衣，乘白駱，服白玉，建白旗，……西宮御女白色，衣白采，……朝於總章左個，以出秋令。

孟冬之月，招搖指亥，……其位北方，其日壬癸，盛德在水，……其音羽，……其數六。……天子衣黑衣，乘玄驪，服玄玉，建玄旗，……北宮御女黑色，衣黑采，朝於玄堂左個，以出冬令。〔註28〕

〈時則訓〉從朝廷天子發起，天子遵從「五行說」，以外在形式的：五季、五方、五音、五色、包括了相應的：月、日、時，甚至位於五方後宮的御女，亦然一體遵行，上行下從，推行「五德」之政。然論述中，孟春時，天子「乘蒼龍」，卻令人不知所以。

如果說《淮南子·天文訓》，敘述的是宇宙、自然、節氣、天象、曆律等等，到了〈時則訓〉，便進化成為了一篇政治指南。從上層社會的皇帝起，向下鑽旋，規範了各相關單位的施政準則，深入庶民低階層。依五行的方位、節氣、服色等等指導，然後自天子以至於地方，所有的農、漁、畜、牧、樵、獵、兵、

〔註28〕 《淮南子·時則訓》，頁212～247。

訓、祭、喪、修築、商旅、賞賜、訟刑、導水等等國之大小事，以外在「五行」之時節，行內在「五德」之政，並成為上令下遵的行事依循。〔註29〕

五、五行延伸至庶民：〈墜形訓〉：

前此，自《虞書‧大禹謨》起，迄《呂氏春秋》，乃至秦始皇依五德終始說建朔，五行說含覆地上、星空，各種自然義、人文義與宗教義的領域，但尚未見有五行說下及於人世庶民階層。

《淮南子》中的〈墜形訓〉，則向庶民個人深耕，舉凡人的面相、外型、四肢、五臟六腑、個性、疾病、壽夭等等玄秘的推測，俱與五行方位和色澤相關。

〈墜形訓〉

東方，鳶肩企行，竅通於目，筋氣屬焉，蒼色主肝，長大早知而不壽；

南方，陽氣之所積，暑濕居之，其人修形兌上，大口決眦，竅通於耳，血脈屬焉，赤色主心，早壯而夭；其地宜稻，多兕象。

西方高土，川穀出焉，日月入焉，其人面末僂，修頸印行，竅通於鼻，皮革屬焉，白色主肺，勇敢不仁；其地宜黍，多旄犀。

北方幽晦不明，天之所閉也，寒水之所積也，蟄蟲之所伏也，其人翕形短頸，大肩下尻，竅通於陰，骨幹屬焉，黑色主腎，其人蠢愚，禽獸而壽；其地宜菽，多犬馬。

中央四達，風氣之所通，雨露之所會也，其人大面短頤，美須惡肥，竅通於口，膚肉屬焉，黃色主胃，慧聖而好治；其地宜禾，多牛羊及六畜。……中土多聖人。皆象其氣，皆應其類。〔註30〕

東、南、西、北、中，五個方位的人等、農產、禽獸、氣候、天象、五官，咸含覆。相關的方位與五臟配置，一改之前《呂氏春秋‧十二月紀》的說法，成為：《呂氏春秋‧十二月紀》：東方脾、南方肺、中央心、西方肝、北方腎（無胃），《淮南子‧墜形訓》：東方肝、南方心、中央胃、西方肺、北方腎（無脾）。

〈墜形訓〉的內容匯集了：地理、國別、節氣、神話、傳說、物產、神明世系，乍看是取法《山海經》與《呂氏春秋》，甚且在某些國名、神物、神明

〔註29〕《淮南子‧時則訓》中，依時令行政事的準則，上自天子，下及庶民，囊括百業，施政德刑，消災解厄，幾乎無所不覆。頁 212～268。
〔註30〕《淮南子‧墜形訓》，頁 191、192。

世系等等方面，與《山海經》竟至雷同。但卻又屢揉了後世才衍生的五行中的;「相生」、「相勝」之說於其內，廣博而繁雜。作者似乎嘗試將原始粗樸的祭祀神話，與成熟的人文思想混為一說，刻意張揚的痕跡頗為明顯。

在人等方面，唯有居住於中央的人被讚美為:「美須惡肥」、「慧聖而好治」、「多牛羊及六畜」、「中土多聖人。皆象其氣，皆應其類」，其他四方人等，無甚好言。原先，相關中央方位的各種因子，已在前述多部典集中屢被推崇，而《淮南子·墜形訓》則將「中央」、「土」的優點，亦然延伸至庶民階層。

由於時代的遞嬗，各家釋義與附會涓流以入，愈往後世愈形多義與多視角，《淮南子·墜形訓》的推衍論述，已類似方士的江湖術數。而整部《淮南子》中相關的五行說，幾乎包羅了天地萬象，涵覆了政治、宗教，歷史、方向，節氣，天象、農牧、漁獵等等，又包含了神明工具、坐騎、甚至民俗的命理、風水，從天上到地下，從朝廷到庶民，無所不包，整部著作中，神話、宗教、政治與歷史交錯互滲，此時，五行說已儼然近似一部百科全書了。

六、相生、相勝、相和三說：〈墜形訓〉

之前的各種經集，不論是「以盛克弱」抑或「以多勝寡」，都是相勝說，到了《淮南子·天文訓》，萌現了明確地「五行相生」說:「水生木，木生火，火生土，土生金，金生水」，及至〈墜形訓〉，則益現完整:

〈墜形訓〉

木勝土，土勝水，水勝火，火勝金，金勝木，……

是故煉土生木，煉木生火，煉火生雲，煉雲生水，煉水反土。煉甘生酸，煉酸生辛，煉辛生苦，煉苦生鹹，煉鹹反甘。變宮生徵，變徵生商，變商生羽，變羽生角，變角生宮。

是故以水和土，以土和火，以火化金，以金治木，木得反土。五行相治，所以成器用。〔註31〕

本篇的五行有:相勝、相生、相和三說。或許因為作者不同緣故，同一書的不同兩篇中，在五行相生說上，呈現兩種說法:

〈天文訓〉

水生木，木生火，火生土，土生金，金生水

〈墜形訓〉

　　土生木，木生火，火生雲，雲生水，水反土。

同一時代、同一書中的兩種認知，可見在相生說上仍未定於一，有可能是相生說初始萌芽，也有可能在同一時代本就存兩說，較有可能則是兩篇分屬不同觀念的兩個作者。稍於其後的董仲舒在《春秋繁露・五行相生》中，則同於《淮南子・天文訓》的說法，將其認知為：「木生火，火生土，土生金，金生水，水生木。」〔註32〕之後，五行五物如何相生，遂成定論，但在文字紀錄上，則是《淮南子・天文訓》發於先。

　　五行除了相生以外，每一行又有其生命的循環終始，〈墜形訓〉：

　　木壯，水老，火生，金囚，土死。火壯，木老，土生，水囚，金死。

　　土壯，火老，金生，木囚，水死。金壯，土老，水生，火囚，木死。

　　水壯，金老，木生，土囚，火死。〔註33〕

每一行生命各自循環：生、壯、老、囚、死，除了「囚」以外，其他已與人的一生類同，但人難以死而復生，五行卻是終始循環不已。因其相生，故亦相勝相克：

　　相生：木生火，火生土，土生金，金生水，水生木。

　　相勝：木勝土，土勝水，水勝火，火勝金，金勝木。

「相勝說」首見於《呂氏春秋・應同篇》，而〈墜形訓〉的相勝順序，與前人相同，未做更動。

　　物質間，本就具有相生相勝的物理原則，既有依附而生，便有抑制而勝。事物因相生而發展，因相勝而制衡，確保了萬物在發展中的生長與衰亡的平衡。

　　以此推衍至朝代的：創、盛、衰、殘、亡，一如五行之：生、壯、老、囚、死。新的王朝代舊王朝而起，繼續下一個循環，家天下姓氏血胤改變，乃因舊王朝所當之「德」已消亡，而天命符應將徵顯於繼起者，繼起者即當「相勝之德」，如此生生不息，故五德終始便與五行相勝之說同。（案：新莽時，則改為相生說。）

　　五行從先秦的思想沿遞，之後發展出相生相勝的理論，今人鄭吉雄先生說：

〔註32〕〔西漢〕董仲舒著，賴炎元註譯：《春秋繁露》〈五行相生〉（臺北，臺灣商務印書館，2010二刷），頁386～391。（以下簡稱《春秋繁露》）
〔註33〕《淮南子・墜形訓》，頁191、192。

　　先秦思想主流的共同特點，表達的是以個人為中心而展開的整體性的宇宙觀，『人』和『自然』是一個整體。行走（身體）、道路（環境）、德性（心性）、日月之行（自然）都離不開『行』，『五行』思想也突顯了一種天人合一的整體性結構。……鑑於『行』字本身即有『行走』、『運行』的運動意義，具有時間的發展之涵義，故『五行』最後衍生發展出『相生相勝』理論，也有其不得不然的理由。〔註34〕

　　在時間的滾動中，五行從自然走向人文，在天人合一的觀念下，從宗教走向政治，成為廟堂尋求德運的依據。鋪陳出相生相勝之說，之後，又進入庶民階層，向下整合。

　　趙沛霖言：「人們回顧歷史，也就是在回顧自己祖先事跡，祖先早已被神化而成為神靈，其事跡也早已成為神話。此在神話基礎上產生的歷史或歷史傳說絕非子虛烏有，而有一定的真實性。……這個來源於神話的歷史傳說，在本質上不過是神話的還原，還原到它藉以產生的歷史真實中去。簡而言之，這個過程就是：歷史本身——神話——歷史傳說。後一個歷史（歷史傳說）是透過神話對前一個歷史（歷史事實本身）的反映。其實質不僅僅是一般所說的歷史——神話的雙向互滲，更重要的是對歷史事實不自覺的篩選、提煉和整合。」〔註35〕

　　五行演進至朝代更迭的五德終始說，亦復如此。五行的物質原是歷史本身的實錄，之後，神話與傳說中的人王，被神化成為神靈，導入五行說，再之後，改朝換代的歷史透過五行中的神話與傳說，對前一個朝代的衰亡作出整合。

　　以當時的科學、民智而言，是難以區分神話與歷史的差異，而是認定其為真實，縱然受皇家教育的皇帝，亦「愛秘之」，要判別其為失實的神話，應是有其難度。武帝信神明，《淮南子》諸篇的作者，應該也不是無的放矢，而是認為其為真實，於是將之前的神話、傳說與歷史綜合，使天上的神話與與人世的正史，在五行說中攪揉成一書。五行早先歸屬於「五材」的實物歷史，逐漸進入宗教神話，《淮南子》復將其導入歷史傳說，不但是歷史與神話的「雙

〔註34〕鄭吉雄語，見：〈先秦經典「行」字字義的原始與變遷——兼論「五行」〉，頁117。

〔註35〕趙沛霖：《先秦神話思想史論》（臺北，五南圖書出版公司，1988），頁19。

向互滲」，也是天上與人間的宇宙圖式的「雙向互滲」。

李維史陀（Claude Levi-Strauss）言：

> 其目的是要已盡可能的簡便手段來達成對整個宇宙的總括性理解
> ——（general），更是一種全面的（total）理解。它是一種必然意味
> 著『如果你不了解一切，就不能解釋任何東西』的思維方式……神
> 話給人一種『他有可能了解宇宙萬物』以及『他的確了解宇宙萬物』
> 的幻覺。當然，這只是一種幻覺。〔註36〕

《淮南子》便是「盡可能的……達成對整個宇宙的總括性理解……以及『他的
確了解宇宙萬物』的幻覺」，但是，其學說卻影響了漢武時期的學術思維。

從先秦以迄漢武，相關五行的分子，點滴澆灌，從祭祀、神話、季節、
星象、政治、戰爭等等，逮至《淮南子》，將其從天上與人間廟堂及於下層
黎民萬物。《淮南子》保存了齊學的五行思想，又將之發皇，它繼承了鄒衍
五德終始說以及《呂氏春秋》的歷史觀，存留了相勝之說，在撰作者的推理
下，又產生了相生與相和之說。它建構了陰陽五行的主幹、枝葉，除了以五
行思想聯繫了天、君、臣、民，四階級，將君臣禮儀以及庶民生務羅織其內；
復將天地萬物，宇宙的自然法則，也都盡可能地收納於五行的哲學框架之中，
陰陽五行成為宇宙與人的媒介，天、地、人，〔註37〕運作於此框架之下，五
行五德的週期，如自然界萬物生長蕭萎的律動，循環不已，成為釋義宇宙運
作的圖式。

第二節　《春秋繁露》

漢初，高祖肇基，雖承秦制，然在施政的方向與執行上，卻是採黃老學
說，用道家自然、清靜、無為，以治天下，與民將息。六十餘年的蓄積蕃孳，
及至漢武，國力雄大富厚。

但老子的小國寡民，無為而治，並不適合一個幅員廣袤、食指浩繁的國
度，且無為而治也不利於一個中央集權，運作日益龐雜的官僚組織。

儒術出發於農村經濟的正面認識，適合於當時需要，儒家之術，極

〔註36〕李維史陀（Claude Levi-Strauss）著，楊德睿譯：《神話與意義》〈「原始的」思
維與「文明的」心靈〉（臺北，麥田，城邦文化出版，2016），頁38、39。

〔註37〕有關《淮南子》中的天、地、人思想，參閱朱新林：〈《淮南子》與先秦諸子
承傳考論〉，（杭州，浙江大學博士論文，2010。）

合於農村經濟組織，有以維持之而安定之。……利於應用而益於依
坿。……儒學以維持現社會為目的，對既往則祖述堯舜，憲章文武。
典章制度，詩書禮樂，俱囊括而有之。對於未來，則學術史事，文
物政治，復能隨時引入，……上流社會皆樂坿之。故自漢尊儒術，
以之為立國大本，士大夫遂皆雲從蟻坿，扶持政治。〔註38〕

近人酈士元對漢武時的黜道崇儒作出析釋，其著眼處乃在政治、經濟、思想
上的總括。

採黃老的無為，固然令「民務稼穡，衣食滋殖」。但是「孝惠皇帝、高后
之時，黎民得離戰國之苦，君臣俱欲休息乎無為，故惠帝垂拱，高后女主稱
制，政不出房戶」〔註39〕的結果，卻讓封王在藩國內，非但不向百姓收取稅
賦藉以攬民心，甚且招致亡命之徒私下鑄錢，豪富可敵國。其流弊至景帝，
因削藩遂引起七國之亂，首發吳王劉濞致書十諸侯王，為鼓勵殺敵建功，其
賞賜之豐厚，令人咋舌。〔註40〕

況者，採無為虛靜的放任之治，本適合於散聚人稀的村落，俾其休生養
息，漸次恢復人口與勞動力。然則，長此以往，聚富於民，相炫而驕，遂使社
會奸佞孳生，騷亂起矣。

〈平準書〉

當此之時，網疏而民富，役財驕溢，或至兼并豪黨之徒，以武斷於
鄉曲。宗室有土公卿大夫以下，爭於奢侈，室廬輿服僭於上，無限
度。……中外騷擾而相奉，百姓抏獘以巧法，財賂衰耗而不贍。入
物者補官，出貨者除罪，選舉陵遲，廉恥相冒，〔註41〕

當政府「鬻官」以為收入，百姓出資以除罪，則「抏獘以巧法」，廉恥之
心蕩然。而兼併之風四起，豪俠橫行，其勢大者，竟能影響叛亂之局，甚或貴
至大將軍為其求情。〔註42〕當此時，道家的虛靜無為便不足以順應新局，而

〔註38〕酈士元：《國史論衡》〈漢代的崇儒〉，（臺北，里仁書局，1985三版），頁187
～188。
〔註39〕〈呂太后本紀〉，頁585。
〔註40〕〈吳王濞列傳〉：「濞則招致天下亡命者盜鑄錢，煮海水為鹽，以故無賦，國
用富饒」「寡人金錢在天下者往往而有，非必取於吳，諸王日夜用之弗能盡」，
頁4177、4185。
〔註41〕〈平準書〉，頁1547、1552。
〔註42〕〈遊俠列傳〉：「吳楚反時，條侯為太尉，乘傳車將至河南，得劇孟，喜曰：
『吳楚舉大事而不求孟，吾知其無能為已矣。天下騷動，宰相得之若得一敵

儒家所強調的：忠、孝、仁、禮、義，適足以契合時代轉變下的需求，讓四方以之為軌範，輻輳於朝廷與天子。

漢武崇儒且重鬼神說，登位之初即想改曆與符色，〈封禪書〉：

> 今天子初即位，尤敬鬼神之事。元年，……撮紳之屬皆望天子封禪
> 改正度也，而上鄉儒術，……欲議古立明堂城南，以朝諸侯。草巡
> 狩封禪改曆服色事未就。會竇太后治黃老言，不好儒術，使人微伺
> 得趙綰等姦利事，召案綰、臧，綰、臧自殺，諸所興為皆廢。〔註43〕

「封禪改曆服色事」因竇太后的反對而作罷。太后於建元六年崩，次年夏，招方正賢良，董仲舒策以儒學六藝為大一統的治國之道，對策符上心。武帝後採公孫弘建議，以仲舒為江都相，仲舒兩度為王相（另次為膠西王相），其治國：「以春秋災異之變推陰陽所以錯行，故求雨，閉諸陽，縱諸陰，其止雨反是。」〔註44〕其治國的方法有些類似先秦的巫覡，但又較巫覡更為複雜，蓋巫覡以祭祀求諸天地鬼神，但董仲舒是：「閉諸陽，縱諸陰」，實令人難知所以。

董仲舒因弟子呂步舒之誤言，之後又以疾辭膠西相，縱然賦閒居家，脩學著書，然朝廷每遇大事，仍遣使者至其家徵詢意見。〔註45〕非但如此，遺風所及，弟子、子孫，皆因其學而登重官要職，〔註46〕可見其影響力仍極大。

錢穆言：「仲舒之主罷百家，尊孔子，獨為武帝所取者，以其時言封禪明堂巡狩種種所謂受命之符太平之治，以及德施方外而受天之祐享鬼神之靈者，其言皆附會於詩書六藝，而托尊於孔子故也。」〔註47〕因此，武帝時尊孔、尊儒，以及盛行的陰陽五行、讖緯之學，其人為重要參與者。

董子相關五行的論證，在《春秋繁露》中，達於極盛。《春秋繁露》中闡

　　　國云』、「衛將軍為言：『郭解家貧不中徙。』上曰：『布衣權至使將軍為言，
　　　此其家不貧。』解家遂徙。諸公送者出千餘萬。」，頁 4909、4914。
〔註43〕〈封禪書〉，頁 1471。
〔註44〕《漢書・董仲舒傳》，頁 3353～3362。
〔註45〕《漢書・董仲舒傳》：「仲舒在家，朝廷如有大議，使使者及廷尉張湯就其家
　　　而問之，其對皆有明法。自武帝初立，魏其、武安侯為相而隆儒矣。及仲舒
　　　對冊，推明孔氏，抑黜百家。立學校之官，州郡舉茂材孝廉，皆自仲舒發之」，
　　　頁 3363。
〔註46〕〈儒林列傳〉，頁 4776。
〔註47〕錢穆：《秦漢史》〈西漢之全盛〉，（臺北，東大圖書公司，2001），頁 95。

發五行學說的篇幅極多，共計有：〈五行對〉、〈五行之義〉、〈五行相勝〉、〈五刑相生〉、〈五行逆順〉、〈治水五行〉、〈治亂五行〉、〈五行變數〉、〈五行五事〉、〈陰陽終始〉、〈人副天數〉、〈官制象天〉、〈天辨在人〉、〈天地陰陽〉等等十四篇。

一、五行、陰陽合流：《春秋繁露‧陰陽終始》

先秦時，陰陽與五行乃各自在經集學說中分別演進，鄒衍時，「深觀陰陽消息」、「明於五德之傳」，將兩者結合，鄒衍書已泯於世。至董子時：「而董生以後分陰陽、定四時、列五行」，則已把陰陽與五行緊密的聯繫在一起了。〔註48〕

董仲舒作為儒家與陰陽五行的集大成者，乃因他除了推動土德為漢家正統的觀念以外，更是以五行配應於陰陽。在《春秋繁露‧陰陽終始》中有：

> 冬至之後，陰而西入，陽仰而東出，……春夏陽多而陰少，秋冬陽少而陰多，……故至春少陽東出就木，與之俱生，至夏太陽南出就火，與之俱暖。……少陽就木，太陽就火，火木相稱，各就其正。……至於秋時，少陰同而不得以秋從金，從金而傷火功，雖不得以從金，亦以秋出於東方，……陰之行，固常居虛而不得居實。〔註49〕

將陰陽與五行以及四季融合，應從鄒衍而來：「董氏的意見有本於戰國鄒衍。擴大言之，漢初《公羊》及後來流行的讖緯均屬齊學，淵源有自，齊學基調均以天人相應、天人一體為特徵，與鄒衍天地陰陽理論及五德終始思想必有交涉，故董學亦未嘗自外此一氛圍。」〔註50〕而歷來學者剖析仲舒之學說頗

〔註48〕 馮樹勳言：「在儒家系統中，把陰陽五行說引入儒家的天人哲學觀者，首推董仲舒，……儒家天人學說，本諸五經，而陰陽與五行說，各有其來源，本屬不同學問系統。儒家的主要經典五經之中，皆沒有陰陽五行並舉的詞彙存在。」見氏著：〈陰陽五行的階位秩序——董仲舒的天人哲學觀〉（《台大文史哲學報》，2009年5月，第七十期），頁1～27。日本學者慶松光雄則以：編撰時期、方法和編者三個方面，並以《漢書》、〈對策〉、比對《春秋繁露》，懷疑其中的五行諸篇出自董仲舒。見慶松光雄著，楊憲霞譯：〈《春秋繁露》五行諸篇偽作考——和董仲舒的陰陽、五行說的關聯〉（北京，中國社會科學院《中國儒學》，2016，12），頁334～348。

〔註49〕 《春秋繁露》〈陰陽終始〉，頁353～354。

〔註50〕 彭美玲：〈漢儒三代質文論脈絡考察〉，收入（國立臺灣大學中國文學系、中國經學研究會主編：《第八屆中國經學國際學術研討會論文選集》，萬卷樓圖書有限公司，2015），頁585。

多，均各具灼見。〔註51〕

　　錢穆言：「其實仲舒思想的主要淵源，只是戰國晚年的陰陽家鄒衍，更使仲舒思想，由附會而轉入怪異。」〔註52〕而董仲舒尊儒崇孔，他將儒學與陰陽家結合，創造出自己的學說。錢穆曾將董仲舒的言論逐一剖析：「董仲舒在百家龐雜中獨尊孔子，頗似荀卿，但他承襲鄒衍，來講天人感應：『聖者法天「此承鄒衍」，賢者法聖「此承荀卿」，……故必徙居處，更稱號，改正朔，易服色「此承鄒衍」，若其大綱人倫道理政治教化習俗文義盡如故，亦何改哉「此承荀卿」？……春秋之法，以人隨君「此承荀卿」，以君隨天「此承鄒衍」，……上通五帝，下極三王，以通百王之道「此承荀卿」，而隨天之終始「此承鄒衍」，博得失之效而考命象之為極理，以盡情性之誼，則天容遂矣「此承鄒衍」。……董仲舒則想綜合此兩家。……但在思想方法上依然不能與鄒衍割席。於是西漢學風轉入拘牽迂怪，以經典注釋來代替思想，以事象比附來代替證據。」〔註53〕（案：文中「」符號與小字，為錢穆先生原文與符號）錢穆先生只針對董子的思想溯源剖析，對其學說並未多加臧否。

　　周桂鈿則對董仲舒持肯定的角度：「先秦百家的思想轟轟烈烈，雖經秦火，然各學派之思想並未一時而絕。欲棄絕諸家，而定儒於一尊，實非易事。董子乃以天為主導，以天人關係為軸心，以陰陽五行為材料，編造出一套以儒學為核心的、融合先秦諸子思想的、天的哲學體系。但董子的陰陽五行之思想，卻是其來有自。前此，《呂氏春秋》和《淮南鴻烈》都是集體編撰的巨著，對諸子思想兼收並蓄，各篇之間常有抵牾的現象，……它們雖然兼收並蓄，形成龐大的思想體系，但尚未把各種思想融為一體，……真正把先秦諸子思想融為一體的是董仲舒。」〔註54〕

〔註51〕　參見：馮友蘭著：《中國哲學史新編》第二冊，〈董仲舒公羊學和中國封建社會上層建築〉（臺北，藍燈出版社，1991），頁43～96。徐復觀著：《兩漢思想史》〈先秦儒家思想的轉折及天的哲學大系統的建立——董仲舒春秋繁露的研究〉（臺北，臺灣學生書局，1993），頁295。陳麗桂〈從天道觀看董仲舒融合陰陽與儒學的天人合一思想〉《中國學術年刊》（第十八期，1997），頁102～115。張德文〈試論董仲舒的「天人關係」模式——兼論這一模式的思維方式〉（《孔孟月刊》，三十八卷，第四期，1999），頁24～32。邊家珍：〈漢代經學吸納陰陽五行說的原因及其歷史意義〉（《孔子研究學刊》，2002，第六期），頁19～25。

〔註52〕　錢穆著：《中國思想史》〈鄒衍與董仲舒〉，頁84。

〔註53〕　同上註，頁85～86。

〔註54〕　周桂鈿著：《董學探微・大一統論》（北京，北京師範大學出版社，1989），頁

　　董子鑑於秦朝棄儒重法，始皇稱帝後卻倏然而亡的國祚，而向當世皇家提出以儒家的仁義、禮制，做為君臣、人倫之教範，復將當時盛行的陰陽家的陰陽五行觀念屠揉其中，達到孔子以德教牧民的體制。在其策對中：

> 王者欲有所為，宜求其端於天。天道大者，在於陰陽。陽為德，陰為刑。……以此見天之任德不任刑也。陽出布施於上而主歲功，陰入伏藏於下而時出佐陽。陽不得陰之助，亦不能獨成歲功。王者承天意以從事，故務德教而省刑罰。〔註55〕

王者出於天命，要有所作為則必須尋出天意，而天道最大者即在於陰陽二氣，陽氣為德教德政，陰氣為刑法。將王者、天命、陰陽、德刑，四個關係巧妙地連結成因果，這對尊儒且重陰陽五行的武帝而言，頗能投其之好。

　　董仲舒所推的陰陽五行之學，盛名於當時，《漢書・五行志》：「漢興，承秦滅學之後，景、武之世，董仲舒治公羊春秋，始推陰陽，為儒者宗。」〔註56〕其以陰陽五行解釋《春秋》，成為顯學，《漢書・五行志》中，董仲舒以陰陽五行推論之記載尤多：

> 九年「夏四月，陳火」。董仲舒以為陳夏徵舒殺君，楚嚴王託欲為陳討賊，陳國闔門而待之，至因滅陳。陳臣子尤毒恨甚，極陰生陽，故致火災。
>
> 嚴公二十八年「冬，大水亡麥禾」。董仲舒以為夫人哀姜淫亂，逆陰氣，故大水也。
>
> 十一年「秋，宋大水」。董仲舒以為時魯、宋比年為乘丘、鄑之戰，百姓愁怨，陰氣盛，故二國俱水。
>
> 二十四年，「大水」。董仲舒以為夫人哀姜淫亂不婦，陰氣盛也。
>
> 宣公十年「秋大水，飢」。董仲舒以為時比伐邾取邑，亦見報復，兵讎連結，百姓愁怨。
>
> 成公五年「秋，大水」。董仲舒、劉向以為時成幼弱，政在大夫，前此一年再用師，明年復城鄆以彊私家，仲孫蔑、叔孫僑如頗會宋、

329。持同樣肯定態度的尚有李澤厚，探討董仲舒將：道、法、陰陽、儒家的合流，天人宇宙論圖式，陰陽五行的系統論，五行圖式的歷史影響等等，加以剖析。參閱氏著：《中國古代思想史論》〈秦漢思想簡議〉，（臺北，三民書局股份有限公司，2012），頁139～181。

〔註55〕《漢書・禮樂志》，頁1128。
〔註56〕《漢書・五行志》，頁1528。

晉，陰勝陽。〔註57〕

等等，《漢書·五行志》主要是記載董仲舒、劉向、劉歆、京房等人，以陰陽五行，對於從《春秋》到西漢末年之間種種政治事件，與自然災害的釋義。其中劉向與京房為宣帝時人，劉歆乃元帝時人，只有董仲舒係景帝時博士，武帝時拜為江都相。〔註58〕

二、導入人倫，土行、黃帝最尊

　　前此，各五行說的經集中，對於：中央、土行、黃帝、黃色，等等相關元素的讚譽，均多所著墨，仲舒對於中央土的定位，亦備極推崇。以中央土為軸心，儒家的君臣人倫為軸線，向外輻射。對於一個幅員寬闊、人口眾多，而官員均由中央朝廷調度：任、免、遷、黜的大一統國度而言，其學說維持了以中央朝廷為尊、為貴的向心力。李澤厚言：「董仲舒的貢獻就在於，他最明確把儒家的基本理論（孔孟講的仁義等等）與戰國以來風行不衰的陰陽家的五行宇宙論，具體的配置安排起來，從而使儒家的倫常政治綱領有了一個系統論的宇宙圖式作為基石，……把春秋以來由於氏族餘制的徹底崩潰、解除公社約束而『橫議』『亂法』的個體遊士，又重新納入組織中，從制度上重新落實了儒家『學而優則仕』的理想，這就從多方面大有利於維護統一帝國的穩定。」〔註59〕

（一）〈五行對〉

　　天有五行，木火土金水是也。木生火，火生土，土生金，金生水。水為冬，金為秋，土為季夏，木為春。春主生，夏主長，季夏主養，秋主收，冬主藏。藏，冬之所成也。……土者，火之子也。五行莫貴於土。土之於四時無所命者，不與火分功名。木名春，火名夏，金名秋，水名冬。忠臣之義，孝子之行，取之土。土者，五行最貴者也，其義不可以加矣。五聲莫貴於宮，五味莫美於甘，五色莫盛於黃。〔註60〕

〔註57〕《漢書·五行志》，頁 1527～1571。
〔註58〕以上分見《漢書》〈楚元王傳〉，頁 2447，2502；《漢書》〈眭兩夏侯京翼李傳〉，頁 4318；《漢書》〈董仲舒傳〉，頁 3317。
〔註59〕李澤厚：《中國古代思想史論》〈秦漢思想簡議〉，（臺北，三民書局股份有限公司，2012），頁 149～150。
〔註60〕《春秋繁露·五行對》，頁 319～320。

文中五行相生的秩序，與《淮南子·天文訓》相同，但〈天文訓〉與之前的各典籍是將中央、土、黃帝，三要素結合，並依五行的代表物，排列其對應的：季節、方位、五聲、五味等等。董子的〈五行對〉則發皇了「土」所衍生的音聲：「宮」、味道：「甘」、色澤：「黃」，均為冠，而「五色莫盛於黃」又成為黃帝的代表色，在各朝代帝王中，最為尊。且「忠臣之義，孝子之行」，均出之於「土」，將儒學導入陰陽五行之說。

（二）〈五行之義〉

> 土，五行之中也。此其天次之序也。木生火，火生土，土生金，金生水，水生木，此其父子也。木居左，金居右，火居前，水居後，土居中央，此其父子之序，相受而布。是故木受水，而火受木，土受火，金受土，水受金也。諸授之者，皆其父也；受之者，皆其子也。常因其父以使其子，天之道也。是故木已生而火養之，金已死而水藏之，……故五行者，乃孝子忠臣之行也。〔註61〕

依仲舒將五行方位及其相生之排序，即所謂「天次之序」，將五行「授之者」視為父，而「受之者」視為子，如木生火，則木為父，火為子，當春去夏來，夏（火）為春（木）之子，則「木已生而火養之」，火子孝養木父，此即是人世孝道，亦為天道。將五行的自然物理現象從而推及人世的倫理，人世的倫理則符合於自然界的運行次序，成為天人感應理論的一環。〔註62〕

> 〈五行之義〉
>
> 土居中央，為之天潤。土者，天之股肱也。其德茂美，不可名以一時之事，故五行而四時者。土兼之也。……土者，五行之主也。……是故聖人之行，莫貴於忠，土德之謂也。天官之大者，不名所生，土是矣。〔註63〕

「土居中央，為之天潤。土者，天之股肱也。」土是天的輔佐，由於「其德茂美」，因此不能只處理一個時節的事務，之所以有五行卻只有四季，乃因土行兼管四季。土為五行之主，「聖人之行，莫貴於忠，土德之謂也」，聖人的德行，無過於「忠」，天上最大的官職，也非只管一種事務，土即是如此。

〔註61〕《春秋繁露·五行之義》，頁328～329。
〔註62〕相關董仲舒陰陽五行與天人感應的理論，請參閱鄺芷人：《陰陽五行及其體系》第二章，〈第三節·董仲舒的陰陽五行說〉，頁44～57。
〔註63〕《春秋繁露·五行對》，頁319～320。

土代表了中央大地，承天載物，為其他四行之主。是以中央土不配屬季節，卻輔助其它四行、四季，這便與《管子‧四時篇》中的：「中央曰土，土德實輔四時入出……國家乃昌，四方乃服」；以及《淮南子‧天文訓》中的「中央，土也，其帝黃帝，其佐后土，執繩而制四方。」有脈絡相承之義。

原本五行在經集中並無位階高低之分，但歷經數百年的構築，復經諸子、稷下學者將黃帝推崇至聖王位置，於是中央、土、黃帝、黃色，漸次結合，鋪墊成型，混凝為最貴之德。其演繹推進大致如下：

1. 《墨子‧迎敵祠》：守將居中央，以土位迎敵。
2. 《墨子‧貴義篇》：黃帝居中，殺東、西、南、北，四方之四色龍。
3. 《孫子兵法》：黃帝居中央，勝四方之四色帝。
4. 《吳子兵法》：主帥居中，指揮四方將卒殺敵。
5. 《管子‧幼官》：四方配置不同之武器，唯獨中央不備武器。與：識時、選士、收豪傑、定制、計財、行仁義、理名實、德刑並施等等人主之施政相關。
6. 《管子‧五行》：黃帝居中一統天下，得六官分掌六方。
7. 《管子‧四時》：中央曰土，土德實輔四時，黃帝據中央、土德。
8. 《山海經》：黃帝出現次數最多，分掌東、西、北、中央，四個方位。
9. 《儀禮‧覲禮》：天子居中，接受四方諸侯朝覲。
10. 《公孫龍子‧通變論》：中央、黃色最尊，代表國君。
11. 《鶡冠子‧天權篇》：主帥居中，指揮四方軍隊。
12. 《鶡冠子‧王鈇篇》：天子居中央。
13. 《呂氏春秋‧應同篇》：「黃帝之時，天先見大螾大螻，黃帝曰：『土氣勝』，土氣勝，故其色尚黃。」黃帝居土德，其色尚黃，為五德朝代輪替之始。
14. 《淮南子‧天文訓》：「中央，土也，其帝黃帝，……執繩而「制」四方。」
15. 《淮南子‧天文訓》：「何謂五官？東方為田，南方為司馬，西方為理，北方為司空，中央為都。」中央為都城。
16. 《春秋繁露‧五行之義》：「土居中央，為之天潤。土者，天之股肱也」、「土者，五行之主也。」

於是，黃帝這一位由「上帝……在春秋戰國時被泛稱為皇帝，後乃字變而

作「黃帝」，亦轉演而為人間之古帝矣。」〔註64〕的昊天上帝，經過歷代的附鑿頌揚，此時，在五行元素的代表意義上，已巍然尊於其他四行、四帝、四方、四色、四季了，非但如此，連其代表的方位：中央，在人世間，也成為代表帝王施政的都城。

董子在《春秋繁露》中，雖屢屢明確提及五行及其隸屬概念，如：五方、五色、五帝、五音、五味等等，尤其強化與土行相關聯之元素，但他對於五帝的確實名稱，並未詳述。在〈王道〉篇中，是：「五帝三王之治天下，不敢有君民之心」；在〈符瑞〉篇中，則曰：「而欲以上通五帝，下極三王」，依近世學者對仲舒文本中的「五帝」之釋，持三說，非但三說皆與《呂氏春秋》和《淮南子》不同，且三說俱無炎帝。〔註65〕

馮友蘭對董仲舒之論，提出其看法：「董仲舒吸取了戰國以來的陰陽五行思想，虛構出一個世界圖式，以說明他所認為是自然界和人類社會的秩序及其變化的規律。照這個圖式，宇宙是一個有機的結構；天與地是這個結構的輪廓；五行是這個結構的間架；陰陽是運行這個間架中的兩種勢力。從空間方面想像，木……火……金……水……土……這五種勢力，好像是一種『天柱地維』，支持著整個宇宙。從時間方面想像，五行中的四行，各主一年四時中的一時之氣：……『行』有五而『時』只有四，……董仲舒解釋說：『土者天之股肱也。其德貌美，不可名以一時之事。故五行而四時者，土兼之也。』（〈五行之義〉）……土就是地，本來是配天的，所以它不限於某一行，而兼主四時。」〔註66〕

依馮友蘭的剖釋，則董子以陰陽五行架構出宇宙觀，並且將歷來五行只有四時的困擾，作出土為尊、兼四時的釋義。而〈五行之義〉與〈五行對〉也與儒家的學說結合，將五行相生以及五行的方位闡發到君臣父子的人倫關係。

三、王者五行五德：〈五行五事〉

在〈五行五事〉一文中，董仲舒將《尚書・周書・洪範》篇中的物質五行

〔註64〕楊寬語，參見氏著：《中國上古史導論》〈黃帝與皇帝〉，收入《古史辨》第七冊，頁197。

〔註65〕賴炎元語：「五帝：自古有三種說法：1、以伏羲、神農、黃帝、少皞、顓頊為五帝。2、以黃帝、顓頊、帝嚳、唐堯、虞舜為五帝。3、以少皞、顓頊、高辛、唐堯、虞舜為五帝。」三說中皆無炎帝。見《春秋繁露・王道》，頁99～100；〈符瑞〉，頁167～168。

〔註66〕馮友蘭：《中國哲學史新編》第三冊，〈第二十七章・董仲舒關於氣和陰陽五行的學說〉，（臺北藍燈文化事業股份有限公司，1991），頁60。

與君主德行的「五事」相結合。

〈洪範〉

一、五行：一曰水，二曰火，三曰木，四曰金，五曰土。水曰潤下，
火曰炎上，木曰曲直，金曰從革，土爰稼穡。潤下作鹹，炎上作苦，
曲直作酸，從革作辛，稼穡作甘。

二、五事：一曰貌，二曰言，三曰視，四曰聽，五曰思。貌曰恭，
言曰從，視曰明，聽曰聰，思曰睿。恭作肅，從作乂，明作哲，聰
作謀，睿作聖。

「五行」、「五事」，係箕子回答武王治國之道，〈書傳〉云：「水火者，百姓之
所飲食也。金木者，百姓之所興作也。土者，萬物之所資生也，是為人用。」
〔註67〕係先民尊重萬物滋養萬民的純樸思想。「五事」：「貌、言、視、聽、思」，
規勸王者自身篤行其德，以此為施政基礎。〈五行五事〉則將兩者與天人感應
結合：

王者與臣無禮，貌不肅敬，則木不曲直，而夏多暴風。風者，木之
氣也，其音角也，故應之以暴風。王者言不從，則金不從革，而秋
多霹靂。霹靂者，金氣也，其音商也，故應之以霹靂。王者視不明，
則火不炎上，而秋多電。電者，火氣也，其陰微也，故應之以電。
王者聽不聰，則水不潤下，而春夏多暴雨。雨者，水氣也，其音羽
也，故應之以暴雨。王者心不能容，則稼穡不成，而秋多雷。雷者，
土氣也，其音宮也。故應之以雷。〔註68〕

董子此說的基礎並非無據，孔穎達引伏生《五行傳》：「貌屬木，言屬金，視屬
火，聽屬水，思屬土。」董子除了將五行的物理性質與五事的德儀融為一，復
屬以：節氣、天象、五音，以此勸諫君王，身為帝王，對臣屬必須：禮敬貌
肅；聽從規諫；不偏視不偏聽；有雅納之心。只要對臣屬遵循這五種德行，五
行即正常運作，節氣不失時，風調雨順。若其不然，則五行的運作失常，寒暑
失調，萬物逆其理，災害降臨。將〈洪範〉篇中的五行、五事副以天人感應，
滲透至君王脩身為政之哲學。

「『道德律』與『宇宙律』本初一元，未嘗二分，故衍伸而為『五行』，
或從自然的『金、木、水、火、土』發展至人文的『貌、言、視、聽、思』及

〔註67〕《尚書·洪範》，頁357～359。
〔註68〕《春秋繁露·五行五事》，頁413～414。

『肅、乂、晢、謀、聖』；或從『仁、義、禮、智』『四行和』的『人道』加上『聖』而上推至『五行和』的『天道』。天道與人道、人文與自然、可以自此至彼、意義是始終相貫的。」〔註69〕

董子之學說，即是將「宇宙律」鋪陳為「道德律」，將自然義的五行，推衍至人文義的五事，進而延伸至為君之道。天與人互相滲合，並從而維繫朝廷與家庭的倫理。

四、五行五德用於官場，五官依五行相生：〈五行相生〉

〈五行五事〉一文中，董子將「貌曰恭，言曰從，視曰明，聽曰聰，思曰睿。恭作肅，從作乂，明作哲，聰作謀，睿作聖。」釋義為君王該當具備，或是應竭力遵循的德行，偏屬於帝王個人之內在。而〈五行相生〉一文，則是將「五行說」完全以「五德」導入，且附義於朝廷帝王以及重臣。

〈五行相生〉

行者行也，其行不同，故謂之五行。五行者，五官也，〔註70〕比相

生而間相勝也。故為治，逆之則亂，順之則治。〔註71〕

起首提綱，扼要點睛，以鄰近的「兩行」為相生：如東方的木，生鄰近南方的火；西方的金，生北方的水。而相互間隔的「兩行」則相勝：如北方的水，克南方的火；西方的金，克東方的木（中間相隔一個土）。所以治理國家，違逆相生之道就生亂，順從此道則國家大治。

董子之論，是將五行導入人世官場，且以司農、司馬、司營、司徒、司寇所司之職，貼於五行物質之義。這如同錢穆先生所言：「以事象比附來代替證據。」然其「間相勝」之義似有扦格，因為如：「木勝土」、「火勝金」、「土勝水」、三者，依五方之位觀之，都並未有間隔，故難知為何能「間相勝」。〔註72〕

〔註69〕鄭吉雄、楊秀芳、等合著：〈先秦經典「行」字字義的原始與變遷——兼論「五行」〉，頁119。

〔註70〕此處「五官」，是指：司農、司馬、司營、司徒、司寇。人世朝廷官職。

〔註71〕《春秋繁露‧五行相生》，頁385。

〔註72〕東漢的班固在《五行通義‧卷三‧五行》中，說明為何能「相勝」：「五行所以相害者，天地之性，眾勝寡，故水勝火也；精勝堅，故火勝金；剛勝柔，故金勝木；專勝散，故木勝土；實勝虛，故土勝水也。」以物質之物理性質釋義，則較符合當世之科學論點。《五行通義》（高雄，駱駝出版社，1998），頁89。

〈五行相生〉

東方者木，農之本。司農尚仁，進經術之士，道之以帝王之路，將順其美，匡其惡。執規而生，……召公是也。……司馬，本朝也。本朝者火也，故曰木生火。

南方者火也，本朝司馬尚智，進賢聖之士，上知天文，其形兆未見，其萌芽未生，昭然獨見存亡之機，……執矩而長，……周公是也。……君官者，司營也。司營者土也，故曰火生土。

中央者土，君官也。司營尚信，卑身賤體，夙同夜寐，稱述往古，以屬主意。明見成敗，微諫納善，……執繩而制四方，……太公是也。……大理者，司徒也。司徒者金也，故曰土生金。

西方者金，大理，司徒也。司徒尚義，臣死君，而眾人死父。親有尊卑，位有上下，各死其事，事不逾矩，執權而伐。……子胥是也。……執法者，司寇也。司寇者，水也。故曰金生水。

北方者水，執法，司寇也。司寇尚禮，君臣有位，長幼有序，朝廷有爵，鄉黨以齒，升降揖讓，般伏拜謁，……執衡而藏，……據法聽訟，無有所阿，……孔子是也。……司農者，田官也。田官者木，故曰水生木。〔註73〕

關於「五官」的流變，從：

（一）春秋時，南方的楚莊王以：天、地、神、民、類物為五官。雖然：天、地、神，三者為神界，但擔任天地神明祭祀職務的官職仍屬於人界，且與五行並無關聯。

（二）同為春秋，到了《左傳・昭二十九年》，「五官」相應於五方：句芒、祝融、蓐收、玄冥、后土，係為五方神明，屬天界。

（三）戰國時期的稷下諸子，在《管子・五行篇》中，則將「六方」、「六官」，列屬於神界，然其職稱與職掌，卻是與人間朝廷相同。天、人之際的界線開始模糊，或是天人之際開始交融。

（四）漢武時期的《淮南子・天文訓》中，天界五方五帝配有「佐」，各執工具以治四季，是神界的擬人化。而人界則為：「東方為田，南方為司馬，西方為理，北方為司空，中央為都。」

上述四說的演進，在五行中的「五官」，概與天際神明有全然或部分之

〔註73〕〈五行相生〉，頁385～392。

干連。雖然，在《淮南子‧天文訓》中，對於人世的「五官」以「五方」比附，但只有官銜的名詞，而無具體的職掌內容。

　　而董子的〈五行相生〉說，則是將五行說完全從天界引渡至人界，並集其大成。不但將五方、五行黏附於人世宦場，各司官係因五行而生，且應具備相應之「五德」，成了「五德相生」。職務執掌的內容，也須依五德之涵義：仁、智、信、義、禮而循之。而各行、各德的職務與德行搭配，俱有先聖先賢之例可循：「仁：召公」、「智：周公」、「信：太公」、「義：伍子胥」、「禮：孔子」。

　　在《淮南子‧天文訓》中，天帝之「佐」，各執工具以治四季。而在《春秋繁露‧五行相生》中，殊為怪異者，是人間「五官」，竟也須執工具而治，現比對如下：

《淮南子‧天文訓》，天界：	《春秋繁露‧五行相生》、人界：
東方木：〈天文訓〉：句芒：執規而治春；	〈五行相生〉：司農：執規而生。
南方火：〈天文訓〉：朱明：執衡而治夏；	〈五行相生〉：司馬：執矩而長。
中央土：〈天文訓〉：后土：執繩而制四方；	〈五行相生〉：司營：執繩而制四方。
西方金：〈天文訓〉：蓐收：執矩而治秋；	〈五行相生〉：司徒：執權而伐。
北方水：〈天文訓〉：玄冥：執權而治冬；	〈五行相生〉：司寇：執衡而藏。

　　仲舒的〈五行相生〉之說，搓合創造出一種新的天人觀，「天」從「自然天」進而為「意志天」，復將其「人性化」，[註74] 天人相互交融，無有區隔。當天人之際彼此影響、比附，則界線趨於模糊。甚者，人世朝官手持神話與宗教中，神明所持的象徵性工具，用以治國，尤顯突兀。且依〈五行相生〉的物質屬性，互生出〈五行相生〉的官職，成為：司農生司馬，司馬生司營，司營生司徒，司徒生司寇，實不免附會且難以行之。

　　在《淮南子‧時則訓》中，論述的是一個國家，循「自然義」之五季，行當季所該當施政的「人文義」大方向。而董仲舒的〈五行相生〉之說，又將個人職務細分化，本著五方、五行、五德、五官之義，推行該官職的任務，行其「人文義」之德政，因其「相生」，所以「相勝」。如此，五行五德成為一個自然與人文互滲，天人交融的群體，各「德」擔當之重臣，圍拱中央天子，成為一核心，周旋循環，生生不已。

〔註74〕《春秋繁露‧順命》：「父者，子之天也；天者，父之天也。無天而生，未之有也。天者萬物之祖，萬物非天不生。」，頁440。

五、五行相勝官場制衡：〈五行相勝〉

《淮南子·墜形訓》中，有完整的五行相勝論述，是以「自然義」詮釋。董仲舒則將理論付諸宦場職務的執行層面，在《春秋繁露·五行相勝》中，仍然以宦場官銜、職掌，膠合於五行循環。如相關五行之官員怠忽職守，玩法弄權，結黨營私，則由另一「五行相勝」之有司，負責懲處。而負責懲處的單位，即是代表「相勝」的另一官職，將「五行相勝說」，成為現實仕宦的監督制衡方法。

> 《春秋繁露·五行相勝》
>
> 木者，司農也。……夫木者農也，農者民也，不順如叛，則命司徒誅其率正矣。故曰金勝木。
>
> 火者，司馬也。……夫火者，大朝，有邪讒熒惑其君，執法誅之。執法者水也，故曰水勝火。
>
> 土者，君之官也。其相司營。……夫土者，君之官也，君大奢侈，過度失禮，民叛矣。其民叛，其君窮矣。故曰木勝土。
>
> 金者，司徒也。……司徒弱，不能使士眾，則司馬誅之，故曰火勝金。
>
> 水者，司寇也。……夫水者，執法司寇也。執法附黨不平，則司營誅之，故曰土勝水。[註75]

上論雖如錢穆之言：「由附會而轉入怪異」，但以五行比附於宦場顯要，各官職之間，環環相扣，也不失是一種自律律人，相互監督的方法，將其製表歸納如下：

附表十八：《春秋繁露·五行相勝》五行官職制衡表

五　行	官　職	犯法後懲處官員	相勝原因
金	司徒	司馬誅之	火勝金
木	司農	司徒誅之	金勝木
水	司寇	司營誅之	土勝水
火	司馬	司寇誅之	水勝火
土	司營代表國君	百姓叛之	木勝土

[註75]《春秋繁露·五行相勝》，頁392～398。

司營犯法最為特殊，蓋司營為土，代表君王。國君賦斂縱欲，奢侈無度，則「木」將叛之。木者，農也。農者，民也。故黎民代表了木，土代表國君，國君無視百姓之苦痛，則黎民叛亂以期顛覆，是為「木勝土」。將歷代君王荒淫無道，人民「予及汝皆亡」而叛的事實，黏著於五行，其理論邏輯，亦非無理。

李澤厚針對董子論述宦場制衡的方式，言：「原始儒學的政治理想和統治體制，是建築在血緣倫理和原氏族首領的嚴格的個體道德表率上，後者（案：指《春秋繁露》）把政治倫理建築在宇宙自然秩序的比附上，政治的治亂興衰……依靠於遵循客觀的『天道』，而這『天道』也就包含建立這類整套的官僚行政體制，……這種官制……具有職能分化，各有定規，執行權威。」〔註76〕

這個以五行、五德的天道，制衡官僚甚至君王，內含中國先秦各家，無不希冀國君以善政牧民富民，若其不然，則民生變的邏輯哲學思想，〔註77〕也成為五行學說的人間實踐。

董仲舒的陰陽五行從《管子》、《呂氏春秋》、《淮南子》中擷取養分，並將之轉化為政治倫常，君臣父子的尊卑要義，從相生、相勝，推衍、擴大並強化：「這些轉化的核心宗旨，則通向中央集權一統政制下的絕對倫理，假天道的陰陽消長來說人事政道的尊卑秩序。」〔註78〕「他將陰陽、四時、五行的宇宙圖式『目的論化』，由此轉為歷史觀、政治論、人性論及倫理學的根據。」〔註79〕但如果以後設的角度觀之：「古代中國人試圖找出一些原則，來藉此說明歷史現象。利用抽象的原理以解釋現實的事物，這是科學思維的第一步。

〔註76〕李澤厚：《中國古代思想史論》〈秦漢思想簡議〉，頁157。

〔註77〕先秦各家對於牧民須以善政而致民富，若否，則民將叛之的言論，載之不絕。如：余培林註譯：《老子‧第八章》：「居善地，心善淵，與善仁，言善信，政善治，事善能，動善時。夫唯不爭，故無尤。」，頁28；蔣伯潛：《論語‧顏淵》：「子為政，焉用殺？子欲善，而民善矣。」（長春，吉林人民出版社，2013），頁623；《孔子家語‧賢君》：「哀公問政於孔子，孔子對曰：『政之急者，莫大乎使民富且壽也。』公曰：『為之奈何？』孔子曰：『省力役，薄賦斂，則民富矣。』」，頁695；《管子‧治國》曰：「凡為國之道，必先富民，民富則易治也，民貧則難治也。」，頁924；《荀子‧王制篇》：「君者，舟也；庶人者，水也。水則載舟，水則覆舟。」，頁166。無法逐一臚列。

〔註78〕陳麗桂：〈從循環、代勝到主從、尊卑——戰國、秦、漢陰陽五行說的緣起與演變〉《哲學與文化》（第四十二卷，第十期，2015‧10），頁13。

〔註79〕侯外廬主編：《中國思想通史‧第二卷》（北京，人民出版社，1957），頁103～104。

因此，從方法論上說，利用五行關係以解釋社會政教之變遷，卻也具有積極的一面。」〔註80〕

　　從《管子》以五行描繪了宇宙的空間與時間，到《呂氏春秋》將五行增添為多神，復將五行的時間以季夏重新分配於一年之中，排除了四季混亂的困擾，並讓黃帝得以「天下土」居中調節，使五行從「神」的角度，走向了人間的帝王。再經《淮南子》將天上星辰納入，使得宇宙空間更為浩邈，且下及庶民，五行說已涵括了至上與低下階層，並產生了五行相生相勝的論述雛形，逮至董仲舒的《春秋繁露》，五行的物物相生說，終告底定。又以五行作為官職的代稱，以相勝說的理論做為政途仕宦的懲處執行標準，彌補了《淮南子·天文訓》中，只將官銜冠以五行之名，卻無職掌制衡的中間官場階層。

　　此時，五行說在人世由上至下縱貫的深耕中，已趨完成，並將人文義的道德觀蔓衍至人世倫常，這不能不說是董子在五行說中的貢獻。李澤厚即言：「董仲舒的貢獻就在於，他最明確地把儒家的基本理論（孔孟講的仁義等等）與戰國以來風行不衰的陰陽家的五行宇宙論，具體地配置安排起來，從而使儒家的倫常政治綱領有了一個系統論的宇宙圖式作為基石，使《易傳》、《中庸》以來，儒家所嚮往的『人與天地參』的世界觀得到了具體的落實，完成了自《呂氏春秋·十二月紀》起始的、以儒為主、融合各家以建構體系的時代要求。」〔註81〕

　　經過將近千年的各家演繹詮釋，至此，從西周開始只是六府、五材的物質，已推至極大化，又向星空發展，將渺遠星體的自然運行，賦予人文義，和人世結合。而人世的人文義除了帝王階層，又衍伸至朝綱、家庭、黎庶。

　　時間上：將其從跨度最大的「年」，包覆了「季」，約束至「月」，細分到「日」，切割到「時」。

　　空間上：從地上的東、南、西、北、中，五個方位，延伸至綿亙無垠的日、月、星辰。

　　宗教上：衍伸至上古帝王、神明、神獸。

　　人世間：被及君、臣、父、子的政治思想、人倫脈絡以及庶民運作。

　　也顯示了自西周，經春秋，歷戰國，以迄秦漢時期，古人對宇宙時空的

〔註80〕廖芷人：《陰陽五行及其體系》〈第十一章·第三節·陰陽五行與一般系統理論〉，頁420。
〔註81〕李澤厚：《中國古代思想史論》〈道、法、陰陽、儒家的合流〉，頁149～150。

觀念，五行的宇宙的圖式成形，如以下繪圖示之：

附表十九：漢初五行宇宙觀

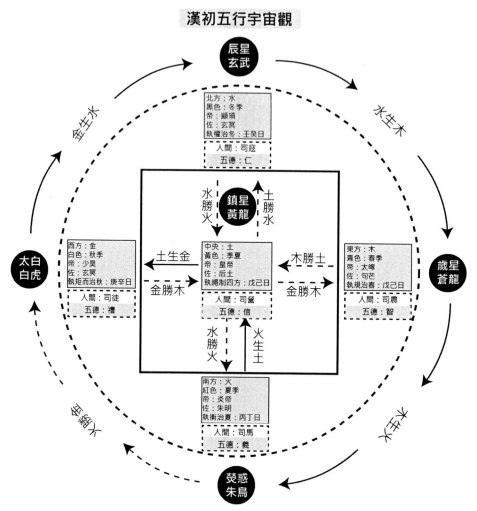

實線為五行相生，虛線為五行相勝。虛線長方形內為人世官職與德性。

天圓地方的包覆下，大地之上，天空之外，星辰如五行、五方配置，而星宿乃是神的化身，神明一如人世，需要坐騎以運行。地上繽紛五彩，五方國度亦如人世，由帝王鎮服擁有。而各天帝有佐，佐持「規、矩、權、衡」治理四時，黃帝居中最為尊，其佐執「繩」協助黃帝約束並「制」四方。正如人世間的人帝有宰相，由各官職以法規、度量，協助皇帝管理庶民依節氣的產出與生息。人世奉行：仁、義、禮、智、聖之五德。宦場、家庭倫理一如五行

相生，仕宦如有犯忌違法，依五行相勝說，由制衡之官員誅懲之。地上的物質自然相生相克，十天干、十二月、四季，運行順暢，循環不已。李澤厚言：

> 以數字來組織整理從而解釋宇宙，是思想發展到一定階段自然出現的現象，其中充滿了神祕主義，同時也有足以珍貴的科學思想。實際上這個五行宇宙圖式本身就包含理性和非理性兩方面的內容和向不同方向發展的可能性，即強調系統的客觀運轉和強調神祕的天人感應。〔註82〕

從理性發展到非理性，從有形的物質推至無形的德行，兼攝自然義、人文義與宗教義，從天上推至地下，從神明推至人世，或往上或往下，往大至無垠，往小至沙漏，以合理的觀察到推理的神祕，造就了當時人的宇宙觀。

六、三統、五德說：〈三代改制質文〉

先秦的各諸侯國君主，皆因血嗣承襲，而天子乃受天之命。惟漢家乃出身於野里黔首，既無貴族血脈，復無天命以彰天下，歷四代而德運不明。漢武即位舉賢良文學，其制中有：「朕獲承至尊休德，傳之亡窮，而施之罔極，……三代受命，其符安在？災異之變，何緣而起？」蓋武帝亦如秦皇，想將天下「傳之亡窮，而施之罔極」，昔日李斯在始皇殿前曰：「五帝不相復，三代不相襲」，雖未言五帝為何，但三代是指秦之前的夏、商、周三代。當武帝也說「三代」時，就略過了漢之前的秦不論，直接承襲自周。且武帝提問的：「三代受命，其符安在？災異之變，何緣而起？」代表了他也想知道，三代受天之命的符應為何？引發朝代衰亡災異的緣由又為何？

董仲舒在第三次的冊對中，以孔子之言：「殷因於夏禮，所損益可知也；周因於殷禮，所損益可知也；其或繼周者，雖百世可知也。」〔註83〕同樣的也是去掉了秦。故，董子雖然對五行多所釋義，但他個人在政治改制上卻傾向三統之說：

> 〈三代改制質文〉
>
> 王者必受命而後王。王者必改正朔，易服色，制禮樂，一統於天下，所以明易姓，非繼人，通以己受之於天也。王者受命而王，制此月以應變，故作科以奉天地，故謂之王正月也。

〔註82〕李澤厚：《中國古代思想史論》〈陰陽五行的系統論〉，頁164。
〔註83〕武帝之制及仲舒之對策見《漢書‧董仲舒傳》，頁3318、3319、3351。

> 王者改制作科奈何？曰：當十二色，歷各法而正色，逆數三而復，
> 〔註84〕絀三之前，曰五帝，帝迭首一色，順數五而相復，咸作國號，
> 遷宮邑，易官名，制禮作樂。

新王登大寶以當天命，即須改變制度，在十二個月的十二種顏色當中，選擇一種顏色作為「正色」，並以此改變曆法。倒數子、丑、寅，三種正朔的次序而循環，成為：寅、丑、子。貶退三個朝代之前的君王（案：三個朝代含本朝），稱之為五帝。五帝輪流又以一色為正色，順著五行的秩序循環。重新訂定國號，搬遷都城，更改官銜，制訂合於體制的禮儀與音樂。

> 故湯受命而王，應天變夏作殷號，時正白統。親夏故虞，絀唐謂之帝堯，以神農為赤帝。……文王受命而王，應天變殷作周號，時正赤統。親殷故夏，絀虞，謂之帝舜，以軒轅為黃帝，推神農以為九皇。……
> 故《春秋》應天作新王之事，時正黑統。王魯，尚黑，絀夏，親周，故宋。〔註85〕

商湯受天命而王，應天之命革夏為殷，時代的德運正是白統，接近夏代，以虞舜為故國，貶退唐堯，稱之為帝堯，稱神農為赤帝。……周文王接受天命而王，應天之命革殷為周，時代的德運正是赤統，接近殷代，以夏代為故國，貶退虞舜，稱之為帝舜，稱軒轅為黃帝，推崇神農為九皇。……所以《春秋》應天之命執行新王的任務，時代的德運正是黑統，以魯國為王，崇尚黑色，貶退夏代，接近周代，以宋國為故國。

董子在向前追溯五帝時，產生一個奇特的現象，即：以殷、周、春秋，三者向前回溯，卻產生了不同的朝代：

殷－夏－虞舜－唐堯－神農

周－殷－夏－虞舜－黃帝－神農

《春秋》－周－殷（宋）－夏－虞舜

以殷為第一代，往前追溯到第五代時，為神農，唐堯與神農之間，並無黃帝；然而以周為第一代，往前追溯至第五代時，卻少了唐堯，出現了黃

〔註84〕案：「逆數三而復」，三：為子、丑、寅。逆數：則成寅、丑、子。夏朝以寅月為正月，尚黑；殷代以丑月為正月，尚白；周代以子月為正月，尚赤。「歷」為曆，避清高宗諱而作歷。

〔註85〕《春秋繁露・三代改制質文》，頁197～198。

帝，而神農在黃帝之前。在「順數五而相復」的原則下，仲舒的邏輯，實令人難解。

三統只有三色，分別為赤、黑、白三色，依其論點，漢之前的三統的順序如下：

附表二十：董仲舒三統說朝代德統表

朝代順序	三統順序	備註
夏之前	赤統	
夏	黑統	
殷	白統	
周	赤統	（循環至三代之前的赤統）
秦（無）《春秋》	黑統	董仲舒在〈三代改制質文〉中，並不論及秦當何統，應是不承認秦的存在。而是以孔子所做的《春秋》為黑統。
漢	無	漢初曾為水德黑統，如果以仲舒的邏輯，則漢代應當為白統，方能契合此邏輯順序，但董子並未論敘漢當何統。

董子並未言及漢當何統。且「絀三之前，曰五帝，帝迭首一色，順數五而相復」，便又產生了一個矛盾，即：目前以黑、白、赤，三色為朝代循環，但經過了三代之後，再改以五行的順序循環，但「五」無法成為「三」的倍數，即第一次的「三」循環之後，到第二次時，便會與之前所訂的「色」、「統」不符。

舉例言之：即便將《春秋》當一統：黑統。以三統逆向循環，往前追溯到夏代，夏原為黑統，就必須改掉原來的黑統，此時，卻又該當何統？況者，夏為黑統，已成歷史定局，如何以後世去更改前三代的歷史？而且，另行更換成五行的顏色，又該當如何更換？

由於鄒衍之書今不存，難以比對，故無法知悉三統的：黑、白、赤，三色，與五德說的五色，兩者如何調和循環。

近世多位學者則對於董仲舒的〈三代改制質文〉中的「三統說」，是為了孔子與《春秋》尋天命。馮友蘭認為，董仲舒宣稱它是為了推尊《春秋》，為漢朝統治找根據：「秦朝用騶衍的『五德轉移，治各有宜』的說法，為它的統治找根據。這個說法的根本意思，漢朝的統治階級還在利用。不過在實際運用的時候，有不同的意見。……董仲舒另提出一種新的說法，以說明歷史之的變化。……繼周的王，並不是秦而是《春秋》。……他所說的『三統』並不是歷

史轉變的動力，只是『新王受命』的一種標誌。『新王受命』完全是『天意』的決定。」〔註86〕

　　學者張端穗也持相同的看法：「董仲舒舉了上述歷史事實證明稟受天命的君王都曾遵奉了『改制作科』的原則，其目的不只是在尋繹歷史發展的規律。他另一個意圖（當是真正的意圖）在於證明孔子作《春秋》也是稟受天命遵奉上述原則而採取的措施。」〔註87〕

　　白統、赤統、黑統的三統說，是從五德終始說脫胎而來，顧頡剛言：「這是從五德終始說蛻化出來的。五德說終而復始，它也終而復始，此其一。五德說以顏色分，它也以顏色分，此其二。五德說以五德作禮樂制度的標準，他也以三統四法作禮樂制度的標準，此其三。」〔註88〕如依董仲舒三次為一循環的邏輯，則漢應成為白統。

　　董仲舒的三統說顯然有一定的影響力，因為像兒寬當時已是御史大夫，他應是贊成「五德終始說」，但對於武帝問他應該以何為正朔，尚何服色，兒寬以董仲舒的三統說回答，卻又模稜不清，《漢書‧律曆志》：

　　　上乃詔寬曰：「與博士共議，今宜何以為正朔？服色何上？」寬與博
　　　士賜等議，皆曰：「帝王必改正朔，易服色，所以明受命於天也。創
　　　業變改，制不相復，推傳序文，則今夏時也。……臣愚以為三統之制，
　　　後聖復前聖者，二代在前也。今二代之統絕而不序矣，唯陛下發聖德，
　　　宣考天地四時之極，則順陰陽以定大明之制，為萬世則。」〔註89〕

兒寬上奏說：「推傳序文，則今夏時也。」即當今應該採夏朝的黑統，這即是依董仲舒的三統說，以夏代為黑統，以寅月為正月，其色上黑，〔註90〕不承

〔註86〕馮友蘭著：《中國哲學史新編》第三冊，〈董仲舒公羊學和中國封建社會上層建築〉，頁88、91。

〔註87〕張端穗：〈董仲舒思想中三統說的內涵、緣起及意義〉（《東海中文學報》，第16期，2004年7月），頁61。張書豪：〈秦漢時期的終始論及其意義〉（《漢學研究期刊》，2007），頁65。

〔註88〕顧頡剛：《古史辨》第五冊，〈五德終始說下的政治和歷史〉，頁443。

〔註89〕《漢書‧律曆志》，頁1008。

〔註90〕《漢書》與《春秋繁露》兩書所言三統稍有不同。〈律曆志上〉：「天統之正，始施於子半，日萌色赤。地統受之於丑初，日肇化而黃。……人統受之於寅初，日孳成而黑。」《漢書‧律曆志》，頁1022；〈三代改制質文〉所言「三統」為：「三正以黑統初。正日月朔於營室，斗建寅。……其色黑。正白統者，歷正日月朔於虛，斗建丑。…… 其色白。正赤統者，歷正日月朔於牽牛，斗建子。…… 其色赤。」《春秋繁露‧三代改制質文》，頁198。

認秦該當一統，卻也不承認《春秋》該當一統。且正朔既採夏代之黑統，曆法卻又不採夏曆，而是敦請武帝：「宣考天地四時之極，則順陰陽以定大明之制」，即考察陰陽四時之變，觀測日月運行之規律，重新訂定曆法制度。

第三節　司馬遷的政治與五行思想

　　司馬遷尊儒、崇黃帝、深信陰陽五行說。《漢書・郊祀志》：「太初改制，而兒寬、司馬遷等猶從臣，誼之言，服色數度，遂順黃德。彼以五德之傳從所不勝，秦在水德，故謂漢據土而克之。」〔註91〕故，漢武改制，以土德建朔定於一，終結了自高祖肇造以來德應混亂的局面，史遷為主要負責人之一。在其巨著《史記》的十二篇〈本紀〉中，除了項羽和呂后未當天命以外，另外十篇，無一不或多或少的有五行、天命、徵兆等等天命符應的蛛絲馬跡。而其他的〈列傳〉、〈書〉的多篇中，也屢有提及五行、五德終始說，他詳加記載了自黃帝已降至武帝時的各朝代德運。（雖然，其說是根據前人經集，代下述。）除了時代的背景、齊學的影響等因素以外，應該也與其史官家世背景有關。

一、巫、史文化傳統

　　五行與五德終始說，內蘊神明、祭祀、方位、天文、曆法等等部分巫術內容，在上古時，是屬於「巫」的職掌。而「巫」又與後世的史官關係密切，因史官乃從「巫」演進而來。且漢代史官之職，為掌理並熟悉天文、曆法，術數，復與陰陽五行相關。唐君毅認為陰陽家的五行之說，乃陰陽家與方士互為因緣而生，其初乃是遠古流傳的民間社會巫術，包括了人與天象、物類、人間禍福吉凶之關係的迷信與知識。〔註92〕

　　上古時，巫的職務專門負責祭祀天地、神明、祖先等事宜，或敘述開天

〔註91〕《漢書・郊祀志》，頁 1432。

〔註92〕唐君毅：《中國哲學原論》〈原道篇・第一章〉，頁 174。馮友蘭謂：「巫術和科學混雜一起的東西，漢朝的人稱為『術數』……術數為六種：天文、曆譜、五行。蓍龜、雜占、形法。其中有些種完全是巫術，……天文學『紀吉凶之象』，就是占星術了。在古代，天文學和占星術是混在一起的。……第二種，曆譜，其中包括有曆法，……也講不少的『凶阨之患，吉隆之喜，』這些就是巫術。……在戰國時期，以術數為基礎而發展起來的一種哲學流派，就是漢人所稱的陰陽五行家。」見氏著：《中國哲學史新編》〈第二十章・陰陽五行家的具有唯物主義因素的世界圖式〉，（臺北藍燈文化事業股份有限公司，1991），頁324。

闢地、人類緣起、天神競爭、祖先的英雄戰功、與大自然的鬥爭以及創造發明等等事蹟。袁珂言：

> 「巫」、「史」這兩種不同性質的事件論述，是同時在作為「巫」的
> 人身上產生的。「巫」是指巫師從事的宗教禮儀祭祀活動；「史」就
> 是指巫師在從事宗教禮儀祭祀活動時，所演唱的神話故事。神話故
> 事就是原始初民心目中的遠年歷史。……在上古時期，神話和歷史
> 實在同出一源。〔註93〕

依此言，則上古的「巫」，在舉行「史」的活動時，所傳述的即是「神話」（當時認為是歷史），三者一體，都是在一個人的身上發生。「巫」與「史」系出一人。李大釗亦有相似的認知：「古者文史相通，……這是因為文史的發源，都源於古代的神話與傳說的緣故。這些神話與傳說的記載即是古代的文學，亦是古代的歷史。」〔註94〕神話與巫、史，殊難分拆，流傳到後世，則逐漸開始分流。

> 《國語·楚語下》
>
> 古者民神不雜。……其明能光照之，其聰能聽徹之，如是則明神降
> 之，在男曰覡，在女曰巫。……而能知山川之號、高祖之主、宗廟之
> 事、昭穆之世、齊敬之勤、禮節之宜、威儀之則、容貌之崇、忠信
> 之質、禋潔之服而敬恭明神者，以為之祝。……於是乎有天地神民
> 類物之官，是謂五官，各司其序，不相亂也。及少昊之衰也，九黎
> 亂德，民神雜糅，不可方物。夫人作享，家為巫史，無有要質。民
> 匱於祀，而不知其福。烝享無度，民神同位。民瀆齊盟，無有嚴威。
> 神狎民則，不蠲其為。嘉生不降，無物以享。禍災薦臻，莫盡其氣。
> 顓頊受之，乃命南正重司天以屬神，命火正黎司地以屬民，使復舊
> 常，無相侵瀆，是謂絕地天通。〔註95〕

「家為巫史」，百姓家中即可自設「巫史」，將天上神祇與人間百姓之事混於一室。顓頊「絕地天通」，將「司天」神明祭祀之事，與「司地」管理人間世事之官職，集中由中央共主掌握。〔註96〕文本中：「能知山川之號、高祖之主、

〔註93〕袁珂語，見《山海經·前言》，頁10、14。

〔註94〕李大釗著：《史學要論》（江蘇文藝出版社，2011），收入《史記·歷代中外人士論司馬遷與《史記》，頁5254。

〔註95〕《國語·楚語下》，頁790～793。

〔註96〕余英時：《論天人之際──中國古代思想起源試探》，對於上述《國語·楚語

宗廟之事、昭穆之世」，業已類似後世的史官之職。只有稱謂因男女不同而稱「覡」或「巫」，但兩者的職掌並無不同。

先秦經集關於「巫」的記載頗夥，除了《國語‧楚語下》以外，

《尚書‧伊訓》中：「敢有恆舞於宮，酣歌於室，時謂巫風。」〔註97〕

《詩經‧陳風‧宛丘》與〈東門之枌〉中，繪述了其時好巫重祭；〔註98〕

《左傳‧隱公十一年》：「鄭人囚諸尹氏，賂尹氏，而禱於其主鍾巫，遂與尹氏歸，而立其主，十一月，公祭鍾巫，齊於社圃，館於寪氏。」

〈僖公二十一年〉：「夏，大旱，公欲焚巫尪，臧文仲曰：非旱備也，脩城郭，貶食省用，務穡勸分，此其務也，巫尪何為，天欲殺之，則如勿生。」

《晏子春秋‧內篇諫上第一》，楚巫勸齊景公：「事未大濟者，明神未至也。請致五帝，以明君德。……景公再拜稽首。」〔註99〕

《漢書‧地理志》則錄有春秋時，陳國太姬好巫的事蹟：「太姬尊貴，好祭祀，用史巫，故其俗好巫鬼者也。」〔註100〕

下》的引文解析為：「這個神話最早見於尚書呂刑，其文甚簡，但曰：『乃命重、黎絕地天通，罔有降格。』曾運乾（1884－1945）解釋『格』字云：『格，格人，能知鬼神情狀者；降格，言天降格人也。』依此說，可知『格人』即巫，乃天人之間的媒介。……類似巫或薩滿的信仰可以獨立的發生在任何初民社會。……顓頊藉著剝奪普通巫師和上帝、其他神祇交通的傳統機能，重組了原始的巫教，顓頊隨後轉以他所信任的巫師（神話中『司天』的『重』）掌理與天相關的事宜，建立他自己與『天』和『帝』直接交通的管道。……商王的確在占卜儀式中活躍非常。在商代甲骨文所包含的五個時期中，商王均扮演占卜者……商王如果不是一位神權君主，可以憑藉其超卓能力和超人間的勢力有所溝通，以維持其有效的統治，便是一位『群巫之長』。（臺北，聯經出版事業公司，2014），頁75～78。

張光直：《藝術、神話與祭祀》：「巫術在古代中國政治中的核心作用提供了至關重要的線索。……可自從『絕地天通』之後，只有掌控通天之路的人才擁有此種智慧，進而掌控權力，從而統治天。……研究古代中國的學者們認為帝王自己就是巫覡之首。」（北京，北京出版社，2016），頁35～36。陳夢家亦持類似觀點，見氏著：〈商代的神話與巫術〉，收入馬昌儀選編：《中國神話學百年文論選》（西安，陝西師範大學出版社，2013），頁165～178。

〔註97〕《尚書‧伊訓》，頁244。

〔註98〕近人吳宏一對於《詩經》〈陳風‧宛丘〉、〈東門之枌〉，反映當時的巫祭、巫風，多有考證論述。見氏著：《白話詩經》（臺北，聯經出版有限公司，2009），頁189～206。

〔註99〕王更生註譯：《晏子春秋》〈內篇諫上第一〉，頁38～40。

〔註100〕以上分見：焦循：《春秋左傳補疏‧隱公十一年》：「蓋巫能降神，神物憑之，即巫以為神，故即名其神鍾巫。尹氏主之者，所謂家為巫史也。隱公禱而得

上述引文，都是有關當時上階層君主、貴族，對於巫者的尊重與信慕的記載，證明了即便到了春秋時期，巫者仍然具有一定的分量。

在《禮記·禮運》篇中，已然將「巫」與「史」的職務職掌有所區隔，但仍書寫在一起：「王前巫而後史」，正義云：「『王前巫』者，若王弔臨，則前委於巫也。『而後史』者，動則左史書之，言則右史書之。……既言『前巫』，故云『後史』也。」〔註101〕將「巫」與「史」，分為「巫」、「左史」與「右史」三種職責。而「史」開始有了左史記事，右史記言的不同職掌，〔註102〕與上古之時，「巫」掌祭祀活動（事）；「史」則為演唱先祖英雄事蹟（言）相同。

在《周禮·春官宗伯·卷第二十六》中，巫的官職已經區隔為：

喪祝、甸祝、詛祝、司巫、男巫、女巫、大史、小史、馮相氏、保章氏、內史、外史等等，共計十二種，將職務細分化。〔註103〕

在不同的各種官職中，只有「大史」還有早先上古兼管人間萬民之事「黎」的角色。〔註104〕至於其他各項職務中，有關祭祀、天時、節氣、星辰、災祥、邦國典志等等職務，都與後世史官所掌的職務相關。〔註105〕

───────────

歸，遂亦信而立為祭主。」《春秋左傳正義·隱公十一年》，頁149～150；〈僖公二十一年〉，457～458；《漢書·地理志》，頁1972。而魯迅所言古之巫書：《山海經》中，關於「巫」的紀錄尤多，在此不逐一列舉。

〔註101〕《禮記正義·禮運》，頁822～823。

〔註102〕至於左右史記言、記事的職責，有不同的說法：《禮記·玉藻》稱：「動則左史書之，言則右史書之。」頁1022。《漢書·藝文志》則說：「左史記言，右史記事。事為《春秋》，言為《尚書》」，頁13。〔梁〕劉勰著，王更生注譯：《文心雕龍·史傳》則說：「左史記事者，右史記言者。言經則《尚書》，事經則《春秋》。」（臺北，文史哲出版社，2007），頁277。不同的記載，只是記言、記事，分屬左史、右史的不同。

〔註103〕〔漢〕鄭玄注，〔唐〕賈公彥疏：《周禮注疏》〈春官宗伯·卷第二十六〉，（臺北，臺灣古籍出版有限公司，2001），頁799～836。

〔註104〕同上註：「大史：掌建邦之六典，以逆邦國之治。掌灋以逆官府之治，掌則以逆都鄙之治。凡辨灋者考焉，不信者刑之。凡邦國都鄙及萬民之有約劑者藏焉，以貳六官，六官之所登。若約劑亂，則辟灋；不信者刑之。正歲年以序事，頒之於官府及都鄙，頒告朔於邦國」，頁813～815。是以知「大史」仍肩負邦國、都城、百姓之間的法律、契約履行以及刑責。

〔註105〕對於從部落的「巫」與「史」漸次轉化為國家的「史官」，學者或從遠古巫術文化變革成祭祀文化的考證、或從官位的職務職掌加以剖析、或從禮樂文化做出詮釋、或從上古民智的祛魅，因改朝換代以及時間的演進而成為理性思考的過程爬梳。都使得巫者的職掌，從各個氏族部落各事其神祖的人神溝通，逐漸向國家階段、單一朝廷的王權需求靠攏。而周官系統將部落事神敬天的「巫」、「史」工作拆解細分化，到了西漢，「巫」的官銜已然不存，成

故，史官職務的演進，乃是從原先：

（一）「巫」是執掌宗教的禮儀祭祀活動，「史」是指巫師在從事宗教禮儀祭祀活動時，所演唱的神話故事，「巫」、「史」為一人。到了：

（二）「巫」、「史」由「重」掌理天地鬼神祭祀、「黎」管理庶民，拆成兩人。再到：

（三）「史」又拆為左史記事，右史記言。之後到：

（四）「巫」、「史」又細分成十二種職銜職務。最後到了：

（五）史官除了掌史事，也掌天官，但不再掌人間事。

也就是從最早先的宗教祭祀活動，神話的敘述以及傳承，歷經了幾次的職銜與職務上的變遷，到了司馬遷時，史官「不治民」，不過，除了記載歷史以外，仍然兼掌神明祭祀、天文星曆、預言與兆示。

從「巫」到「史」，這一演進的脈絡，史官很難擺脫祖先世襲相傳的遠年歷史，亦即神話、傳說。

「巫」者的職掌，既然包括了神明祭祀、兆示、預言、天象、曆法等等「巫」與「史」的傳述。而五行與五德終始，便涉及了此等術數玄學。司馬氏系出與巫術深具關連的「巫」、「史」家族，且史遷身處當時環境，很難不受時代環境之圍，[註106] 其父司馬談在〈論六家要旨〉中，認為陰陽家缺點在於：「大祥而眾忌諱，使人拘而多所畏。」其優點為：「然其序四時之大順，不可失也。」[註107] 四時的變化，曆譜的訂定，乃史官之責，司馬遷襲父職，受其父影響，不免會植根陰陽家的五行觀念。

〈天官書〉即是一篇很好的例證，為其家傳所學。[註108] 〈天官書〉中，

了「太常」、「太史」、「太祝」及其從屬。詳參：陶磊：《從巫術到數術》〈上古信仰的歷史嬗變〉，（濟南，山東人民出版社，2008），頁47～49。陳來：《古代宗教與倫理》〈儒家思想的根源〉，（北京，三聯書店，2009），頁8～12。陳德興：〈從巫覡時代天帝的祛魅，與秦漢之際陰陽五行天道思想的形成，論「天」內涵之轉化〉，《哲學與文化》（第三十九卷，第六期，2001，06），頁110～116。

〔註106〕顧頡剛：〈五德終始說下的政治和歷史〉：「孔孟老莊們著書立說，縱然不積極提倡，也必於無意中流露出一些以五行為信條的時代色彩。……漢儒生在以陰陽五行為信條的社會裡，便沒有不受陰陽五行說的浸潤的，陰陽五行即是他們的思想規律。」（清華學報，第六卷第一期，民十九，六月）收入《古史辨》第五冊，頁404。

〔註107〕〈太史公自序〉，頁5126。

〔註108〕韓兆琦言：「〈天官書〉的星官體系是司馬氏的體系也是漢代皇家機構所使用

敘述了「究天人之際」的占星術，探究天象與人世的關係，屬巫術的一種，其中多有五行之說。可看出司馬遷作《史記》的態度，即是在天象與人世的運動中，求其因果。〈天官書〉一方面以科學的理性觀察，驗證日、月、五大行星的運行，亮度明暗等等天文物理規律；一方面又以天象的運動，證之以五行的玄學，作為判斷：國家昌衰、帝后災祥、百姓禍福、風雨旱澇、五穀收成、物價貴賤、刀兵吉凶、兩軍勝負、乃至疫疾敗亡，天神子孫等等人世因果，這即有可能是史官乃由「巫」、「史」所出相關。

二、史官與天文曆法

五行與天文律曆有相當程度的關聯，這些專業又由史官職掌，而倡五行學說的陰陽家本附於史官的星曆，王夢鷗先生言：

> 陰陽家的思想既淵源於古史官對於星曆方面的工作經驗，則其於名法儒墨道德等六家之中，應獨擅『數術』，……古史官們多數是博學多通而又生存於『泛靈說』盛行的社會，故其實得於自然界的知識往往混雜有巫術的傳說。〔註109〕

得以知，陰陽家源於史官，而史官長於星曆，復雜以巫術。

在《管子‧五行》中：「昔黃帝以其緩急作五聲，以政五鐘……五聲既調，然後作立五行以正天時。」〔註110〕認知上，曆法、五行同出於黃帝之創制，且曆法依五行而調整。《史記‧律書》曰：「律曆，天所以通五行八正之氣，成孰萬物也。」〔註111〕成了律曆通於五行。《漢書‧藝文志‧數術略》則載：「五行者……皆出於律曆之數而分為一者也。其法亦起五德終始，推其極則無不至。」〔註112〕認為五行源自律曆之數。三說分別為：《管子》的五行先於曆法，《史記》的五行與曆法相通，《漢書》的五行後於曆法。然無論何者為先，均表示了五行與曆法息息相關，而曆法係因史官對天文的觀察校度而訂定。故史官對於天文、曆法與五行，在專業上有一定程度的研究與剖析，這些專

的體系」，〈天官書〉，頁1425。李昭毅：「司馬遷之所以能夠以透過歷代史官的觀星記錄，來考論天象行事，微驗於軌度，其邏輯訓練與理性思維的培養，蓋淵源於其家學。」中正大學歷史學刊，《史記‧天官書》（民國九十二年，第六期，頁81～95），頁93。

〔註109〕 王夢鷗：〈陰陽五行家與星曆及占筮〉，頁492。
〔註110〕 《管子‧五行》，頁865。
〔註111〕 〈律書〉，頁1286。
〔註112〕 《漢書‧藝文志》，頁2206。

業又有科學與玄學的不同：

（一）科學層面

天文、天象，係上古時對天上星辰的描述：「它是由恆星組成的各種不同的圖像，如同西方天文的星座，古人最初用這些圖像所象的事物去命名它，並把它稱為『天文』，這裡『文』乃是『紋』字的古寫，意思便是天上的圖像。」〔註113〕而曆法的涼暑溫寒節氣，乃依據日月星辰的繞行運作而產生，故在上古時，即有專人仰觀天文，據此訂定曆法。《尚書・堯典》：

> 乃命羲和，欽若昊天，歷象日月星辰，敬授人時。分命羲仲，宅嵎夷，曰暘谷。寅賓出日，平秩東作。日中，星鳥，以殷仲春。……申命羲叔，宅南交。平秩南訛，敬致。日永，星火，以正仲夏。……分命和仲，宅西，曰昧谷。寅餞納日，平秩西成。宵中，星虛，以殷仲秋。……申命和叔，宅朔方，曰幽都。平在朔易。日短，星昴，以正仲冬。……帝曰：「咨！汝羲暨和。朞三百有六旬有六日，以閏月定四時，成歲。

孔穎達正義：「重黎之後羲氏、和氏世掌天地四時之官，故堯命之，使敬順昊天。昊天言元氣廣大。星，四方中星。辰，日月所會。歷象其分節。敬記天時以授人也。」〔註114〕進入農業社會，尤重因天象運行而更動之曆法節氣，使得因地產出賴以維生的農務，順時而耕、灌、採、藏。於是專司天文、曆法之官，觀察天上日月星辰的運行，藉此訂定四季節氣與每月時日，並利用閏月調整四時節氣，俾利庶民遵照，是以曆法乃據天象之觀測、修正、調整而訂定。

以甲骨文考古的資料研究，自殷代開始天文、曆法即屬史官掌管。〔註115〕在〈國語・周語上〉即記載：

〔註113〕馮時：《星漢流年》〈中國天文考古錄〉，（成都，四川教育出版社，1996），頁135。

〔註114〕文中各句與天文曆譜的關係，參閱《尚書正義・堯典》中，鄭玄、馬融、孔穎達等歷代學者釋義。頁33～46。另：羲、和為重黎之後，而司馬遷亦為重黎之後，故司馬遷有可能與負責天象曆法的羲、和為一脈相傳。

〔註115〕常正光：〈殷曆考辨〉收入《中國古文字大系・甲骨文獻集成》（成都，四川大學出版社，2001），頁341。相關夏、殷、周時期，天文曆法與殷墟甲骨文以及《春秋》、《尚書》、《左傳》、《國語》等等經籍的關聯，請參閱陳萬鼐：〈中國天文學史纂要〉，收入《中國古文字大系・甲骨文獻集成》，頁357～365。

> 古者，太史順時覛土，陽癉憤盈，土氣震發，農祥晨正，日月底於
> 天廟，土乃脈發。〔註116〕

「太史」即為史官；「陽癉憤盈」為日照時數開始增加；「農祥」為房星；「晨正」為農曆正月立春之日；「天廟」為北方營室星。當日照開始增加，房星於正月初早晨現於南方，而太陽月亮交會於北方的營室星，此即立春之日，土地回暖。史官司其責，在觀察天文後，作出曆譜節氣的訂定，稟報天子，天子諭令九卿準備籍田，以親耕為天下範則。

《周禮・春官・大史》中：「大史掌建邦之六典……大史……正歲年以序事，頒之於官府及都鄙，頒告朔於邦國。」〔註117〕正義：「大史，日官也，以其掌曆數，故云日官。」是以知大史為中央朝廷之日官，掌曆數。「正歲年」：為史官仰觀天文後，要以「閏」調整「歲年」，即二十四節氣，再依曆授民以事，從中央至各諸侯國，天下依循，使渠等不失天時。

此乃史官之要職，國君之要務，且史官尚須將日食的天象變異等天文資訊，記載於籍冊。《左傳・桓公十七年》：「日有食之，不書，日官失之也，天子有日官，諸侯有日御。……日御不失日，以授百官於朝。」〔註118〕天子與諸侯皆有「日官」或「日御」的史官，以記天象、天時。《史記・曆書》：「幽、厲之後，周室微，陪臣執政，史不記時，君不告朔。」豬飼彥博曰：「史不記時，言史官失月日而不書也。」〔註119〕史官不記天象、天時，則民失所循，諸事淆亂，國將不國。

以上記載都是古時的史官依據天文的觀察，星象的運轉，角度的位移，推其遲緩，而訂出四時節氣，使以農立國的百姓在農務上的依循，屬於天文知識的科學運算。

（二）玄學層面

同樣在《國語・周語上》：「內史過曰：『天事恆象。』」、「單子曰：『吾非瞽、史，焉知天道？』」〔註120〕「天道」在此為依天象的運行，據以判斷天意的兆示，是一種玄學。而《左傳》中，以天文星象占卜者，亦多為史官，如：

〔註116〕《國語・周語下》，頁 21。
〔註117〕《周禮・春官・大史》，頁 814。
〔註118〕《春秋左傳正義・桓公十七年》，頁 241、242。
〔註119〕《史記會注考證・曆書》，頁 1445。
〔註120〕《國語・周語下》，頁 50、120。

周內史叔興、叔服；周史萇弘；晉史趙、史墨等等，均係史官：「『巫』、『史』之間的傳承在於對天文曆法及知天道的掌握。」〔註121〕科學與玄學兩種知識的分流職掌，最終又在統合的職務上歸於一，《周禮·春官宗伯》：

> 馮相氏：掌十有二歲、十有二月、十有二辰、十日、二十有八星位，辨其敘事，以會天位。冬夏致日，春秋致月，以辨四時之敘。
>
> 保章氏：掌天星，以志星辰日月之變動，以觀天下之遷，辨其吉凶。以星土辨九州之地，所封封域皆有分星，以觀妖祥。以十有二歲之相，觀天下之妖祥。以五雲之物辨吉凶、水旱降、豐荒之祲象。以十有二風，察天地之和、命乖別之妖祥。〔註122〕

同為日月星辰的觀察，「馮相氏」負責的是日月星辰的運行、位置角度、節氣算曆，是技術層面的科學角度；「保章氏」則負責「吉凶、妖祥、水旱、豐荒」的預兆，屬一種玄學的層面。兩者官職為「中士」，同為大史之僚屬。〔註123〕而兩者在天文、曆譜的觀察與發現，合流統籌於大史，成為聖王參政的依據，亦是聖人知命之術。〔註124〕

　　由於史官執掌長期歷史的積累紀錄，以及天文觀測的技術、經驗，有了先王前朝的歷史案例作為證據，與科學上自然法則的合理性，復且加諸尊崇的儀式，使得對於宇宙空間的想像及兆示的判斷，給予了正當的依據。〔註125〕在此正當的依據之下，史官對於因天文觀察而推衍的天兆、術數，便在朝廷有了權威性。

　　《漢書》即將天文、曆譜、五行、蓍龜、雜占、形法六類，皆歸於數術

〔註121〕郭梨華：《出土文獻與先秦儒道哲學》〈《老子》資料與「黃－老」哲學之探究〉，（臺北，萬卷樓圖書股份有限公司，2008），頁125。

〔註122〕《周禮》〈春官·宗伯〉，頁823～833。

〔註123〕《禮記·月令》：「乃命大史，守典奉法，司天日月星辰之行，宿離不貸，毋失經紀，以初為常。」鄭注：「馮，乘也。相，視也。世登高台，以視天文之秩序。保，守也。世守天文之變。」孔穎達正義：「宿離，謂其屬馮相氏、保章氏，掌天文者，相與宿偶。」頁538、539。

〔註124〕《漢書·藝文志》：「天文者，序二十八宿，步五星日月，以紀吉凶之象，聖王所以參政也。……曆譜者，序四時之位，正分至之節，會日月五星之辰，以考寒暑殺生之實。故聖王必正曆數，以定三統服色之制，又以探知五星日月之會。凶阨之患，吉隆之喜，其術皆出焉。此聖人知命之術也。」頁2203、2204。

〔註125〕關於史官與天文知識、歷史知識，以及其後對於陰陽、黃老、儒法等等思想的關係，參閱葛兆光：《中國思想史》〈導論·知識與思想史〉，頁22、23。

類，其職：「皆明堂羲和史卜之職也」、「數者，職在太史，羲和掌之。」〔註126〕即太史之下有不同的屬官，各自司掌科學與數術，而後至太史統合。

太史既知曉天文科學的觀察與計算，復明暸陰陽五行等占卜數術。《漢書‧藝文志》所記錄的「曆譜類」諸書，雖然至今無法全然得窺，但從書名觀之，多為天文曆法的科學運算；而「天文類」書中，則多為依日月星辰的運作，所作的讖緯星占之書。〔註127〕故：「天文曆數、陰陽五行知識為紐結，就把曆法、星占、祝卜之職與史官聯繫起來。……各官之間通過各自的職司典掌，共同創造著天道陰陽觀的思想體系。其中專門史官的作用尤為重要。」〔註128〕

而史官不僅熟悉曆算與星占，尚須依據天文曆算推演五行、五德終始，《漢書‧藝文志》：

> 五行者，五常之形氣也。《書》云「初一曰五行，次二曰羞用五事」，言進用五事以順五行也。貌、言、視、聽、思心失，而五行之序亂，五星之變作，皆出於律曆之數而分為一者也。其法亦起五德終始。
> 〔註129〕

〔註126〕太史為太常屬下的官職，掌管圖書典籍天文曆法等事。見《漢書‧藝文志》頁2211；〈律曆志〉，頁980、981。

〔註127〕《漢書‧藝文志》曆譜類有：「黃帝五家曆三十三卷。顓頊曆二十一卷。顓頊五星曆十四卷。日月宿曆十三卷。夏殷周魯曆十四卷。天曆大曆十八卷。漢元殷周諜曆十七卷。耿昌月行帛圖二百三十二卷。耿昌月行度二卷。傳周五星行度三十九卷。律曆數法三卷。自古五星宿紀三十卷。太歲謀日晷二十九卷。帝王諸侯世譜二十卷。古來帝王年譜五卷。日晷書三十四卷。許商算術二十六卷。杜忠算術十六卷。」從「諜曆」、「月行度」、「五星行度」、「律曆數法」、「日晷書」、「算術」等名稱觀之，較屬於科學的觀測與計算。頁2201～2204。

天文類有：「泰壹雜子星二十八卷。五殘雜變星二十一卷。黃帝雜子氣三十三篇。常從日月星氣二十一卷。皇公雜子星二十二卷。淮南雜子星十九卷。泰壹雜子雲雨三十四卷。國章觀霓雲雨三十四卷。泰階六符一卷。金度玉衡漢五星客流出入八篇。漢五星彗客行事占驗八卷。漢日旁氣行事占驗三卷。漢流星行事占驗八卷。漢日旁氣行占驗十三卷。漢日食月暈雜變行事占驗十三卷。海中星占驗十二卷。海中五星經雜事二十二卷。海中五星順逆二十八卷。海中二十八宿國分二十八卷。海中二十八宿臣分二十八卷。海中日月彗虹雜占十八卷。圖書祕記十七篇。」從「雜子氣」、「泰階六符」、「占驗」、「五星順逆」、「彗虹雜占」等等書名觀之，較屬於讖緯占驗之書。

〔註128〕葛志毅、張惟明：《黃帝四經與黃老之學考辨》（北京中國青年出版社1999），頁156～157。

〔註129〕《漢書‧藝文志》，頁2206、2207。

敬用「貌、言、視、聽、思」五事，五事失去常態，五行的秩序即產生混亂，五星即變色逆行，這是從曆法計算衍伸而出，此種推演根據為何，已難得知。這樣的推算方法也啟發了五德終始學說。

是故，史官除了負責典籍的保管與史書的記錄，尚須執掌天文的科學觀察、曆法的計算，並須根據天文星象的運轉，玄學占驗的「吉凶、妖祥、水旱、豐荒」，進而推演五行與五德終始的推移。這也是《史記・天官書》中，在記載天象時，多有與讖緯與五行說結合的原因。

三、司馬遷的政治思想

司馬遷尊儒思想受齊學的影響，但尚有家世、學思歷程以及時代背景等等其他因素，加總組合，熔鑄為內在的醞釀，《史記》的書寫則成為外在的示現。

（一）尊儒

司馬遷之父司馬談「習道論於黃子」，黃子曾在景帝前與轅固生做儒、道之辯，其道學思想應屬深厚。司馬談受其傳授，在〈論六家要旨〉中，對陰陽、儒、墨、名、法，等五家雖有所誦益，卻也不無非難，唯獨鍾道家，但見稱善，無有責難：

〈論六家要旨〉：

道家使人精神專一，動合無形，贍足萬物。其為術也，因陰陽之大順，采儒、墨之善，撮名、法之要，與時遷移，應物變化，立俗施事，無所不宜，指約而易操，事少而功多。〔註130〕

認知上是道家但有眾家之長而無各家之短，且「立俗施事，無所不宜」。〔註131〕司馬遷自幼薰沐於家風的耳濡目染，很難不具有道家的學識與思想。故《史記》中，對於呂后與曹參俱遵循高祖開國時無為而治的策略，殊多讚美。〔註132〕像〈田單列傳・贊〉：「兵以正合，以奇勝。」即引用《老子・第五十

〔註130〕〈太史公自序〉，頁5126。
〔註131〕案：司馬談文中：「采儒、墨之善，撮名、法之要」二句，則此時的道家已是融合了儒、墨、名、法等各家，已非單純的《老子》。
〔註132〕〈呂太后本紀〉：「孝惠皇帝、高后之時，黎民得離戰國之苦，君臣俱欲休息乎無為，故惠帝垂拱，高后女主稱制，政不出房戶，天下晏然。刑罰罕用，罪人是希。民務稼穡，衣食滋殖。」頁585。〈曹相國世家・贊〉：「曹相國參……清靜極言合道。然百姓離秦之酷後，參與休息無為，故天下俱稱其美矣」，頁2571。

七章》：「以正治國，以奇用兵。」〔註133〕在其他〈世家〉、〈列傳〉中，諸多引用《老子》、《莊子》之說以為論證。〔註134〕

李長之說：「司馬遷書中的道家成分，就歷史的意義說：應該稱為老學；就時代意義說，應該稱為黃老；但就學術的體系意義說，應該稱為道學。」〔註135〕

班固在《漢書·藝文志》中，歸結先秦各家學說的濫觴：

> 道家者流，蓋出於史官，歷記成敗、存亡、禍福、古今之道，然後知秉要執本，清虛以自守，卑弱以自持，此君人南面之術也。〔註136〕

而司馬氏家族世為史官，依班固對各家學說思想的分類，則司馬遷的家學淵源與道家有密切關係。班固認為司馬遷在《史記》中的書寫較偏於道家，在《漢書·司馬遷傳》中評論太史公：

> 亦其涉獵者廣博，貫穿經傳，馳騁古今，……又其是非頗繆於聖人，論大道則先黃老而後六經，……此其所蔽也。〔註137〕

司馬遷遍閱：儒、道、法、墨、刑名、陰陽等諸家論述，故班固認為太史公「涉獵者廣博，貫穿經傳，馳騁古今」，但其「蔽」，在於「先黃老而後六經」，以道家的思想優先，為寫作的出發點。然，〈論六家要旨〉將黃老道家置於首篇，先於儒家，乃司馬談之論，而非司馬遷之作。古今學者，多認為史遷是以儒家為繼，並以儒學經籍作為主要依據創作《史記》，是以梁玉繩曰：

> 班固本父彪之言，譏史公「是非繆於聖人」，晁公武《郡齋讀書志》曾辨之，《補筆談》亦云「班固所譏甚不慊」。夫史公考信必於六藝，

〔註133〕〈田單列傳〉，頁3422。《老子·道德經》，頁93。

〔註134〕《史記》中，諸多引用老、莊之說，例如：〈管晏列傳〉引用〈老子·第四十五章〉與〈老子·第五十八章〉。〈白起王翦列傳〉引用〈老子·第三十一章〉。〈淮陰侯列傳〉引用〈老子·第九章〉。〈劉敬叔孫通列傳〉引用〈老子·第四十五章〉。〈太史公自序〉，分別引用〈老子·第十一章〉與〈老子·第五十七章〉。〈遊俠列傳〉引用〈莊子本義·胠篋篇〉。水渭松注譯：《莊子本義》（台北，三民書局，2007），頁148。等等，無法逐一臚列。

〔註135〕李長之著：《司馬遷之人格與風格》（台北，里仁書局，1987），頁206。

〔註136〕《漢書·藝文志》，頁2119。歷史學者周非反對現代人繼續沿用班固對先秦諸子百家的分類，認為：「這不過是班固這些人，在兩千年前為諸子百家刻的一個記號而已，必須重新審視當時各種思想學說、文學作品，以及各種新出現的科學知識及技術，然後重新歸納、分類。」見氏著：《諸子百家大解讀》（台北，遠流出版社，2011），頁12。

〔註137〕《漢書·司馬遷傳》，頁3652。

造次必衷仲尼，是以孔子儕之〈世家〉，老子置之〈列傳〉；尊孔曰「至聖」，評老子曰「隱君子」；六家指要之論歸重黃老，乃司馬談所作，非子長之言；不然，胡以次李耳在管、晏之下，而窮其敝於申、韓乎？固非「先黃老而後六經」矣。〔註138〕

錢大昕亦曰：「太史公修《史記》，以繼《春秋》，成一家之言，其述作依乎經，其議論兼乎子。」〔註139〕近世學者梁啟超認為：「太史公最通經，最尊孔子。」、「是漢代獨一無二之大儒矣。」〔註140〕康有為云：「察遷之學，得於六藝至深。」〔註141〕章學誠言：「夫史遷絕學，《春秋》之後一人而已。其範圍千古，牢籠百家者，惟創例發凡，卓見絕識，有以追古作者之原，自具《春秋》家學耳。」〔註142〕中井積德對史遷父子是尊儒抑或崇道，解析道：

司馬談喜道家者，故著〈六家指要〉而主張道家也。遷直述其言於〈自序〉，冀其不朽也。其實遷之學未必同於父也。……明孔不如老，此談之學也。而遷意則尊儒，父子異尚。〔註143〕

史遷自言：「夫學者載籍極博，猶考信於六藝。」〔註144〕這個「信」字，司馬遷便自道出取捨態度，乃是以儒家的「六藝」為準、為「信」。雖然只以儒學的經籍為考證的依據，不無偏頗之處。從《史記》各篇審析，可看出司馬遷選用材料準則的先後順序為：

1. 孔子所言，如《春秋》、《大戴禮・帝繫》、《大戴禮・五帝德》；
2. 儒家六經，外加《論語》、《孟子》、《大學》、《中庸》等四書；
3. 不在六經之內的其他儒學經籍；如《左傳》、《國語》等；
4. 儒學融以陰陽五行、讖諱之學等；
5. 〈列傳〉則多以傳主自身或門徒之編著為參考資料，其中的「贊」，則

〔註138〕梁玉繩語。見氏著：《史記志疑》，〈卷三十六・太史公自序〉，頁1487。
〔註139〕〔清〕錢大昕：《潛研堂文集》〈卷二十四・〈史紀志疑序〉，收入《四部叢刊・集部・第八冊》（臺北，商務印書館，1979）。
〔註140〕梁啟超著：〈讀書分月課程〉與〈論中國學術思想變遷之大勢〉，收入《飲冰室合集》第三冊，（北京，新華書店，1989），頁81。
〔註141〕康有為著：《新學偽經考》〈史記經說足證偽經考〉，（北京，中華書局，1959），頁16。
〔註142〕章學誠：《文史通義・申鄭》，收入《史記・歷代中外人士論司馬遷與《史記》，頁5256。
〔註143〕中井積德：《史記雕題》（大阪，大阪大學懷德堂文庫復刻叢書本，1991），收入《史記會注考證》〈太史公自序〉，頁4311。
〔註144〕〈伯夷列傳〉，頁2758。

頗多以老、莊之言，作為註腳。〔註145〕

　　法、墨、刑名等各家諸子及文集，雖見參考，但幾乎僅止於各家傳主本身論述的引用。

　　以《史記》各篇觀其尊孔與重儒的書寫：

　　1. 將孔子列入〈世家〉，而非書之於〈列傳〉；

　　2. 〈孔子世家〉「贊」：「《詩》有之：『高山仰止，景行行止。』雖不能至，然心鄉往之。余讀孔氏書，想見其為人。……自天子王侯，中國言六藝者折中於夫子，可謂至聖矣！」〔註146〕推崇孔子為「至聖」；

　　3. 專為儒學作〈仲尼弟子列傳〉以及〈儒林列傳〉，卻不見為其他學說的繼承者作傳；

　　4. 除〈魯世家〉、〈孔子世家〉敘述孔子的事蹟外，在許多與孔子無關的〈本紀〉與〈世家〉中，都會提到孔子的事蹟或生年，如：

　　　　〈周本紀〉：「敬王……四十一年，……孔子卒。」

　　　　〈秦本紀〉：「惠公元年，孔子行魯相事。」

　　　　〈宋微子世家〉：「景公……二十五年，孔子過宋，宋司馬桓魋惡之，欲殺孔子，孔子微服去。」

　　　　〈鄭世家〉：「聲公五年，……孔子嘗過鄭，與子產如兄弟云。及聞子產死，孔子為泣曰：『古之遺愛也！』」〔註147〕等等，為其他學派創始者及君王所無；

　　5. 在〈太史公自序〉中讚揚孔子：「周室既衰，諸侯恣行。仲尼悼禮廢樂崩，追修經術以達王道，匡亂世反之於正，見其文詞，為天下制儀法，垂六藝之統紀於後世。」〔註148〕而談到老子時僅有「李耳無為自化，清淨自正」〔註149〕僅僅兩句點出老子的特點而已。

　　他對於以儒學六經作為創作《史記》的取捨標準與認知，說的很明確：

　　　　夫《春秋》，上明三王之道，下辨人事之紀，別嫌疑，明是非，定
　　　　猶豫，善善惡惡，賢賢賤不肖，存亡國，繼絕世，補敝起廢，王道

〔註145〕關於司馬遷書寫《史記》之資料來源，參閱：《史記會注考證・史記資材》，頁4384～4401。

〔註146〕〈孔子世家〉，頁2409。

〔註147〕分見〈周本紀〉，頁167；〈秦本紀〉，頁232；〈宋微子世家〉，頁1871〈鄭世家〉，頁2110。另在：〈齊世家〉、〈晉世家〉、〈吳太伯世家〉、〈燕召公世家〉、〈陳杞世家〉、〈衛康叔世家〉、〈趙世家〉等等多篇中提及。

〔註148〕〈太史公自序〉，頁5159。

〔註149〕〈太史公自序〉，頁5161。

之大者也。《易》著天地陰陽四時五行，故長於變；《禮》經紀人
倫，故長於行；《書》記先王之事，故長於政；《詩》記山川谿谷
禽獸草木牝牡雌雄，故長於風；《樂》樂所以立，故長於和；《春
秋》辯是非，故長於治人。是故《禮》以節人，《樂》以發和，《書》
以道事，《詩》以達意，《易》以道化，《春秋》以道義。撥亂世
反之正，莫近於《春秋》。《春秋》文成數萬，其指數千。萬物之
散聚皆在《春秋》。〔註150〕

這便是將儒學的《春秋》、《易》、《禮》、《書》、《詩》、《樂》等六經，做為《史
記》的主要依循，但也輔之以道家學說，兩學說交互參錯，如〈酷吏列傳〉：

孔子曰：「導之以政，齊之以刑，民免而無恥。導之以德，齊之以禮，
有恥且格。」老氏稱：「上德不德，是以有德；下德不失德，是以無
德。法令滋章，盜賊多有。」太史公曰：「信哉是言也！」法令者治
之具，而非制治清濁之源也。昔天下之網嘗密矣，然姦偽萌起，其
極也，上下相遁，至於不振。當是之時，吏治若救火揚沸，非武健
嚴酷，惡能勝其任而愉快乎！言道德者，溺其職矣。故曰：「聽訟，
吾猶人也，必也使無訟乎」。「下士聞道大笑之」。非虛言也。〔註151〕

分別以《論語・為政》篇孔子之言，與《老子・第三十八章》以及〈第五十七
章〉的老子之言做為破題。接著敘述自己的感想，之後，復以《論語・顏淵》
及《老子・第四十一章》的孔、老之言，將儒、道互為引申。

今人張大同曰：「司馬遷的目標是遠大的，他沒有囿於一家之說，而是博
採各家思想，加以批判吸收，融匯貫通，從而形成自己獨具特色的思想體系，
形成自己的『一家之言』」。〔註152〕以其文本觀之，仍然是以儒家的學說為主。
並且，拘限於時代氛圍，不代表「考信於六藝」的儒學沒有神話的成分於其
內。何況，相關五行之說，在儒學的經籍《尚書》、《易》、《左傳》、《公羊傳》、
《禮記》等書中，並不少見。

（二）崇黃帝

1. 先秦：黃帝「神王」與「人王」交錯

袁珂嘗言：「中國神話的一個最突出的特徵，就是神話這條線和歷史這

〔註150〕〈太史公自序〉，頁5141～5142。
〔註151〕〈酷吏列傳〉，頁4791～4792。
〔註152〕張大同：〈司馬遷與道家思想的關係〉，《臺大文史哲學報》（1992，第五期）。

條線互相平行，而又往往糾纏在一起，攪混不清。神話可以轉化為歷史，即天上的諸神可以轉化為人間的聖主賢臣，如皇帝（皇天上帝）轉化做黃帝。」〔註153〕

楊寬曰：「蓋古史傳說固多出於神話，而神話之來源有純出幻想者，亦有真實歷史為之背景者。……黃帝出於『皇帝』之音變，本為上帝之通名，此皆純出虛構」、「五色天帝神話之中心為黃帝，……蓋黃帝之神話在中原已轉變而為人帝，而偏方之所傳，尚具有神話性。」〔註154〕

從西周初截至春秋初、中期，依《詩經》與《尚書》的文本，多處提到上帝，不見載有黃帝。以《史記》所載，秦襄公祠白帝；秦文公作鄜畤，祀上帝；秦德公作伏畤，祭祀三伏天；秦宣公作密畤祭青帝。均不見有祭祀黃帝的記載。逮至春秋末期，秦靈公作上畤祀黃帝，方見西方秦國將黃帝視為神帝祭祀。

以司馬遷所不敢引用的《山海經》而言，書中多處有黃帝的記載，然均是以神帝的面目示現。甚且到了東漢的王充，雖曰無所不疑，但是《論衡·骨相篇》：「傳言黃帝龍顏」，〔註155〕仍然說黃帝是神化的王者，而非人君。

自秦襄公祠白帝，未見黃帝，到了春秋初期的秦穆公二十三年，經過了大約一百三十年，才有相關黃帝為人帝的文字出現，《國語·晉語四》：

> 司空季子曰：「同姓為兄弟。黃帝之子二十五人，其同姓者二人而已；……凡黃帝之子，二十五宗，其得姓者十四人為十二姓。……昔少典娶於有蟜氏，生黃帝、炎帝。黃帝以姬水成，炎帝以姜水成。成而異德，故黃帝為姬，炎帝為姜。〔註156〕

上述引文乃秦穆公欲將其愛女懷嬴嫁與公子重耳，重耳不許，司空季子勸諫重耳同意這一樁政治婚姻的說詞。說詞內容是將黃帝以人帝而非神帝的角度視之。〔註157〕

在《史記·秦本紀》中，同為秦穆公時期的紀錄：「戎王使由余於秦。由

〔註153〕袁珂：《中國神話大辭典》〈中國神話研究的範圍〉，（北京，華夏出版社，2015），頁8。

〔註154〕楊寬：《中國上古史導論·自序》，收入顧頡剛編著：《古史辨·第七冊》，頁70、253。

〔註155〕《論衡·骨相篇》，頁289。

〔註156〕《國語·晉語四》，頁481～482。

〔註157〕在《史記》，〈十二諸侯年表〉，「秦穆公二十三年」條下有：「迎重耳於楚，厚禮之。妻之女。」與上述《國語·晉語四》所載乃同一件事。頁755。

余，其先晉人也，……由余笑曰：『此乃中國所以亂也。夫自上聖黃帝作為，身以先之，僅以小治。』〔註158〕由余告知秦穆公，上古聖人黃帝創作禮樂法度，且自己率先施行，即便如此，國家不過達到「小治」而已。文本中黃帝是一個人王，以身作則，卻力有未逮，完全是一個符合人性的君主，卻無神性。

同樣在《國語·晉語五》中，記錄了在秦穆公之後的晉景公時期，梁山崩塌的一段話：「山有朽壞而崩，將若何？夫國主山川，故川涸山崩，君為之降服、出次，乘縵、不舉，策於上帝，國三日哭，以禮焉。」〔註159〕國君以山川為主要祭祀對象，山川崩塌，國君得素服、居於郊外、乘無文采之車、不奏樂，策告於上帝，為國事哭三日，再以禮祭祀山川之神明。山川崩塌為國之異象，得祝禱於神明，此時晉國奉祀的最高天帝為「上帝」，亦非黃帝。

秦穆公之後，有關黃帝事蹟的文獻漸次增加，如：《左傳·僖公二十五年》：「使卜偃卜之，曰，『吉，遇黃帝戰於阪泉之兆。』而黃帝為人間帝王，最有名的記載，厥為〈左傳·昭公十七年〉：

> 秋，郯子來朝，公與之宴。昭子問焉，曰：『少皞氏鳥名官，何故也？』郯子曰：『吾祖也，我知之。昔者黃帝氏以雲紀，故為雲師而雲名；炎帝氏以火紀，故為火師而火名；共工氏以水紀，故為水師而水名；……』仲尼聞之，見於郯子而學之。〔註160〕

郯子的回答是將黃帝、炎帝與共工，放在人君的位置上，說明這三人以自然物象之名「鳥、雲、火、水」來任命大臣的官職。這個記載未見黃帝的神性，是以一個人王敘說。於是「仲尼聞之，見於郯子而學之。」

從春秋初期起，由於東、西兩方，地域相距遼闊，黃帝在「人化」與「神話」間交錯，之後才有的宰我詢問孔子，黃帝是「人」或「非人」。《大戴禮·五帝德》：

> 宰我問於孔子曰：「昔者予聞諸榮伊，言黃帝三百年。請問黃帝者人邪？亦非人邪？何以至於三百年乎？」孔子曰：「予！禹、湯、文、武、成王、周公，可勝觀也！夫黃帝尚矣，女何以為？先生難言之。」……孔子曰：『黃帝，少典之子也，曰軒轅。生而神靈，弱而能言，幼

〔註158〕〈秦本紀〉，頁216。
〔註159〕《國語·晉語五》，頁562。
〔註160〕分見：《春秋左傳正義·僖公二十五年》，頁490、〈昭公十七年〉，頁1566～1567。

而慧齊，長而敦敏，成而聰明。治五氣，設五量，撫萬民，度四方；教熊羆貔豹虎，以與赤帝戰於阪泉之野，三戰然後得行其志。黃帝黼黻衣，大帶黼裳，乘龍扆雲，以順天地之紀，幽明之占，死生之說，存亡之難。時播百穀草木，故教化淳鳥獸昆蟲，旁羅日月星辰；極畋土石金玉，勞心力耳目，節用水火材物。生而民得其利百年，死而民畏其神百年，亡而民用其教百年，故曰三百年」。〔註161〕

從這一段記載當中，可以看出宰我問的是有關黃帝三百年的神話問題，孔子以「黃帝尚矣，女何以為？先生難言之。」對於上古的事蹟、神話、傳說，由於太過遙遠，稽考困難，在回答此類問題上，老師實也有些「難言之」。因為回答此類神靈的問題，讓「不語怪、力、亂、神」的夫子，既不願附會於神鬼，又不能敷衍回答。雖然，孔子向宰我以「人性」解釋黃帝，而且將之所以「三百年」釋義的既符合人類自然生理，又能宣達黃帝的聖德長留。但答案中的「生而神靈，弱而能言」、「治五氣」、「乘龍扆雲」、「教熊羆貔豹虎」、「幽明之占」等等描述，仍然無法完全擺脫黃帝的神性，而是人神混雜於一身。

再之後的《尸子》中亦有：「子貢問孔子曰：『古者黃帝四面，信乎？』孔子曰：『黃帝取合己者四人，使治四方，不計而耦，大有成功，此之謂四面也。』」〔註162〕「黃帝四面」原為神話，被孔子解釋成：「取合己者四人，使治四方，……大有成功」，則為人君用人得當的施政教化。已然開始將神話導向「人化」。但在「神話歷史化」的過渡中，並無法將原來的神性一次祛除，不免留下些許痕跡。而經由孔子理性的闡釋，黃帝從神壇上走向了人世聖主。故《大戴禮·帝繫姓》中，黃帝的人間世系，代代分明。〔註163〕

以《史記·秦本紀》、〈孔子世家〉、〈十二諸侯年表〉以及〈六國年表〉比對，秦穆公和由余的對話時，西方的由余以及秦國是將黃帝視為人王。之後百餘年，東方的宰我則是將黃帝以神話的觀點提問孔子，東、西兩方對黃帝的「人」、「神」視角互異。可是，在孔子將黃帝「人化」大約二、三十年之

〔註161〕〔漢〕戴德編著，高明註譯：《大戴禮記·五帝德》（臺北，臺灣商務印書館，1984），頁247～248。

〔註162〕尸佼著，水渭松注譯：《尸子讀本》（臺北：三民書局，1997），頁150。

〔註163〕《大戴禮記·帝繫姓》：「黃帝產元囂，元囂產蟜極，蟜極產高辛，是為帝嚳。帝嚳產放勳，是為帝堯。黃帝產昌意，昌意產高陽，是為帝顓頊。顓頊產窮蟬，窮蟬產敬康，敬康產句芒，句芒產蟜牛，蟜牛產瞽叟，瞽叟產重華，是為帝舜，及產象，敖。顓頊產鯀，鯀產文命，是為禹」，成為「人化」的世系。頁258～265。

後，西方的秦靈公反而卻將黃帝視為神帝，在國之大事的祭祀時：「作吳陽上畤，祭黃帝」。

故在此期間，黃帝是「人神並存」或是「人神交叉」的時期，亦即在某些時代經集的敘述中，黃帝已是人世聖主，但在同時期的另一國家（如秦），黃帝卻由人王轉為神帝。

到了戰國後期，田齊為了凸顯篡姜齊的正統性，不僅由朝廷贊助的稷下諸子在各學說中抬高黃帝的神聖性，且在齊威王所鑄的「陳侯因齊敦銘」中：

> 唯正六月癸未，陳侯因齊曰：「皇考孝武桓公恭哉！大謨克成，其惟
> 因齊揚皇考，紹鐘高祖黃帝，邇嗣桓文，朝問諸侯，發揚厥德，諸
> 侯寅薦吉金，用作孝武桓公祭器敦以烝以嘗，保有齊邦，世萬子孫
> 永為典常」〔註164〕

此時的齊國在追述其遠祖時，即認為其先出自於人王的黃帝。

春秋之際，「神話歷史化」已然經過數百年的演進變化。宰我與子貢問於孔子，顯示了當時有黃帝為神帝的傳說。孔子以高度的智慧將各國，不同地域、文化、語言的各部落氏族，相關神話中黃帝的神性消除，惟存人性，朝向人世聖君的方向寫實強化，把神話中的皇天上帝，轉成了人帝，將神帝披上人王的外衣，賦予了人世間的歷史定義。而稷下諸子在學說中的深化、強化黃帝至高無上的人王神聖性，已非上古各帝王所能比擬。

不過，隨著時間的往後推移，在國家、地域、民族、語言、文字等等互異的狀況下，黃帝仍然是以神或「神人」的兩種面貌並存於世，而神的面貌又多於「人」，這便無可避免地有一部分神性因子，殘存在人王身上。這或許是《史記‧五帝本紀》中，黃帝雖為人王，卻依舊具有神性的原因。

2.〈五帝本紀〉以黃帝為首

孔子作《春秋》，是從魯隱公元年始，並未上溯及黃帝。孔穎達在《尚書‧序》中云：「伏羲、神農、黃帝之書，謂之三墳。」〔註165〕提到過「黃帝」兩字。之後的文本，依序為：〈虞夏書〉、〈堯典〉、〈舜典〉、〈大禹謨〉、〈皋陶謨〉、〈益稷〉、〈禹貢〉、〈商書〉、〈周書〉等等，各篇均無相關於黃帝、顓頊與帝嚳等三帝的事蹟記載。

〔註164〕引自張光遠：〈從考古展現黃帝時代的中國文明〉，《故宮文物月刊》（1998.08），頁5。

〔註165〕《尚書正義》，頁4。

以儒學的六經而言，黃帝的出現，是在《周易・繫辭下》：

> 神農氏沒，黃帝、堯、舜氏作，通其變，使民不倦，神而化之，使
> 民宜之。易窮則變，變則通，通則久。是以自天祐之，吉无不利，
> 黃帝、堯、舜垂衣裳而天下治，蓋取諸乾坤。〔註166〕

司馬談亦為史官，以司馬談對夏朝以前的認知是：「伏羲至純厚，作易八卦。
堯舜之盛，尚書載之，禮樂作焉。湯武之隆，詩人歌之。春秋采善貶惡，推三
代之德」，〔註167〕是：伏羲—堯—舜—夏禹，並無黃帝、顓頊與帝嚳等三帝。

　　到了司馬遷作《史記》，礙於當時的背景因素，他對於信史時代之前的各
項神話、傳說或事實，並無科學的驗證方法，只有以武帝之前，尤其是先秦
的典籍，滴瀝出素材並佐以田野調查，剪裁串鍊而成文本。但由於之前的典
籍中，許多的神話、傳說已溶入歷史，史公亦無法將每一縷文句，每一段「史
實」，剖析爬梳還原其真相，故在五帝、夏、殷，三〈本紀〉中，上古的神話
傳說遂成為一脈縱軸的歷史。

　　〈五帝本紀〉中，堯、舜的事蹟乃採自於《尚書》的〈堯典〉、〈舜典〉、
〈大禹謨〉、〈皋陶謨〉、〈益稷〉等諸篇，並加以混融鍛鑄而成。但堯、舜之
前，卻再遠溯三帝：「卒述陶唐以來，至於麟止，自黃帝始。」〔註168〕欲將中
國人的脈絡再往上古推，他必須在古籍中抽絲剝繭。雖然，《周易・繫辭下》
有黃帝的記載，但無多。而在先秦的縱向時間與橫向地域中，其間有：《墨子》、
《左傳》、《莊子》、《列子》、《尸子》、《孫子》、〈離騷〉、《韓非子》、《山海經》，
等等諸多記載黃帝具神性的經集，帶有神化、神帝的傳說。因此，「百家言黃
帝，其文不雅馴，薦紳先生難言之。」他要在眾多經集中排除有關黃帝神性
記載的書籍，只能錄用有關黃帝人性的篇章，復因尊儒尊孔的態度，便以儒、
孔之說為依據，〈五帝本紀・贊〉：

> 學者多稱五帝，尚矣。然尚書獨載堯以來；而百家言黃帝，其文不
> 雅馴，薦紳先生難言之。孔子所傳宰予問五帝德及帝繫姓，儒者或
> 不傳。余嘗西至空桐，北過涿鹿，東漸於海，南浮江淮矣，至長老
> 皆各往往稱黃帝、堯、舜之處，風教固殊焉，總之不離古文者近是。
> 予觀春秋、國語，其發明五帝德、帝繫姓章矣，顧弟弗深考，其所

〔註166〕《周易・繫辭下》，頁352～353。
〔註167〕〈太史公自序〉，頁5143。
〔註168〕〈太史公自序〉，頁5144。

表見皆不虛。書缺有間矣，其軼乃時時見於他說。〔註169〕

當孔子將黃帝從宗教的神話解釋成人間的歷史，經過「雅馴」之後，從天上的神帝轉而為地上的人帝。即便「儒者或不傳」，因係孔子之言，而史遷又認為《尚書》有缺軼，故將《史記》往渺遠的時空追溯時，便綜合引用《國語》、《大戴禮·五帝德》、〈帝繫姓〉三篇，做為正史的證據，〔註170〕將黃帝描述成略帶神性的人間聖王。最後，黃帝即以些微的神性形象，站上正史的第一位人帝，與先秦諸子中所言的神王不同。但上述三篇儒學經籍中，並無：「有土德之瑞，故號黃帝」的記載。而五德終始的土德黃帝，係出於齊學的《管子》與五行說，以及《呂氏春秋·應同篇》，在齊學與魯學的交互融合中，影響到秦漢的學者。

為何司馬遷將帝王上溯自黃帝？除上述原因外，以下原因不無可能：

（1）夏之前雖然有相關伏羲、神農、黃帝、少暤、炎帝的神話、傳說等等，記載繁多，但伏羲邈不可考，且經、子、集中，相關記載亦鮮；神農為「神農氏世衰。諸侯相侵伐，暴虐百姓，而神農氏弗能征」的衰微之君；炎帝則是：「炎帝欲侵陵諸侯」，為黃帝所戰敗；少暤則為黃、炎之後。司馬遷在崇黃帝的漢初，自不免受當時政治、社會、學說的背景影響。

（2）黃帝源出少典氏，在先秦的經集中不見有關少典氏是否曾為帝王的記載，也不見相關的英雄事蹟。復且，他在先秦的經集中，與秦、漢時期盛行的齊學陰陽五行之說，沒一丁點關聯，較難以搭邊。

（3）漢初崇黃老，漢武時以儒為尊，而黃帝又經過孔子將其定位為人間聖王，載之於儒學經籍，與漢初尊崇黃帝的思想，並無相悖。復次，黃帝是相關文治、軍制、天文星曆、音律、五行、農業、畜牧等等種種人世間需求的創始者，又設百官、置萬國，將中國從各自分散的野蠻部落，透過戰爭，平服成為一個大一統的國家。〔註171〕

（4）武帝時征服天下各夷、越、朝鮮，剿匈奴，與黃帝「天下有不順者，黃帝從而征之，平者去之」，為同功之帝。故司馬遷將中國人的脈絡再往上古

〔註169〕〈五帝本紀·贊〉，頁38。

〔註170〕李學勤言：「司馬遷編撰《五帝本紀》，主要的依據是現在保存在《大戴禮記》中的《五帝德》和《帝繫姓》，同時也參考了一些民間傳說。」見氏著：《史記·五帝本紀講稿》（北京：三聯書店，2012），頁29～30。

〔註171〕上引黃帝之創制，皆出自於司馬遷之《史記》，而其他經集所述黃帝所發明的統計，參閱錢穆：《黃帝》（臺北，東大圖書公司，1987），頁8～29。

推至中央天帝的黃帝。

（5）然〈五帝本紀〉自黃帝始，亦有無奈、不得不為之說，如錢鍾書即贊成周廣業之說：

> 按不如周廣業之說《蓬廬文鈔・卷二》：「然漢自高帝起，有祠黃帝於沛庭；〈外戚世家〉言竇太后好黃老；孝景武帝皆讀其書，武帝用李少君說至有：『吾誠得如黃帝，視妻子如脫蹝』之嘆；〈封禪書〉所載巡狩、改曆諸事，無一不託諸黃帝；公孫卿『黃帝且戰且學仙』一語，尤足為武帝窮極兵力之緣飾。蓋當代天子祖述憲章之帝也。太史公之父自恨不得從封太山；作史之年適當太初元年明堂改建、諸神從祀之時，正用黃帝迎日推筴法，不首黃帝，失臣子將順之道。〔註172〕

這是以當時的時代背景：漢初崇黃老，黃帝已為高祖、竇太后所尊；民間方士虛構黃帝成仙的神話說；武帝窮兵黷武之掩飾；黃帝封泰山；明堂改建乃係黃帝時之圖樣；迎日推筴法，為黃帝所創等等緣由，司馬遷不得不以上意之所向行臣子之道，而將黃帝置於首章。

（三）大一統思想

劉邦以匹夫仗劍起於大澤，蕩平群雄，六合歸一，直至劉徹即位為武帝，漢家的政治其實是動盪不安的，先是諸呂覬覦漢家大寶，之後由周勃、陳平剿諸呂之亂；文帝以庶子登基，懷柔而治，諸侯競相擴權與中央抗衡，大有春秋分鼎，死灰復燃之勢。賈誼上〈治安策〉奏請：「眾建諸侯而少其力」，亦即推恩而分權分立。晁錯復言：「宜削諸侯事」，結果削權造成吳楚七國齊反，京畿震恐，景帝不得不誅晁錯以謝天下。待周亞夫平七國之亂，漢家天下雖得喘息，然臥榻之畔，諸王勳舊環伺。漢武時，董仲舒以《公羊傳》為漢家尋大一統的依據，〔註173〕而大一統不只是政治上要大一統，思想上也要大一統，方能彰顯君權神授，於是普世黎民盡皆從於國君，國君受命於上天，

〔註172〕錢鍾書：《管錐篇》〈史記會注考證・五帝本紀〉，（北京，中華書局，1990），頁250～251。

〔註173〕《春秋・隱公元年》：「元年、春、王正月。」《公羊傳》：「元年者何？君之始年也。春者何？歲之始也。王者孰謂？謂文王也。曷為先言王而後言正月？王正月也。何言乎王正月？大一統也。」見〔漢〕何休注，〔唐〕徐彥疏：《春秋公羊傳・隱公元年》（臺北，臺灣古籍出版有限公司，2001），頁6～11。

整個國家先統一於國君之下，而國君服於天意之下，完成了君權神授，天子乃至高無上的天之子。〔註174〕

如前述，黃帝的事蹟經過孔子予以人化之後，已是一位征服諸部，平服天下的人間聖王：「天下有不順者，黃帝從而征之，平者去之。」且天下皆出於炎、黃之後，一統歸元，納於劉漢。

武帝於元鼎六年平南越；元封元年下東越；元封二年誅西南夷；元封三年朝鮮置四郡；太初二年大宛服，〔註175〕《史記》於之後的天漢二年完成。祖述黃帝，與漢武平服天下諸部，頗能類比，以彰顯天下大一統於漢家，乃是一貫相承的天命道統。

司馬遷為了凸顯天下大一統的思想，將各〈本紀〉、〈世家〉與〈列傳〉的各朝代與不同的國族，除了〈齊太公世家〉的創始者姜尚為炎帝姜姓之後，〔註176〕其餘天下各國、各部落經過比對諸〈本紀〉與〈世家〉後，則可排序出黃帝的子孫顓頊與帝嚳，分別繁衍出幾個朝代與不同的國族如下：

黃帝之後：顓頊、帝嚳。

顓頊之後：虞舜、夏禹、嬴秦、梁、趙、楚。

帝嚳之後：唐堯、殷商、姬周。

而自虞舜開始，各朝代的君王又繼續枝葉蔓延出：

虞舜之後：陳、田齊。（案：炎帝之後有姜齊、申、呂，相繼被滅，之後的史冊，不見有其後裔為諸侯國之紀載。）

夏禹之後：越、杞。

殷商之後：宋。

姬周之後：吳、晉、燕、魯、蔡、衛、虞、虢、滑、鄭、韓。

將中原的各朝代、各諸侯、各氏族，幾乎都囊括成一人之後裔，進而蔓牽至中原地區以外，包括了邊荒的夷、越、朝鮮、匈奴，也幾乎都可以上溯

〔註174〕關於「大一統」與「春秋大義」、「公羊學」以及華夷之辨的關係，參閱汪暉著：《現代中國思想的興起》〈第五章・內與外：禮儀中國的觀念與帝國〉與〈第七章・帝國的自我轉化與儒學普遍主義〉（北京，三聯書店，2015），頁489～608；737～820。

〔註175〕上述年代，分見：〈南越列傳〉，頁4511；〈東越列傳〉，頁4531；〈西南夷列傳〉，頁4563～4564；〈朝鮮列傳〉，頁4543～4544；〈大宛列傳〉，頁4886。

〔註176〕在《國語・周語下》有：「申、呂雖衰，齊、許猶在，……皆黃、炎之後也」。依《國語・周語下》的記載，則申、呂、齊、許，四國皆為炎帝姜姓之後。頁138。

自黃帝：

　　東方：〈東越列傳〉：「閩越王無諸及越東海王搖者，其先皆越王句踐之後也，姓騶氏。」

　　東北：〈朝鮮列傳〉：「朝鮮王滿者，故燕人也。……燕王盧綰反，入匈奴，滿亡命，聚黨千餘人，魋結蠻夷服而東走出塞，渡浿水，居秦故空地上下鄣，稍役屬真番、朝鮮蠻夷及故燕、齊亡命者王之，都王險。」

　　南方：〈南越列傳〉：「南越王尉佗者，真定人也，姓趙氏。秦時已并天下，略定楊越，置桂林、南海、象郡，以謫徙民。」

　　西南：〈西南夷列傳·贊〉：「秦滅諸侯，唯楚苗裔尚有滇王。漢誅西南夷，國多滅矣，唯滇復為寵王。」

　　北方：〈匈奴列傳〉：「匈奴，其先祖夏后氏之苗裔也，曰淳維。」〔註177〕

　　司馬遷將先秦經集中，有關黃帝的神話、傳說，拭其神性，加諸人文事蹟於其身，從而擘畫一條以黃帝為起源，依樹狀向下發展而成縱軸，再橫向延伸而出各民族的縱橫經緯線，以此作史。塑造了中國人的祖先均為黃帝，系出一源，各族本為一家的觀念，這便強化鞏固了自秦掃滅諸侯以來，天下歸於一家的大一統的思想。「以黃帝總領神話傳說，把秦以前的三代歷史歸係於黃帝，其實質是借黃帝張揚大一統的歷史意識。」〔註178〕

　　司馬遷雖然詳載了各地區的民族，但並未將不同的族裔劃界成「非我族類，其心必異」的「我群」與「他者」，而是塑造出「四海之內皆兄弟」的一家觀念，《國語·周語下》周太子晉所言：「皆黃、炎之後也」。所有的地域、族群，皆「溥天之下，莫非王上；率土之濱，莫非王臣。」從中央之國的天子京畿，向外輻射同化，將各個地域、族群置於大一統天下觀的收納之中。摒除了種族、膚色、宗教異同的「非此即彼」的二元對立。而在儒家的道德意識之下，整體族群又是以儒家文化的道德認同為一體，〔註179〕都是承襲自黃帝。

　　於是，〈五帝本紀〉將渺遠的黃帝置於首章，且居於至尊的天下中央、土

〔註177〕以上分見〈東越列傳〉，頁 4525；〈朝鮮列傳〉，頁 4539；〈南越列傳〉，頁
　　　　4499；〈西南夷列傳·贊〉，頁 4568；〈匈奴列傳〉，頁 4315。

〔註178〕張強：《司馬遷與宗教神話》〈歷史與神話傳說〉，（西安，人民教育出版社，
　　　　1995），頁 169。

〔註179〕關於儒家倫理與民族之間的關係，請參閱金觀濤著：〈中國民族主義的結構
　　　　及演變〉收入劉青峰編著：《民族主義與中國現代化》（香港，中文大學出版
　　　　社，1994），頁 128～132。

德，這便將漢時的：崇黃帝、大一統觀，五德的「土者，五行之主也」，約束為一篇，而這三者均係武帝時期的政治所向、社會風氣、學術思想的反映。

四、司馬遷的五行觀

　　史遷生當漢武信方士、迷神仙、崇黃帝的時代，其時，五德終始說已如雲蒸霞蔚，上至皇帝下及鄉澤草民，朝野對此說深信不疑。〔註180〕司馬遷自難擺脫時代的背景，遂無可避免的相信並運用五行與五德終始說，他雖月旦鄒衍，批判鄒衍的學說：「閎大不經」、「至於無垠」、「至天地未生，窈冥不可考而原也」，故其學說「其後不能行之」，但並不表示史公不具五行思想。且「道家者流，蓋出於史官」，是以故：黃老、道家、史官、天文、曆譜、五行等等學說、職務、職掌、知識，均有糾葛，陳麗桂言：

> 黃老道家之學本來就跟陰陽之學有深厚的淵源……雜占……神仙、
> 天文、曆譜、五行各類依託黃帝的著作，都和陰陽家有深厚關係。
> 都在陰陽之學的範圍內。……那些與陰陽學相關的黃帝學說……與
> 史官專職的天文曆數等方面，發展轉化成為黃老學的另一部分內
> 容。〔註181〕

是則，「史官專職的天文曆數」便和陰陽五行有所交涉。司馬氏家族世為史官，對五行觀念除了有時代背景的因素，其天官的家學亦不無影響。五行之說在《史記・天官書》中，即可見諸多痕跡，篇中多處對於天上星辰的記載，幾乎都以五行的金、木、水、火、土與方位、帝王、星辰、節氣、日時等等，相結合對應，如：

> 斗為帝車，運於中央，臨制四鄉。分陰陽，建四時，均五行，移節
> 度，定諸紀，皆繫於斗。……察日、月之行以揆歲星順逆。曰東方
> 木，主春，日甲乙。……察剛氣以處熒惑。曰南方火，主夏，日丙、
> 丁。……歷斗之會以定填星之位。曰中央土，主季夏，日戊、己，黃
> 帝，主德，……察日行以處位太白。曰西方，秋，（司兵月行及天矢）

〔註180〕從劉邦母親於「大澤之陂」休憩，其妻呂雉「與兩子居田中耨」，應證其人
　　　　社會出身不高。他以赤帝殺白帝之火德起兵，後又自居水德黑帝，旁證了在
　　　　秦末漢初，五德之說深入人心，即便劉邦引證有誤，但偏鄉草民亦得以此符
　　　　應論證自己乃出於天命。見〈高祖本紀〉，頁461～464；〈封禪書〉，頁1460。
〔註181〕陳麗桂：《漢代道家思想》〈漢代道家思維中的各家思想〉，（臺北，五南圖書
　　　　出版股份有限公司，2013），頁17。

> 日庚、辛，主殺。……察日辰之會，以治辰星之位。曰北方水，太陰
> 之精，主冬，日壬、癸。〔註182〕

北斗七星如帝王之乘車，運行於中央，主管四域，區分陰陽，建置四時，均衡五行，移轉節氣，確立曆法的紀年、紀月、紀日。將木、火、土、金、水五星與五行、方位、季節、時日等結合，象徵了：「剛氣」、「主德」、「主殺」等等人間行為。

〈天官書〉與各〈本紀〉、〈世家〉、〈列傳〉甚至其他各〈書〉，〈表〉，都有一些不同，蓋乃其他篇章的書寫來自於：經集與諸子過濾載錄、田野調查、當代實錄、過往年代的歸納匯總等等方式，均不脫歷史紀實的基本要求。只有〈天官書〉，與當時「史」的關聯實也不大（以當今的角度視之，則可歸為「天文學史」），且不見先秦的任何典籍有如此的詳錄，漢武時期的《淮南子》雖見有天象與人間互動的記載，卻不如〈天官書〉的深刻與各種釋義。且〈天官書〉中，不乏司馬遷自己的思想與見解，故應是家學一脈相傳之後的抒寫，〔註183〕如：

> 蒼帝行德，天門為之開。赤帝行德，天牢為之空。黃帝行德，天天
> 為之起。……白帝行德，……常大赦載，謂有太陽也。……黑帝行德，
> 天關為之動。天行德，天子更立年；不德，風雨破石。〔註184〕

天上各五色帝更迭「行德」，天象也為之異動。且天上五色帝每一次輪流主政「行德」後，地上的帝王便要相應的更換年號、德應。否則，將有石破天驚的大災難。天上星辰的運行，會導致地上人世的變異，尚未見於目前所知的先秦各經、子、集。同樣是直到了《淮南子·天文訓》中，方見有天上星辰、陰陽與節氣，影響了人世的文字，但也並未言及五色帝對天象和人世有所影響的內容。而史遷的〈天官書〉，將五色帝與天上星辰的運動，轉化成對人間的示警。將五德終始學說中的五帝、五行、五方、五季、五星、天干，與讖緯結合，以論天象。而他的官職是太史，天文曆法是其職掌之一，天文判讀雜以五行，天象變異必須向皇帝稟報，其判斷結果乃中央政府的依據，因此像：

〔註182〕〈天官書〉，頁 1351～1375。

〔註183〕韓兆琦言：「〈天官書〉是『完整的司馬氏的天官體系。』見〈天官書〉，頁 1351。

〔註184〕〈天官書〉，頁 1423～1424。

五星色白圜，為喪旱；赤圜，則中不平，為兵；青圜，為憂水；黑
圜，為疾，多死；黃圜，則吉。赤角犯我城，黃角地之爭，白角哭
泣之聲，青角有兵憂，黑角則水。〔註185〕

五行中的五色現於五星，則分別表示了喪亡、旱災、干戈、疾病、吉兆、敵人
侵犯、領土之爭、兵禍、水災等等。〈天官書〉的五行又與：刀兵勝敗、旱澇
風雨、年成豐歉、日月星辰、公主婚喪、人主吉凶、國家安危等等的掛鉤牽
連，這是占星術混於五行之說，類似一種巫術，也表示了五行、五德終始說
深植史公心中。

　　他探討天象與人事的繫絆關聯，自言：「仰則觀象於天，俯則法類於地。
天則有日月，地則有陰陽。天有五星，地有五行。天則有列宿，地則有州域。
三光者，陰陽之精，氣本在地，而聖人統理之。」〔註186〕仰觀天象之後，則
尋求地上人世間效法的舉措。「究天人之際」，探究天象與人世之關聯、並將
其「五行化」。

　　馮友蘭即對〈天官書〉表達出司馬遷的思想中的五行之說，提出見解：
「陰陽五行家思想是一個科學和巫術相混合的體系，……在戰國時代的陰陽
五行家的體系裡，……他們所說的五行和陰陽基本上還是物質性的東西。……
鄒衍稱五行為五德，就是五種性質。……」、「司馬遷敘述當時關於天文的知識
說：『仰則觀象於天，俯則法類於地。天則有日月，地則有陰陽。天有五星，
地有五行』。這說明，『術數』的『天文』和『五行』是聯繫在一起的。天上的
水、火、木、金、土五星，就是『法類』於地上的五行而得名。水、火、木、
金、土是『術數』中的『五行』的範疇，也是『術數』中的『天文』的範疇。」
〔註187〕

　　這便是前文所說的，「馮相氏」負責天象的量測、計算等等科學角度；「保
章氏」負責吉凶、妖祥等玄學層面，兩者匯流至大史，大史的結果則成為：
「科學和巫術相混合的體系」。

　　但太史公將「馮相氏」的天象量測、計算等科學實錄，以及「保章氏」
的吉凶、妖祥等玄學推測判斷，收錄於〈天官書〉中，則開創了中國歷朝斷
代史中〈天文志〉的先河。雖然，導引了後世以天象作為類似占卜、讖緯的

〔註185〕〈天官書〉，頁 1360～1375。
〔註186〕〈天官書〉，頁 1412。
〔註187〕馮友蘭：《中國哲學史新編》第二冊，頁 325、342。

推測，〔註188〕但以科學角度紀錄古時的天象，未嘗不是一大貢獻。〔註189〕

《史記》中，多載錄創代帝王或因天命，或是即位後，有祥瑞符應兆示。然秦用商鞅與諸多客卿，蓋以立功為尚，一掃六國之貴族仰世襲，擁權勢，不思進取之萎靡，終至嬴政揮兵出崤函，一擁六合，成為千古一帝。史遷卻認為：

> 論秦之德義不如魯衛之暴戾者，量秦之兵不如三晉之彊也，然卒并天下，非必險固便形勢利也，蓋若天所助焉。或曰：「東方物所始生，西方物之成孰」。夫作事者必於東南，收功實者常於西北。故禹興於西羌，湯起於亳，周之王也以豐鎬伐殷，秦之帝用雍州興，漢之興自蜀漢。〔註190〕

秦攫天下，蓋乃變法為首功（案：其他原因仍多，不在本文討論範圍）。〔註191〕然太史公卻認為是「若天所助」，又以五行之義為理：「作事者必於東南，收功實者常於西北」，即：東方、主春、主生；西方、主秋、主孰。復以夏、商、周、秦、漢，五個朝代肇興為例，五朝代之所以成功，乃是因為「收功實者常於西北」的緣故。

然則，值秦盛茂之際，當是時，始皇以彊力奴役黔首，黎庶困頓於道途，

〔註188〕歷代史官以天象附會者，實不乏記載，如：《後漢書·逸民列傳》：「共偃臥，光以足加帝腹上。明日，太史奏：『客星犯御座甚急。』帝笑曰：『朕故人嚴子陵共臥耳。』〔南朝·宋〕范曄著，韓復智、洪進業註：《後漢書》（臺北，國立編譯館，2003），頁4693。

〔後晉〕劉昫編撰、楊家駱主編：《舊唐書·卷七十九·傅奕傳》：「傅奕，……尤曉天文歷數……奕武德九年五月密奏，太白見秦分，秦王當有天下。」（臺北，鼎文出版社，1979），頁2714、2717。

〔清〕徐松輯：《宋會要》第五十二冊〈瑞異〉：「守將作監致仕楊維德言：『伏睹客星出現，其星上微有光彩，黃色。謹案《黃帝掌握占》云：客星不犯畢，明盛者，主國有大賢。乞付史館，容百官稱賀。』詔送史館。」（北京，中華書局，1957），頁2065。

〔註189〕歷朝斷代史中，錄有相關天象者，計有：《漢書》、《後漢書》、《晉書》、《魏書》、《宋書》、《隋書》、《舊唐書》、《新唐書》、《舊五代史》、《新五代史》、《宋史》、《金史》、《元史》、《明史》，《清史稿》，等等十數本。除了《清史稿》只單純紀錄了天體運行的時日、角度、明暗等科學觀察，並不涉及玄學的機祥。其他各斷代史，無一不有以天象兆示人間的福禍災祥。

〔註190〕〈六國年表〉，頁820。

〔註191〕秦從西陲大夫，進而封諸侯，自立為王，終至掃平寰宇，一匡天下，參閱呂世浩：《帝國崛起》（臺北，平安文化有限公司，2015）。

軀體填塞於溝壑，又焉有人知始皇出遊而病，卻一病不起，趙高、李斯復矯詔胡亥為太子，賜扶蘇以死，二世昏聵，趙高用事，李斯畏事，且秦用酷法施政，百姓離心，凡此種種皆係秦亡之因。但司馬遷卻記載了一段五行之說，預示了秦之水德天命衰頹，現五德更替之兆，〈秦始皇本紀〉：

> 三十六年，熒惑守心。……使者從關東夜過華陰平舒道，有人持璧遮
> 使者曰：「為吾遺滈池君。」因言曰：「今年祖龍死。」使者問其故，
> 因忽不見，置其璧去。使者奉璧具以聞。始皇默然良久，曰：「山鬼
> 固不過知一歲事也。」退言曰：「祖龍者，人之先也。」〔註192〕

「熒惑」為火星，「心」為心星，東方七宿的第五宿，「熒惑守心」即火星運行到心宿的位置，乃天下大亂徵兆。「滈池君」，服虔曰：「水神也。」司馬貞〈索隱〉：「服虔云水神，是也。江神以璧遺滈池之神，告始皇將終也。且秦水德王，故其君將亡，水神先自相告也。」〔註193〕

　　這也就不難理解為何司馬遷從〈五帝本紀〉至〈高祖本紀〉中，天命、符應、祥瑞、乃至於異象，〔註194〕俱皆有之。是故，他必須為出身於編戶民的漢朝創建者劉邦尋出五德終始的符應，以證明漢朝乃天命所歸。

　　秦之德運亡後，劉邦繼之。〈高祖本紀〉中，即有：「劉媼嘗息大澤之陂，夢與神遇。是時雷電晦冥，太公往視，則見蛟龍於其上。已而有身，遂產高祖」〔註195〕、「左股有七十二黑子」〔註196〕、「醉臥，……其上常有龍」、「呂公曰：『臣少好相人，相人多矣，無如季相』」、「老父曰：『鄉者夫人嬰兒皆似

〔註192〕〈秦始皇本紀〉，頁326～327。
〔註193〕蘇林曰：「祖，始也。龍，人君象。謂始皇也。」服虔曰：「龍，人之先象也，
　　　　言王亦人之先也。」瀧川資言曰：「頓墮委靡，無復豪邁氣象，始皇至此稍
　　　　衰。」見《史記會注考證》〈秦始皇本紀〉，頁363～364。
〔註194〕從〈五帝本紀〉至〈漢武帝本紀〉共計十二篇，除項羽未創代稱制而無德應，
　　　　〈呂太后本紀〉為母后代惠帝攝政亦無德運，兩篇以外，其他十篇不論多寡
　　　　都有符應、天象、德運等等徵兆。即便失敗者項羽，在〈項羽本紀〉中，亦
　　　　「贊」：「舜目蓋重瞳子，又聞項羽亦重瞳子」，頁457。
〔註195〕俞樾曰：「〈五帝紀〉云『擇其尤雅者』，故唐、虞二紀悉本《尚書》，高辛以
　　　　上，無稽則畧。《禹本紀》、《山海經》所有怪物不以入《史》。至〈高帝紀〉，
　　　　乃有劉媼夢神、白帝化蛇之事，蓋當時方以為受命之符，不可得而削也」。
　　　　收入瀧川資言：《史記會注考證》〈高祖本紀〉，頁477。
〔註196〕同上註，張守節《正義》云：「左，陽也。七十二黑子者，赤帝七十二日之
　　　　數也。木、火、土、金、水各居一方，一歲三百六十日，四方分之，各得九
　　　　十日，土居中央，並索四季，各十八日，俱成七十二日，故高祖七十二黑子
　　　　者，應火德七十二日之徵也」，頁477。

君，君相貴不可言。……及高祖貴，遂不知老父處」、「秦始皇帝常曰：『東南有天子氣』」、「呂后曰：『季所居上常有雲氣，故從往常得季』」、「由所殺蛇白帝子，殺者赤帝子，故上赤。」〔註197〕等等符應共八條，以徵高祖乃天命所託。〔註198〕

在〈張耳陳餘列傳〉中，即有藉說星者甘公之言：

> 漢王之入關，五星聚東井。東井者，秦分也。先至必霸。楚雖彊，
> 後必屬漢。〔註199〕

「五星聚」是指金、木、水、火、土五顆行星，大致陳列在一條直線上，從某一角度觀之，五顆星幾乎聚在一起，亦稱「五星連珠」。在天文學上為罕見異象，古時認為「五星聚」代表天意即將改變，是改朝換代的天象。〔註200〕對當時在位者是大凶的星象，而對於在野之起事者，則為吉兆。《竹書紀年·帝辛》記載商末周初時，殷紂將亡，周將興起的五星聚天象：「三十二年，五星聚於房，有赤鳥集於周社。」〔註201〕司馬遷在〈天官書〉中也認為：「五星合，是謂易行，有德，受慶，改立大人，奄有四方，子孫蕃昌。無德，受殃若亡。」〔註202〕

故「五星聚東井」此一天文異象，〔註203〕暗示帝王將出，五行與五星結合，符命將更迭。待劉姓王天下後，史公在〈秦楚之際月表〉記載：

> 踐帝祚，成於漢家。五年之閒，號令三嬗。自生民以來，未始有受

〔註197〕〈高祖本紀〉，頁 461、462、463、464、470。

〔註198〕〈高祖本紀〉，楊循吉曰：「斬蛇事，沛公自託以神靈其身，而駭天下之愚夫婦耳。……所以兆帝王之興起者，此斬蛇之計所由設也」，頁 485。

〔註199〕〈張耳陳餘列傳〉，頁 3668。

〔註200〕長沙馬王堆三號墓出土的帛書《五星占》，據考證為為漢文帝時期甘德所寫，較《淮南子·天文訓》約早三十年，比《史記·天官書》約早九十年，其中關於五星的吉凶，五星相遇的徵兆，五星的行度、亮度、週期等等都有精密的量測與計算。見陳遵媯著：《中國天文學史》第二冊，〈第十八章·五星占〉，（臺北，明文書居股份有限公司，1990），頁 193～203。

〔註201〕〔南朝〕沈約註，洪頤煊校著：《竹書紀年·帝辛》（臺北，臺灣商務印書館，1956），頁 36。

〔註202〕〈天官書〉，頁 1371。《漢書·高帝紀》有相同的記載：「元年冬十月，五星聚於東井。沛公至霸上」，頁 14。《漢書·楚元王傳》：「天命信可畏也。及項籍之敗，亦宇大角。漢之入秦，五星聚於東井，得天下之象也」，頁 2497。

〔註203〕五星會聚，在天文上並非不可能，每五百一十六年，五星會聚一次。詳參〔美〕班大為（David. W. Pankenier）著，徐鳳先譯：《中國上古史實揭密》〈天文考古學研究〉，（上海，上海古籍出版社，2008），頁 218。

　　命若斯之亟。……此乃〈傳〉之所謂大聖乎！豈非天哉，豈非天哉！

　　非大聖孰能當此受命而帝者乎？〔註204〕

漢家五年即得天下，係由天意降與劉邦，劉邦乃因「大聖」，故「能當此受命」。
這也就不難理解為何司馬遷的《史記》，從〈五帝本紀〉至〈高祖本紀〉中，
歷代創始帝王多當天命。

　　〈張丞相列傳〉中，司馬遷對於文帝時，賈誼、公孫臣都依五德相勝說，
認為秦為水德，漢勝秦，為土克水。故應將秦之水德與顓頊曆，改制為屬於
漢朝之土德。而時任丞相的張蒼卻以漢為水德，不採此議，史公對張蒼即表
達些微的非難：

　　　張蒼文學律歷，為漢名相，而絀賈生、公孫臣等言正朔服色事而不

　　　遵，明用秦之顓頊歷，何哉？

責難張蒼，是責難他以漢為水德，堅持不變，而史遷自己是認定漢為土德，
表示了他深信五德終始說，只不過與張蒼的結論不同。他的五行觀，在《史
記》中多處可見，除上述所引外，〈歷書〉中亦有：

　　　太史公曰：王者易姓受命，必慎始初，改正朔，易服色，推本天元，

　　　順承厥意。神農以前尚矣。蓋黃帝考定星歷，建立五行，起消息，

　　　正閏餘，於是有天地神祇物類之官，是謂五官。〔註205〕

朝代更迭，新王受天之命，必須改正朔，易服色，而五行為黃帝所建置，文中
的「於是有天地神祇物類之官，是謂五官。」乃出自於前述《國語‧楚語下》，
觀射父回答楚莊王之言，答案的歷史背景是少皞氏時代，史公卻巧妙地移植
為黃帝時代。

　　相同的移植尚有：

　　〈五帝本紀〉中，書寫黃帝：「有土德之瑞，故號黃帝」此語出於《呂氏
春秋‧應同篇》：「黃帝之時，天先見大螾大螻，黃帝曰『土氣勝』，土氣勝，
故其色尚黃，其事則土。」〔註206〕崔述的《考信錄》認為戰國之前並無此說。
〔註207〕而《史記》中，其他朝代的創制帝王，亦俱有五行之說：

〔註204〕〈秦楚之際月表〉，頁886。

〔註205〕〈歷書〉，頁1305～1306。

〔註206〕《呂氏春秋‧應同篇》，頁677。

〔註207〕崔述：《考信錄》：「若《易》、《春秋傳》窮陰陽之變，述神怪之說詳矣，猶
　　　　絕無一言及之。然則是戰國以前原無此說也，明矣。《洪範》曰：『水曰潤下，
　　　　火曰炎上，木曰曲直，金曰從革，土爰稼穡』，不言其為帝王受命之符也。

〈殷本紀〉

湯乃改正朔，易服色，上白……太史公曰……孔子曰，殷輅車為善，
而色尚白。〔註208〕

實則，這兩段文字分出於三書：「殷輅車為善」，出於《論語‧衛靈公》：子
曰：「行夏之時，乘殷之輅，服周之冕」，但孔子並未言「色尚白」。〔註209〕
「尚白」乃出於《禮記‧檀弓上》：「殷人尚白；……牲用白。」亦非孔子之
言。〔註210〕《呂氏春秋‧應同篇》中：「及湯之時，天先見金刃生於水，湯
曰：『金氣勝』，金氣勝，故其色尚白，其事則金。」史公將三者巧妙地結合，
並將自己的五行觀無跡地植入文本中。

〈周本紀〉

武王渡河，中流，白魚躍入王舟中，武王俯取以祭。既渡，有火自
上復於下，至於王屋，流為烏，其色赤，其聲魄云。是時，諸侯不
期而會盟津者八百諸侯。諸侯皆曰：「紂可伐矣。」武王曰：「女未
知天命，未可也。」〔註211〕

類似之說見於《呂氏春秋‧應同篇》：「及文王之時，天先見火，赤烏銜丹書集
於周社，文王曰『火氣勝』，火氣勝，故其色尚赤，其事則火。」〔註212〕司馬
遷可能是本於此，故於〈封禪書〉以五德終始釋義：「周得火德，有赤烏之符。」
東漢的馬融云：「『火復於上，至於王屋，流為雕，……』。舉火神怪，得無在
子所不語中乎？」馬融將此說視為怪力亂神。鄭玄則云：「烏是孝鳥，言武王
能終父業。」〔註213〕東漢的兩學者雖有不同釋義，然俱未依五德之說注解。

……《傳》曰：『黃帝氏以雲紀，炎帝氏以火紀，共工氏以水紀，太皞氏以龍
紀，少皞氏以鳥紀』。是帝王之興，各因物以取義，不必於五行也；各因義
以立名，無所謂終始也。不然以水、以火可矣，以雲、龍、鳥何說焉？」收
入瀧川資言：《史記會注考證》〈五帝本紀〉，頁12。

〔註208〕〈殷本紀〉，頁87、112。

〔註209〕蔣伯潛言：「商輅，……大車之名。……周人飾以金玉，則過侈而易敗，不若
商輅之樸素渾堅而等威已辨，為質而得其中也。」是則孔子之言，出發點乃
是奢侈與樸素之考量。見氏著：《四書讀本》，〈論語‧衛靈公〉，（長春，吉
林人民出版社，2013），頁676。

〔註210〕《禮記‧檀弓上》，頁208。

〔註211〕〈周本紀〉，頁126。

〔註212〕《呂氏春秋‧應同篇》，頁677。另：《竹書紀年‧帝辛》亦有記載，見本篇
註201。

〔註213〕分見《尚書正義‧泰誓》，頁319；韓兆琦注譯：《史記‧周本紀》，頁131。

梁玉繩在《史記志疑》中，認為西漢諸儒信奉此事，係因：

> 白魚赤烏之說，乃漢初民間所得偽〈泰誓〉文，……西京諸儒信以
> 為真，董仲舒為漢儒宗，其賢良策對猶言之，況史公之愛奇者乎？
> ……《呂氏春秋‧名類篇》言：「文王之時，赤烏銜丹書集於周社」，
> 蓋戰國末有此妄談，何足信哉。〔註214〕

梁玉繩斥其為妄，乃因漢武時河間王所獻之偽〈泰誓〉，「西京諸儒信以為真」，而史遷「愛奇」故引用之。然梁說亦不免偏頗，蓋五行之說自西周時，即開始萌芽，歷經先秦諸子數百年來，不分學派，從不同的面向徐徐注入各經、子、集之中，緩緩變異。截至戰國時，五行之說已成為解釋有形的宇宙萬象以及無形的神明、祭祀、施政、軍事、農牧、婚喪吉慶等等之依循。在學術文化中，底蘊深厚，其勢已莫之能禦，復經鄒衍演繹，成為五德終始循環，說以天命。戰國末，各君王在遍地兵燹，合縱以抗秦，無不托五德終始之天命，以期圖存。何況，始皇自居水德滅周之火德，其時並無有偽〈泰誓〉之獻。

《呂氏春秋‧應同篇》的「文王之時，赤烏銜丹書集於周社」，人與時是「文王之時」，事蹟是「赤烏銜丹書集於周社」，「赤烏……集於周社」尚可解釋，但「銜丹書」則不免流於附會。

而史遷的〈周本紀〉中，人與時成為「武王渡河」；事蹟變成：「白魚躍入王舟中」，還屬正常，但「有火自上復於下，……流為烏」，確屬荒誕不經。

史乃實錄，為證明周為火德，以「火流為烏」作為史之實錄，除了如梁玉繩所言：「史公之愛奇」，王世貞亦云：「太史公……帝王紀，以己釋《尚書》者也，文多引圖緯子家言，其文衍而虛。」〔註215〕

最能表示他對五德終始根深蒂固的觀念，便是上述〈天官書‧贊〉：「天行德，天子更立年；不德，風雨破石。」當五行的天帝更換德運主政，人間的帝王便須更換年號、德運以因應，不順應五帝的德運，則會有石破天驚的災難，這實在不免離奇虛妄。

〔註214〕梁玉繩：《史紀志疑》〈周本紀〉，頁82。但近人瀧川資言則持信其有之態度：
　　　　「禎祥未嘗不喜之，妖孽未嘗不懼之，自古而然。白魚入舟，武王取祭，化
　　　　為赤烏，群公曰休，當時宜有此事。」見氏著：《史紀會注考證》〈周本紀〉，
　　　　頁166。
〔註215〕王世貞：《史記評林》，收入《史記會注考證‧史記總論》，頁4415。

第四節　漢武改制為土德

一、以土德改制完成

至漢武時，漢家經四帝一后的蓄積，疆域之廣袤，人口之眾多，經濟之繁盛，文學賢良輩出，它如：銅鐵盛產，以鐵為兵，良馬無數，為殷商、周、秦，之所未有，武帝甫即位：

> 元年，漢興已六十餘歲矣，天下艾安，搢紳之屬皆望天子封禪改正度也，……而上鄉儒術，……草巡狩封禪改歷服色事未就。會竇太后治黃老言，不好儒術，……諸所興為皆廢。〔註216〕

由是改制不成。但在上述的理論、徵兆、環境、輿論、異象等等諸多條件之下，到了元封七年，距漢武即位迄今已紛擾了三十六年。庶民以紊亂的曆法施作農務，三十六年則是一個漫長的時期。如今：極力反對的太后已薨，皇帝本人對五德終始改制達成的渴望，徵兆不斷地出現，理論辯證的完成，文學之士的奏請，加之國力及於鼎盛，種種主客觀因素皆臻於成熟，對於改制已是朝野一心，眾望所歸，但待水到，自然渠成。

此時，司馬遷、公孫卿、壺遂等人向武帝進言修訂正朔，〔註217〕武帝則遣兒寬、司馬遷等人再度研究改曆服色之事，彼等以五德相勝之論，作為改制、改曆的基礎。〔註218〕且如上所綜述，漢武崇黃帝，《淮南子》和董仲舒又

〔註216〕〈孝武本紀〉，頁653～654。

〔註217〕《漢書》〈公孫弘卜式兒寬傳〉：「太史令司馬遷等言『曆紀壞廢，漢興未改正朔，宜可正。』上乃詔寬與遷等共定漢太初曆。」，頁3471。

〔註218〕事實上，改制與改曆是兩回事，「改制」是順應五德終始說，研究本朝當屬何「德」，尚何種服色，以何數字為紀，如秦以六為紀，漢以五為數。屬天與人之事。改曆：則是測量天體星象的運行，以此訂定年、月、日、閏，的曆法，屬科學上的天文、曆法之事。但根據《史記》與《漢書》的記載，兩者卻各不相同。《史記‧曆書》是：「招致方士唐都，分其天部；而巴落下閎運算轉曆，然後日辰之度與夏正同。乃改元，更官號，封泰山。……率應水德之勝」，頁1307～1308。如依《史記‧曆書》的記載，則是唐都與落下閎不但改曆還改元。

但在《漢書‧郊祀志》中的記載卻是：「太初改制，而兒寬、司馬遷等猶從臣、誼之言，服色數度，遂順黃德。彼以五德之傳從所不勝，秦在水德，故謂漢據土而克之」，頁1432。是兒寬、司馬遷改元。

另在《漢書‧律曆志》：「以造漢太初曆。乃選治曆鄧平及長樂司馬可、酒泉候宜君、侍郎尊及與民間治曆者，凡二十餘人，方士唐都、巴郡落下閎與焉。都分天部，而閎運算轉曆。其法以律起曆，……與鄧平所治同」，頁1009。

奠定強化了以黃帝、中央、土、黃色為最尊的理論辯證，司馬遷復尊黃帝，而漢武的帝國復與黃帝定天下、平服諸部的大一統類比。是以，依五德相勝說，漢克秦，水德之秦被滅，土克水，繼起者為土德，於是：

> 夏，漢改曆，以正月為歲首，而色上黃，官名更印章以五字，為太初元年。〔註219〕

班固在《漢書‧郊祀志》中，同樣記載：

> 太初改制，而兒寬、司馬遷等猶從臣、誼之言，服色數度，遂順黃德。彼以五德之傳從所不勝，秦在水德，故謂漢據土而克之。〔註220〕

從劉邦的漢王元年到漢武帝的太初元年，歷經了一百零二年的漢該當何德應的紛擾，終告塵埃底定，漢與黃帝同為土德。而「色上黃」，皇帝衣袍成為黃色龍袍。兩千年來，縱然異族入關成為中原皇帝，代表皇帝的衣飾、用具，仍然是以黃色為君權至高無上的符碼。

而「數用五」，依五德終始說，土之紀數為五，〔註221〕並非只是官員印章刻以五字，〔註222〕它如：五聲、五常、五事、五紀、五度、五量、五權、五則

依《漢書‧律曆志》之說，則唐都、鄧平、落下閎等人，只是參與了改曆而沒有參與改元。

〔註219〕〈封禪書〉，頁1507～1508。同樣文字見於《史記‧孝武本紀》，頁670。

〔註220〕《漢書‧郊祀志》，頁1432。

〔註221〕瀧川資言：《史記會注考證》〈孝武本紀〉：「〔集解〕張晏曰：『漢據土德，土數五，故用五為印文也。』，頁683。《漢書‧五行志》對此有所紀錄：「天以一生水，地以二生火，天以三生木，地以四生金，天以五生土。五位皆以五而合，而陰陽易位，故曰「妃以五成」。然則水之大數六，火七，木八，金九，土十，頁1539。

〔註222〕〔集解〕張晏曰：「漢據土德，土數五，故用五為印文也。若丞相曰『丞相之印章』，諸卿及守相印文不足五字者，以『之』足也。」《史記會注考證》〈孝武本紀〉，頁683。沙孟海：〈印學史‧有關印章的名稱與制度〉：「連稱印章，始於漢武太初元年，……有「校尉之印」、「偏將軍印章」、「牙門將印章」。封泥有「丞相之印章」、「大司空印章」等。官私印文用「之印」兩字的，其中「之」字是為了填足字數，連用「印章」兩字也是為了填足字數。……陰陽五行說，是漢代人思想的特點，反映到政治上、學術上、生活上，不一而足。印章用五字，便是一例。」網站：篆刻導航網：www.jinshizhuanke.com（2018，06，17）。黎明釗：「日本福岡出土的「漢委奴國王」印，即為五字印。引自：《漢越和集》〈漢唐嶺南文化與生活〉（香港，三聯書店，2013），頁61。陳菽玲：〈璽印探源及其發展〉亦有類似論述，（台中，《興大中文研究生論文集‧創刊號》1996，1月），頁196。

等等，均以「紀數五」，或五之倍數：「十」為準，並各有官職司之。〔註223〕

二、改曆

改正朔成功卻不代表改曆成功，真正改曆成功的關鍵點卻是因為方士唐都、巴郡的落下閎等多人的研究計算，方得以完成，《史記·曆書》：

> 招致方士唐都，分其天部；而巴落下閎運算轉曆，然後日辰之度與夏正同。乃改元，更官號，封泰山。因詔御史曰：「乃者，有司言星度之未定也，廣延宣問，以理星度，未能詹也。蓋聞昔者黃帝合而不死，名察度驗，定清濁，起五部，建氣物分數。然蓋尚矣。書缺樂弛，朕甚閔焉。朕唯未能循明也，紬續日分，率應水德之勝。……。」〔註224〕

由於司馬遷運算結果遭到各方反對，故改曆並未成功，重新以唐都、巴落下閎、鄧平等人的運算方法，最後由武帝拍板定案成為「太初曆」。〔註225〕

既然新曆法計算的結果是：「日辰之度與夏正同」，那麼應稱之為「夏曆」，而依此訂德運，也應該是夏的木德，尚青。但是：「乃改元，更官號，封泰山。」變成德運依五德終始說改元，漢與黃帝同為土德，但曆法卻又採夏曆。因此，不禁讓人懷疑，在當時的氛圍下，武帝自己崇：中央、土德、成仙，又最為貴的黃帝，已是朝野皆知，故，不得不設法將當今聖上之德應，訂定與黃帝相同。而使用中的顓頊曆卻又造成國家、社會、百姓的無所適從，於是，也不得不訂定曆度、節氣較為準確的夏曆。

〔註223〕 以五為數的各種類，與相關掌理有司，見《漢書·律曆志》，頁979～1011。

〔註224〕 〈曆書〉，頁1307～1308。

〔註225〕 《漢書·律曆志》對於經過所載甚詳：「願募治曆者，更造密度，各自增減，以造漢太初曆。乃選治曆鄧平及長樂司馬可、酒泉侯宜君、侍郎尊及與民間治曆者，凡二十餘人，方士唐都、巴郡落下閎與焉。都分天部，而閎運算轉曆。其法以律起曆……詔遷用鄧平所造八十一分律曆……太初曆晦朔弦望，皆最密」，頁1009。中國近代天文學家陳遵媯言：「司馬遷和其他許多曆家……所決定的曆法是《史記·曆書》所載的《曆數甲子篇》，即以太初元年前十一月甲子朔為曆元的四分曆法；當時並且還頒布過施行這種曆法的詔書。但這種曆法把當時人們算為丙子的太初元年，改稱為甲寅歲，並以立春正月改為冬至正月；可以說是完全屬於理想的曆法。以致施行的時候曾經遭到各方面的激烈反對，不得不把這施行這曆法的命令撤回。後來又增請治曆鄧平、長樂司馬可、酒泉侯宜君、方士唐都和巴郡落下閎等二十餘人重行研究，不久才決定採用鄧平的八十一分法。」見氏著：《中國天文學史》第五冊，〈兩漢曆法——太初曆〉，頁116。

這裡仍有一個分歧，即是以五德終始說而改制成功，乃是經由朝廷相關重臣如：兒寬、司馬遷、公孫卿、壺遂等知識分子的研究分析而改制成功；但改曆成功，卻是由唐都、鄧平、司馬可等人「分其天部」：測量天空星宿的距離與角度；落下閎等人「運算轉曆」，即是依據渾天學說轉動渾天儀並計算，二十餘位天文科學研究者的參與，經由觀察、測量、計算而訂定出的曆法。兩者的分歧差異在於：

一方是以玄學的五德終始說為依據，訂定形而上無人可驗證的德應：土德。

一方是以科學層面的天文觀察、測量為依據，而訂定的實際科學：太初曆。

三、矛盾中的改制

以高祖而言，相關改制的五德終始理論，其實未必重要。劉邦從火德尚赤，赤帝子殺白帝子，訴諸天命以求勝秦伐楚，之後又自居水德黑帝，兩次定德應，根本無理論的探討，只是為了號召人心歸附、因應作戰募兵、求才的需求，遂率爾定德應。而張蒼深通律曆與五德終始理論，卻從不更正劉邦，即可能是上意不可違。

文帝謙柔，模稜不明，故「外黑內赤，水火相並」；又「黃赤兼容、土火併存」，在五德終始的理論中，相勝的火、水、土，三德為互斥，在文帝時，卻是三者共存，也無人敢予以反對，因為上意無可無不可。

但武帝深崇黃帝已是不可逆之事實，上意較諸理論為之重要。

對於漢武定以土德，有論者以為：「從相勝說來看土克水，這是肯定了秦朝在歷史上曾經出現的地位；從相生說來看，則為火生土，那是跳過曇花一現的秦，以周為火，周母火生漢子土，認為周漢是母與子的關係，這也就是不承認秦在歷史上的身分了。」〔註226〕此說固然兼顧了漢為土德的相生與相勝兩說，但無法解釋所產生的新矛盾：因為如果採相生說，又跳過了秦，承認周為火德：「周母火生漢子土」，但是，由周往上追溯，則「火由木生」，遂成為周之火德由殷之木德所生；殷之木德由夏之水德所生，這在五德終始說的文獻記載中，殷、周兩個朝代的德運產生原因，都發生抵牾。復且，朝代更

〔註226〕范瑞紋：〈時空觀念與黃帝信仰——秦漢改制思想探悉〉（新竹，國立清華大學博士論文，2011），頁51。

迭採相生說，乃自新莽開始，從秦皇至漢武，均係採相勝說。

由於司馬遷本人深信五德終始說，而他又參與了整個過程，於是「彼以五德之傳從所不勝，秦在水德，故謂漢據土而克之。」既要符合五德終始的理論，又須仰體上意，就必須將顓頊、帝嚳、堯、舜四帝王所具有的德應放棄，才能符合漢家是承襲自黃帝。其中的突兀是，秦朝祖顓頊，而顓頊本就居水德黑帝位，既承認秦為水德，卻在追溯上古的帝王德應時，又放棄了黑帝顓頊的水德符應，不免兩相矛盾。

以《漢書‧律曆志》與《漢書‧郊祀志》比對，顯示了一個將矛盾折衷的結果，即《漢書‧律曆志》是兒寬向武帝奏答為採三統說，〈郊祀志〉卻是兒寬、司馬遷猶然遵從公孫臣、賈誼的五德終始說，最後成了依五德終始說的土德與服色，而採用三統說中的黑統夏曆為正朔，以寅月為正月，雖曰折衷，但卻混淆不清。錢穆對此評曰：

> 漢若依公羊家三統說改定正朔，從夏正，則應自列為黑統，何以又色尚黃而主土德。蓋公羊家隱竊五德之說而附會之於春秋王正月王二月王三月之文，遂成三統之論。漢廷議改正朔易服色者，又誤混三統五德之說於一而不能辨，故致彼此失據，無往而不繆也。〔註227〕

這便是以玄學的五德終始定德改元，以科學觀察天體星象的運行，而采三統說訂曆譜，兼顧的結果，卻造成了各說的矛盾。〔註228〕實則，有漢一朝，無論是定朔或改曆，都是不斷在矛盾中尋求妥協兼顧，以符合五德終始說，復需兼顧曆律的運行，欲兼顧其多元，卻是收之東隅，失之桑榆，產生扞格也就難免，正如錢穆先生所言：「彼此失據，無往而不繆也。」

自春秋伊始，從五行以至五德終始說，黃帝在許多典籍中屢屢被強調其為尊、為貴、為中、為勝者，繼稷下之學、漢初的黃老之學，諸子將黃帝推崇至五帝之最尊，董仲舒復以：「土者，五行最貴者也，其義不可以加矣。五聲莫貴於宮，五味莫美於甘，五色莫盛於黃」、「土居中央，為之天潤。土者，天

〔註227〕錢穆：《秦漢史》〈西漢之全盛〉，頁120。

〔註228〕不論三統說或五德說，都難脫驗證的合理性。鄺芷人曰：「以五行相剋來說明歷史的變遷，其最大困難處在於五行架構是否合理，以及判斷政權的五行屬性之原則。倘若缺乏這種判斷原則，於是像『秦滅周而得天下，因為水剋火之故』，這些話便流於空言。……以五行相剋原理來解釋歷史的變遷，這是缺乏合理化基礎的。」見氏著：《陰陽五行及其體系》〈第十一章‧第三節‧陰陽五行與一般系統理論〉，頁420。

之股肱也」、「土者，五行之主也」。將土行相關之物喻為最尊、最貴。此時居天下之中的土德黃帝，其地位已非其他四德能比。在上述時代風氣的諸多條件醞釀之後，朝野視上意崇黃帝的附會，已塑造了漢家與最為尊的中央、土德、黃帝，據相同天命德運的熟成。《史記·五帝本紀》中，將「有土德之瑞，故號黃帝」書寫為華夏之祖，而漢武與黃帝都是大一統的帝王，於是，漢與居天下之中的黃帝同主土德，最為尊。〔註229〕

第五節　五行說對漢代政治、社會的影響

一、曆法混亂

自古以來，每當易代之後，新王得改正朔，以示朝代應天命之初始。因此相關改正朔之禮制與解釋，不絕於書。《禮記·大傳》云：

> 聖人南面而治天下，必自人道始矣。立權度量，考文章，改正朔，
> 易服色，殊徽號，異器械，別衣服，此其所得與民變革者也。

孔穎達云：「改正朔者，正謂年始，朔謂月初，言王者得政，示從我始，改故用新，隨寅、丑、子所建也。周子，殷丑，夏寅，是改正也；周夜半，殷雞鳴，夏平旦，是易朔也。」〔註230〕聖人受天之命君臨天下時，有可以變動革新與不得變動之事。「改正朔，易服色，殊徽號」為必須變革之事。

> 《左傳·隱公元年》
> 《經》元年，春，王正月。
> 孔穎達正義：《春秋》之例，竟時無事乃書首月以記時，……正月無
> 事而空書首月者，以人君於始年，初月必朝廟告朔，因即人君之位，
> ……故君之始年必書曰『元年春王正月。』……受命之王必改正朔，
> 繼世之王奉而行之，每歲頒於諸侯，諸侯受王正朔，故言『元年春
> 王正月。』〔註231〕

新王「改正朔」，同朝代繼位之君王「奉而行之」後，每年仍需昭告天下來年的「正朔」。《公羊傳》對此釋義方向稍異：

〔註229〕東漢光武帝，復改土德為火德，見《後漢書·光武帝紀》，頁41。
〔註230〕《禮記·大傳》，頁1166～1167。
〔註231〕《春秋左傳正義·隱公元年》，頁44～45。

《公羊傳・隱公元年》

元年春，王正月。元年者何？君之始年也。春者何？歲之始也。王
者孰謂？謂文王也。曷為先言王而後言正月？王正月也。何言乎王
正月？大一統也。

所謂「大一統也」的觀念，頗為契合漢武帝挾人口、財力、物力、武器，以兵
征四域，將諸越、夷、狄，納於漢家版圖的大一統構想。徐彥疏：

王者受命，必徙居處，改正朔，易服色，殊徽號，變犧牲，異器械，
明受之於天，不受之於人。夏以斗建寅之月為正，平旦為朔，法物
見，色上黑；殷以斗建丑之月為正，雞鳴為朔，法物牙，色上白；
周以斗建子為正，夜半為朔，法物萌，色上赤。〔註232〕

雖然，徐彥此疏，是為三統說。「朔」為每月初一，一個月的起始之日。而定
「朔」之時，卻有三種：「平旦」、「雞鳴」、「夜半」（案：依時序為：子時為夜
半。丑時為雞鳴。寅時為平旦，即黎明）。起始之時不同，日積月累以後，自
然天差地遠。但在改制上，則徐彥與孔穎達的釋義相同，即新王受命，得改
正朔、易服色。

改正朔意即改曆法，屬史官之職。《周禮・春官・宗伯》有：「大史……
正歲年以序事，頒之於官府及都鄙，頒告朔於邦國。」賈公彥疏：「中數日
歲，朔數日年。中朔大小不齊，正之以閏，若今時作曆日矣。定四時、以次
序授民時之事。」〔註233〕「告朔」即為：天子在歲末之時，將未來一年新
的曆書頒於諸侯，諸侯拜受，藏之祖廟，每月初一朔日，獻活羊祭告於廟，
而後聽政。

「不事朔」則表示君主怠於政，《春秋》為之諱，《公羊傳・文公十六
年》條下：

夏，五月，公四不事朔。公曷為四不事朔？公有疾也。自是公無疾，
不視朔也。然則曷為不言公無疾不視朔？有疾，猶可言也，無疾不
可言也。

徐彥疏：

不舉不朝廟者，禮，月終於廟先受朔政，乃朝，明王教尊也；朝廟，

〔註232〕〔漢〕何休注，〔唐〕徐彥疏：《公羊傳・隱公元年》（臺北，臺灣古籍出版
有限公司，2001），頁6～11。
〔註233〕《周禮》〈春官・宗伯〉，頁815。

私也，故以不視朔為重。常以朔者，重始也。……有疾無惡不當書。
又不言有疾者，欲起公自是無疾不視朔也。……即鄭氏云「魯自文
公四不視朔，視朔之禮已後遂廢。」〔註234〕

故天子不告朔，不頒來年的曆法，則中央、邦國、以農為生的黎民無所遵依，
國計民生將為之亂矣，被視之為亂世表徵，太史公在〈曆書〉中云：

天下有道，則不失紀序；無道，則正朔不行於諸侯。幽、厲之後，
周室微，陪臣執政，史不記時，君不告朔，故疇人子弟分散，或在
諸夏，或在夷狄，是以其禨祥廢而不統。周襄王二十六年閏三月，
而春秋非之。先王之正時也，履端於始，舉正於中，歸邪於終。履
端於始，序則不愆；舉正於中，民則不惑；歸邪於終，事則不悖。
〔註235〕

正朔是否行於諸侯，是天下有道、無道的標準。天子勤政，除告朔外，還必須
是正確的曆法。周襄王時，並非不告朔，只是將閏月設在三月，即被「《春秋》
非之」。因為曆法的觀察計算必須準確，方能使「民則不惑」、「事則不悖」。

故由史官觀察星曆後，訂定未來一年的曆書，俾天子、諸侯憑以「告朔」、
「視朔」，不但為國之大禮，並以此彰顯君王之權威、國家禮儀、君臣尊卑，
且頒之於邦國、官府、都鄙，以利天下群生依此運行農漁獵牧、婚喪喜慶：
「以次序授民時之事」，乃國之要事。

春秋前期，以殷正為歲首；春秋中期，以周正為歲首；戰國初期，各國
自訂正朔，大約為黃河中游各國用夏時，以建寅為正月；下游各國用周時，
以建子為正月；但其中又雜有黃帝、顓頊、夏、殷、周及魯曆等六種曆法，各
國使用不同曆法，雜亂不一。〔註236〕

秦統一後，用顓頊曆。漢承秦制，故自漢初以迄漢武，因承秦之水德，
從張蒼之言，亦循顓頊曆。〔註237〕但漢朝雖採顓頊曆，該曆法卻使人民不

〔註234〕《公羊傳‧文公十六年》，頁363～364。
〔註235〕〈曆書〉，頁1306～1307。
〔註236〕春秋前期至秦，各曆法的變化，參閱陳遵媯：《中國天文學史》第五冊，〈歷
　　　　代曆法‧第二節‧先秦曆法〉，頁110、111。
〔註237〕《顓頊曆》是中國古代六種曆法之一，屬陰陽曆。測制年代或為秦獻公十九
　　　　年（B.C.366年）。秦國在秦武王時期仍舊使用周曆，故秦國之顓頊曆實施時
　　　　間當在秦昭王時期，至秦始皇一統天下後遍行，經秦朝至漢武帝制定太初曆
　　　　始棄之。見李昭和、莫洪貴、於采芑：〈青川縣出土秦更修田律木牘──四
　　　　川青川縣戰國墓發掘簡報〉（北京，《文物月刊》，1982年第1期）。白光琦：

知所從。〔註238〕

《漢書‧律曆志》

其所記，有黃帝、顓頊、夏、殷、周及魯曆。戰國擾攘，秦兼天下，未遑暇也，亦頗推五勝，而自以為獲水德，乃以十月為正，色上黑。漢興，……襲秦正朔。以北平侯張蒼言，用顓頊曆，比於六曆，疏闊中最為微近。然正朔服色，未睹其真，而朔晦月見，弦望滿虧，多非是。〔註239〕

顓頊曆雖然相較於其他五曆，最接近天象。但由於秦是以十月為歲首，而當時訂曆時，又未必精確，因此：「朔晦月見，弦望滿虧，多非是」，在弦日、望日，與月之盈虧，均無法準確，即是在弦日看到滿月，望日看到弦月，大多數的日子都是錯誤。

對於一個大一統國家，依星象訂曆法，向全國四方行詔書文令，又是主要以農為生的國度，循星曆、節氣，務農事之運作，並以之為婚喪節慶等等行事的準則。當標準混亂，不時發生錯誤，百姓之無奈、不便與怨言，可想而知。於是朝廷大夫乃有改正朔、曆法之奏，《漢書‧律曆志》：「至武帝元封七年，漢興百二歲矣，大中大夫公孫卿、壺遂、太史令司馬遷等言：『曆紀壞廢，宜改正朔。』」〔註240〕在這一次的奏答中，對於改正朔，易服色，以及對於百姓庶民最重要的改曆之事，都無答案。但是兒寬與博士諸生雖認為本朝是三統之制，而非五德終始制，卻又不敢確定。且到了元封六年，漢武即位已三

〈顓頊曆三事考〉（北京，《自然科學史研究》，2002 年第 2 期），頁 179～188。雷寶，詹石窗：〈太歲系統差異形成考〉（武漢，《華中師範大學學報，人文社會科學版》，2010 年，第 1 期），頁 89～94。

〔註238〕 另有夏曆即五行曆之說，詳參李國璽：〈秦漢之際陰陽五行政治思想源流研究‧五行是指五行曆法〉（臺北，國立台灣大學博士論文，2010 年 8 月），頁13～31。程少軒則認為，陰陽五行數術文獻的曆法包含三個層次，即「編纂使用曆法」、「貞卜適用曆法」以及「實際所用曆法」。主要以「編纂使用曆法」與「實際所用曆法」為主。「編纂使用曆法」歲實取三百六十六日；「實際所用曆法」歲實為三百六十五又四分之一日的顓頊曆，與「編纂使用曆法」每年有四分之三日的誤差，每八年誤差積累為六日。見氏著：〈馬王堆帛書《刑德》、《陰陽五行》諸篇曆法研究——以《陰陽五行》乙篇為中心〉（中央研究院，歷史語言研究所集刊，第八十七本，民國一〇五年六月），頁 315～320。

〔註239〕 《漢書‧律曆志》，頁 1007～1008。

〔註240〕 《漢書‧律曆志》，頁 1008。

十五年，生民農務賴以運作的曆法，仍陷於混亂未定。

二、朝野追求神仙異說封禪

　　戰國時，各國殺戮征伐，狼煙四起，貴族、士子、商賈、黎民各階層，朝不保夕，而又無力遷徙。即便徙居他國，不過是從本國繇役的徵歛，換至另一個不同語言，且無自己所屬耕地的國家，情況更為拮倨慘重。復且，燕齊近海，本多海市蜃樓景象，人們嚮往神仙世界，得以逃離現世，於是神仙之說漸起。〔註241〕

　　齊燕的神仙之說，由幻想而進入書冊寓言，《莊子》中的「真人」，凌虛御風，不食人間煙火，「登高不慄，入水不濡，入火不熱」、「列子御風而行，泠然善也，旬有五日而反。」〔註242〕《列子‧黃帝》篇中的「神人」、〈周穆王〉篇中的「化人」，皆為神仙之說。〔註243〕之後，燕齊方士，謟神仙之說欺始皇，冀封賞，以登青雲富貴，則神仙之說開始進入皇家政治。〔註244〕秦亡，繼之的高祖、呂后、文、景，或有尋五德之符應，然並無求仙之舉，唯獨漢武，嚮慕求仙，甚且可棄大寶於不顧。〔註245〕於是術數、方士蟻附。

　　武帝對於方士、神仙、術數，深信不疑。具名為皇帝所用的計有：李少君、謬忌、文成將軍、神君、欒大、公孫卿、勇之、公玉帶、丁夫人、虞初等十人。尤異者，令方士丁夫人、虞初做法降災詛咒匈奴、大宛。〔註246〕其中又以欒大最見貴寵，封侯、佩六印，更以公主為欒大妻，致使丞相、將軍，即

〔註241〕翦伯贊：「神仙之說，發生於戰國時代，絕非偶然，這正是當時沒落的貴族感於時代之壓迫，而又無力反抗，他們厭惡現社會，然而普天之下，莫非王土，他們又逃不出現社會。於是幻想在中國境外有這樣一個自由的世界。……因此當時齊燕一代的商人，便開始向海外尋求這個幻想的神仙世界。……所以當時的方士，皆係齊燕沿海之人。」見氏著：《秦漢史》〈秦代的意識形態及其變化〉（臺北，雲龍出版社，2003），頁131。

〔註242〕《莊子‧逍遙遊》、〈大宗師〉，頁4、110。

〔註243〕〔戰國〕列禦寇著，王強模譯注：《列子‧黃帝》、〈周穆王〉（臺北，臺灣古籍出版公司，1998），頁41、92。

〔註244〕〈封禪書〉：「自齊威、宣之時，騶子之徒論著終始五德之運，及秦帝而齊人奏之，故始皇采用之。而宋毋忌、正伯僑、充尚、羨門高最後皆燕人，為方僊道，形解銷化，依於鬼神之事。騶衍以陰陽主運顯於諸侯，而燕齊海上之方士傳其術不能通，然則怪迂阿諛苟合之徒自此興，不可勝數也」，頁1445。

〔註245〕〈武帝本紀〉：「於是天子曰：『嗟乎！吾誠得如黃帝，吾視去妻子如脫屣耳。』」頁661。

〔註246〕〈封禪書〉，頁1508。

便皇帝的姑媽都前往欒大府上設宴置酒。〔註247〕於是，燕齊方士莫不趨之若鶩言神仙：「而海上燕齊之間，莫不搤捥而自言有禁方，能神僊矣。……齊人之上疏言神怪奇方者以萬數。」〔註248〕

當民間方士虛構神仙，係因得以換取榮華富貴，故不惜甘冒身誅族滅之風險。然朝廷仕宦亦起而傚尤，造假以求上悅，這已成了一種風氣，於是濟北王獻泰山及其旁邑，以供封禪；游水發根薦神君、樂成侯與王后薦欒大。而士大夫無不雲從，或真實或附會，如：

> 有司言元宜以天瑞命，不宜以一二數。一元曰「建」，二元以長星曰「光」，三元以郊得一角獸曰「狩」云。
>
> 三月，遂東幸緱氏，禮登中嶽太室。從官在山下聞若有言「萬歲」云。問上，上不言；問下，下不言。
>
> 群臣有言見一老父牽狗，言「吾欲見臣公」，已忽不見。上即見大跡，未信，及群臣有言老父，則大以為僊人也。
>
> 其秋，有星茀于東井。後十餘日，有星茀于三能。望氣王朔言：「候獨見填星出如瓜，食頃復入焉。」、有司皆曰：「陛下建漢家封禪，天其報德星云。」
>
> 公孫卿言見神人東萊山，若云「欲見天子」。天子於是幸緱氏城，拜卿為中大夫。遂至東萊，宿留之數日，無所見，見大人跡云。〔註249〕

如今，民間方士言神怪奇方者以萬數，王侯獻地以供封禪，朝廷士大夫不惜以謊言為求上悅，朝野有關陰陽五行、讖緯術數、神仙長生、改曆換元之煙騰雲湧，已然亂象無序矣。況者，自周武王成為中央天子，以迄呂后的大約九百五十年之間，凡三十五位天子，一概以「某王元年」至「某王幾年」的順序計年。至漢文帝時則以「元年」及「後元」兩次論「元」，景帝時則則以「前」、「中」、「後」計之，到了漢武，為求祥瑞符應，國家建元、改元計達十一次。〔註250〕

〔註247〕〈封禪書〉：「其以二千戶封地士將軍大為樂通侯。賜列侯甲第，僮千人。乘輿斥車馬帷幄器物以充其家。又以衛長公主妻之，齎金萬斤，更命其邑曰當利公主。天子親如五利之第。使者存問供給，相屬於道。自大主將相以下，皆置酒其家，獻遺之。……大見數月，佩六印，貴震天下」，頁1476。

〔註248〕〈封禪書〉，頁1476。

〔註249〕〈封禪書〉，頁1471～1509。

〔註250〕武帝年號計有：建元、元光、元朔、元狩、元鼎、元封、太初、天漢、太始、征和、後元等十一個。僅次於唐高宗與武后的各十四次。見〈年表〉，頁1083～1154。

在褚少孫所補的《史記・日者列傳》中，可窺出漢武對於占卜、術數等等各種方士與方法的迷信程度：

> 臣為郎時，與太卜待詔為郎者同署，言曰：「孝武帝時，聚會占家問之：『某日可取婦乎？』五行家曰『可』，堪輿家曰『不可』，建除家曰『不吉』，叢辰家曰『大凶』，曆家曰『小凶』，天人家曰『小吉』，太一家曰『大吉』。辯訟不決，以狀聞。制曰：『避諸死忌，以五行為主。』人取於五行者也。〔註251〕

皇帝成立官署，將所有用不同方式占卜的術士，集合於皇家官廳辦公待詔，以術數決疑，凸顯了信方士、崇神仙的帝王，對於迷信之牢不可移。當以各種不同方法占卜而出現相異結論時，皇帝裁決七家之言是：「以五行為主」，更襯托出五行家言論的權威，以及其說被武帝重視的程度。

三、文學之士勸進

漢武雖好文學，舉文學之士，但所謂的「文學」係指儒學，多為解經、注經之儒士，而非今之所謂的文學創作。因文學創作而封官者，除司馬相如一人以外，其他闕如。〔註252〕漢武雅好辭賦，司馬相如之賦，可以使得貴為皇帝卻懊惱不能與其同時代。〔註253〕司馬相如在〈子虛賦〉中，假「無是公」之言，誇示天子的上林苑並風諫天子：

> 〈子虛賦〉
>
> 天子芒然而思，似若有亡。……命有司曰：「發倉廩以振貧窮，補不足，恤寡，存孤獨。出德號，省刑罰，改制度，易服色，更正朔，與天下為始。」……於斯之時，天下大說，向風而聽，隨流而化，喟然興道而遷義，刑錯而不用，德隆乎三皇，功羨於五帝。〔註254〕

雖然，〈子虛賦〉在文末以天子自省為諫，但全文鋪張揚厲、虛玄幻飾，藉以

〔註251〕〈日者列傳〉，頁5003。

〔註252〕漢武時，所謂的文學之士，如：公孫弘、董仲舒、兒寬、孔安國等等多人，率因明儒學、通經術而封官。因文學創作而後封至中郎將者，僅司馬相如一人。見〈司馬相如列傳〉、〈儒林列傳〉，頁4589、4757～4776。而司馬遷在《史記》六十九篇的〈列傳〉中，因文辭創作優美，而將作者文章照錄於本傳中的，也只有屈原、賈誼、司馬相如三人。然屈原、賈誼，均非漢武時期。

〔註253〕〈司馬相如列傳〉：「上讀〈子虛賦〉而善之，曰：『朕獨不得與此人同時哉！』」頁4577。

〔註254〕〈司馬相如列傳〉，頁4588。

誇頌漢武王朝的聲威與氣勢，其中：「改制度，易服色，更正朔」，與當時朝野爭議的改制契合，也頗符武帝思欲改元、定朔、封禪的念頭，武帝觀其文後「天子大說」、「以為郎」，成為布衣因創作而拜官為郎。司馬相如另在〈封禪書〉中的：

> 陛下仁育群生，義征不憓，諸夏樂貢，百蠻執贄，德侔往初，功無與二，……意者泰山、梁父設壇場望幸，蓋號以況榮，上帝垂恩儲祉，將以薦成，陛下謙讓而弗發也。……夫修德以錫符，奉符以行事，不為進越。故聖王弗替，而修禮地祇，謁款天神，勒功中岳，以彰至尊，舒盛德，發號榮，受厚福，以浸黎民也。皇皇哉斯事！天下之壯觀，王者之丕業，不可貶也。願陛下全之。〔註255〕

他在賦中假大司馬之言，婉轉勸進武帝改制與封禪，或許能代表市井黎民的輿論。但儒學學者亦鼓吹封禪，《春秋繁露‧王道》：

> 郊天祀地，秩山川，以時至封於泰山，禪於梁父。立明堂，宗祀先帝。以祖配天，天下諸侯各以其職來祭，貢土地所有，先以入宗廟。〔註256〕

封禪：將帝王之功績稟於天地，為「王道」之應行。錢穆對漢武一朝的儒生、方士、文學之士等，為迎合漢武帝而建議的舉措，言：「辭賦者，鋪張藻飾，侈陳富麗，務為夸大。……武帝內中於辭客之侈張，而外以經術為附會。興明堂，建封禪，修郊祀，改正朔。……凡所謂正禮樂，致太平者，皆導源於辭賦，而緣飾之以經術。……故漢武一朝之所謂改制，有儒生之言禮樂，而不免於拘。有方士之推陰陽，而不免於誣。有辭賦文學之士之頌功德，而不免於誇。」〔註257〕當即指此。

四、崇黃帝

秦末，在歷經各方人馬抗秦、各集團相互殺伐、楚漢征戰七年多後，〔註258〕至漢初，人口凋零，社會殘敗。漢初肇始，以黃老之術育民、輕徭薄賦、清靜

〔註255〕〈司馬相如列傳〉，頁4638。
〔註256〕《春秋繁露‧王道》，頁99～100。
〔註257〕錢穆：《秦漢史》〈武帝之政治〉，頁86～87、122。
〔註258〕自陳涉先反，迄漢王殺項籍，諸侯臣屬漢，歷時七年多。詳參〈秦楚之際月表〉，頁889～909。

儉約，做為治國政策的方向。陸賈上奏治國之道除儒家外，也同時包括了道家的思想，〔註259〕之後的惠帝、呂后：

> 孝惠皇帝、高后之時，黎民得離戰國之苦，君臣俱欲休息乎無為，故惠帝垂拱，高后女主稱制，政不出房戶，天下晏然。刑罰罕用，罪人是希。民務稼穡，衣食滋殖。〔註260〕

其時曹參為相，繼蕭何之後統領百官，凡事循蕭何之治，亦以道家的清靜無為，順應自然，一任百姓休生養息：

> 曹相國參……清靜極言合道。然百姓離秦之酷後，參與休息無為，故天下俱稱其美矣。〔註261〕

朝野上下浸沐於以無為代有為，國之重臣閣動率多崇道，〔註262〕黃老之道一時蔚然成風。到了文帝時的賈誼，在其《新書‧脩政語上》讚頌黃帝：

> 黃帝曰：道若川谷之水，其出無已，其行無止。故服人而不為仇，分人而不譚者，其惟道矣。故播之於天下，而不忘者，其惟道矣。是以道高比於天，道明比於日，道安比於山。故言之者見謂智，學之者見謂賢，守之者見謂信，樂之者見謂仁，行之者見謂聖人。故惟道不可竊也，不可以虛為也。故黃帝職道義，經天地，紀人倫，序萬物，以信與仁為天下先。然後濟東海，入江內，取綠圖，西濟積石，涉流沙，登於崑崙，於是還歸中國，以平天下，天下太平，唯躬道而已。〔註263〕

〔註259〕　〔漢〕陸賈著：《新語》〈無為第四〉：「道莫大於無為，行莫大於謹敬。……寂若無治國之意，漠若無憂天下之心，然而天下大治。」〈至德第八〉：「夫形重者則心煩，事眾者則身勞；心煩者則刑罰縱橫而無所立，身勞者則百端迴邪而無所就。是以君子之為治也，塊然若無事，寂然若無聲，官府若無吏，亭落若無民，閭里不訟於巷，……鄉無夜召之徵，犬不夜吠，雞不夜鳴，者老甘味於堂，丁男耕耘於野，在朝者忠於君，在家者孝於親。」收入《四庫全書‧子部一‧儒家類》（北京，中華書局，1995）。

〔註260〕　〈呂太后本紀‧贊〉，頁585。

〔註261〕　〈曹相國世家‧贊〉，頁2571。

〔註262〕　西漢丞相或重臣信仰道家者，計有：張良、蕭何、曹參、陳平、邴吉等人，見以上諸人〈列傳〉。相關西漢人物對於黃老與道法的傾向，請參閱陳麗桂：〈黃老思想的體現——西漢黃老治術的雙重性格與重要人物的道法傾向〉（臺北，國立臺灣師範大學，《中國學術年刊》，1994，03，第15期），頁61～92。（澳洲中國研究學會年會論文）

〔註263〕　〔漢〕賈誼：《新書‧脩政語上》（臺北，臺灣中華書局，1979），頁25～26。

推崇黃帝以道治天下，道如流水，永不止息，小可以紀人倫、序萬物，大可以治國家、平天下。

武帝雖然以儒為尊，但先秦諸子無論是儒、法、墨、道、陰陽家乃至於兵家、神話，對於相關黃帝的記載，多是但見襃揚而鮮有貶損。在上下交相言三統說、五德終始說的同時，漢武除了想改曆與服色，對於五帝、神明盡皆祀之，又最敬太一，但他希望師法的是黃帝，到了沉迷的地步。

前此各經集中，黃帝的土德居天下之正中，最為尊貴，且五德終始說，是以黃帝為起始者。如果水德的秦為漢所勝，那麼依相勝之說，為土德勝水德，漢自然回復到循環的起點成為土德。復且，相關黃帝的傳說、圖式、黃色、土德、祥瑞等，在本朝都不斷產生徵兆。

齊地方士公孫卿，編造黃帝時期的申公在兩三千年即言：

> 漢興復當黃帝之時。漢之聖者在高祖之孫且曾孫也。……漢主亦當上封，上封則能僊登天矣。黃帝時萬諸侯，而神靈之封居七千。……中國華山、首山、太室、泰山、東萊，此五山黃帝之所常遊，與神會。黃帝且戰且學僊。……百餘歲然後得與神通。……其後於黃帝接萬靈明廷。

武帝深信此謊言，尤熱衷於黃帝成仙的故事，如能成仙化去「嗟乎！吾誠得如黃帝，吾視去妻子如脫屣耳。」

除了羨慕黃帝成仙，包括封禪之後天旱不雨，也相信方士所說黃帝在封禪後亦天旱，主因乃是要曬乾封禪的祭壇：

> 其明年，伐朝鮮。夏，旱。公孫卿曰：「黃帝時封則天旱，乾封三年。」
> 上乃下詔曰：「天旱，意乾封乎？其令天下尊祠靈星焉。」

公玉帶獻黃帝時的明堂圖，武帝信之不疑：

> 初，天子封泰山，泰山東北阯古時有明堂處，處險不敞。上欲治明堂奉高旁，未曉其制度。濟南人公玉帶上黃帝時明堂圖。明堂圖中有一殿，四面無壁，以茅蓋，通水，圜宮垣為複道，上有樓，從西南入，命曰昆侖，天子從之入，以拜祠上帝焉。於是上令奉高作明堂汶上，如帶圖。

其他方士則跟進，說黃帝建了五城十二樓，他依樣建設：

> 方士有言：「黃帝時為五城十二樓，以候神人於執期，命曰迎年」。
> 上許作之如方，命曰明年。上親禮祠上帝焉。

公玉帶稱黃帝不但封泰山，還接受臣子建議另封東泰山，武帝因東泰山卑小，自己未親祀，但也令祠官祭祀：

> 公玉帶曰：「黃帝時雖封泰山，然風后、封巨、岐伯令黃帝封東泰山，禪凡山，合符，然後不死焉。」天子既令設祠具，至東泰山，東泰山卑小，不稱其聲，乃令祠官禮之，而不封禪焉。其後令帶奉祠候神物。

民間方士如此，士大夫不遑多讓，雖然未編派黃帝的傳說或謊言，但「上黃」的嘗試已經開始：

> 有司與太史公、祠官寬舒議：「天地牲角繭栗。今陛下親祠后土，后土宜於澤中圜丘為五壇，壇一黃犢太牢具，已祠盡瘞，而從祠衣上黃」。

其中，也包括了黃色祥瑞的異樣徵兆：

> 於是天子遂東，始立后土祠汾陰脽丘，如寬舒等議。上親望拜，如上帝禮。

> 迎鼎至甘泉，從行，上薦之。至中山，曬溫，有「黃雲」蓋焉。

服色上黃以及祥瑞：

> 十一月辛巳朔旦冬至，昧爽，天子始郊拜太一。……而見太一如雍郊禮。……而衣上黃。其祠列火滿壇，壇旁亨炊具。有司云「祠上有光焉」。公卿言「皇帝始郊見太一雲陽，有司奉瑄玉嘉牲薦饗。是夜有美光，及晝，『黃氣』上屬天。」〔註264〕

當朝臣與負責天象、律曆的司馬談，負責國家祭祀的寬舒等等相關的有司，都建議以上黃的服色行祭祀之大禮時，黃色的符應已隱然成形。逮至以：黃帝、上黃、天下之中的土德，改元建朔以後，自高祖起兵，迄武帝定太初元年的一百零五年後，五德終始的德運輪迴，終告塵埃落定。

〔註264〕上引見各段，見〈封禪書〉，頁 1478～1509。

第七章 結 論

　　西周伊始，五行並未成為學說。周本處於西隅，以諸侯之位推翻殷商而成天下共主。肇基後，敬天法祖，天命是畏，兢兢戒惕於殷商末期之逆天無道與揮霍荒淫，〔註1〕在廟堂與方國的政治貴族中，朝廷重臣大老勸喻國君，行善政以養民，修身守德，崇祀天神，尊天賜實物，並以自然所生之萬物附麗釋義，以「六府」滲入神話，開啟了後世的五行之源。

　　西周初期以迄春秋末期，五行的苗種，醞釀在中央朝廷，與周之各封國的貴族話語中。其記載，除《晏子春秋》以外，率多見於後世歸類於儒學的經集裡，如：《尚書》、《左傳》、《國語》、《周易》等。

　　戰國起，為五行說的迸發期，由於平民已然接受教育，成為智識分子，進而招收門徒。各家在傳述思想時，不斷地用五行的名詞、元素，補強本學派的理論。龐芷人曰：「陰陽五行的思想對中國學術傳統所產生的影響，是沒有其他思想能夠匹敵的。……舉凡樂律、史觀、倫理、政治、氣象、醫學、術數等，皆充滿著陰陽五行的成素。」〔註2〕五行從自然義推衍到人文義，再蔓延成宗教義，從地上到天上，伸展至星辰，原屬二維空間的物質，膨脹成四維時空。

　　逮至戰國末期，經鄒衍匯注融合而形成五德終始說，之後的《呂氏春秋》、

〔註1〕殷末，帝武乙與帝紂的不恤民力，慢於鬼神，揮霍荒淫，〈殷本紀〉載：「帝武乙無道，為偶人，謂之天神。與之博，令人為行。天神不勝，乃僇辱之。為革囊，盛血，卬而射之，命曰「射天」。武乙獵於河渭之閒，暴雷，武乙震死。……帝紂曰：『我生不有命在天乎！』」頁103～106。
〔註2〕龐芷人：《陰陽五行及其體系·緒論》，頁1。

《淮南子》、《春秋繁露》以及司馬遷，都持續在其論說上擴充強化五行、五德，使該學說幾近無所不覆。

秦漢時期也是五德終始說的實踐執行期，將理論付諸政治實務的施行，以致地處西疆的秦國，一改祖先之白帝金德，為黑帝水德，除外在的：「衣服旄旌節旗皆上黑。數以六為紀，符、法冠皆六寸，而與六尺，六尺為步，乘六馬」，內在的 施政方向，管理方式，亦循《管子》與《呂氏春秋》中的水德之義，以酷法為治。

有漢一朝，在實務的執行上尤現困頓，不知依從。自高祖肇立，率爾身兼二德應，直至武帝，亦改先帝之例，重新賦予本朝德運。期間，朝野喧囂，首尾兩端，蓋因理論出自人言，當理論無法以科學驗證時，於是眾口異聲，互執一是。然五德終始說此時已鋪蓋成一門宇宙天人觀的哲學體系，從而往下影響了中國朝野的政治與歷史。

第一節　五行理論歷時性的演化

一、春秋之前

五行之說的文字首現於《尚書・虞書・大禹謨》時，只是單純物質的「六府」。到了《夏書・甘誓》，則「六府」轉為「五行」，文本中並無敘述德行，而是後世的釋義將其賦予德行之義。至《周書・洪範》時，則將五行物描述為由單一天帝賜與，融神話於其內，又另書五種德行，謂之「五事」。然而此時，五行與五事，分屬天帝賜與九則大法中的兩類，並無從屬關係，五行之說仍屬單純。及至《國語・鄭語》，西周末的史伯將其喻以治國之道，並視「土」為百物之所出，復喻以無形的治國之道以及玄秘的觀念，此時，五行除了自然義之外，並粗具人文義與宗教義於其內。

二、春秋時期

春秋時期，西方的秦國與東方的齊國，不與姬姓的周天子共祖一上帝（案：楚、宋、越，亦非姬姓所出），由是，秦從單一的上帝：白帝，隨著時代的推進，而祀白、青、赤、黃，四色帝，然四色帝的祭祀，尚只見於秦國。齊景公則聽從楚巫之言，欲於城南祀五帝，但其時五方的方位尚未對應。五行的因子已然開始向神明宗教滲入並繁複。

　　周之封國的魯、鄭，有感德於天賜五行之實物，黎庶得以賴之，故開始將五行之實物祀於國祠，因此，天地間自然存有之物，開始以五行之名，成為祭祀的對象，導入宗教義。

　　周天子權力雖已式微，然對於強大的諸侯國：晉國正卿的朝聘，仍然不失其尊，以禮法與體制，將後世五德說中，內蘊的：「五味、五色、五聲、五義」，曉諭其知，這是五行由自然義過渡到五德人文義的首現，且是出於中央天子之口。

　　這之間，復將天干、地支黏貼於五行，五行的「紀數」，也出現雛型，並以之占夢。此乃依《周書・洪範》所述：「五行：一曰水，二曰火，三曰木，四曰金，五曰土。」後世則依此數字，產生了「紀數」的順序（對應尚不明確）、物與物的「以盛克弱說」、「相勝說」，並進入龜象卜卦，屬以玄秘的釋義，做為讖緯的依據。〔註3〕李維史陀曾說：

> 由於神話的細胞（mithical cell）或原本具神話性的解釋細胞可以無限多的組合和重組方式，於是乎確保了歷史的開放性格。……儘管使用的是同樣的材料——因為它是所有群落、氏族或宗族共有的某種遺產——還是可以成功地為每一個群落、氏族或宗族分別建構起一套套獨具創意的描述。〔註4〕

五行原為實物，之後成為「具神話性的解釋細胞」，在各國、各氏族、各學派中，以「同樣的材料」，不斷地併合、重組，成功的為各國、各學派「建構起一套套獨具創意的描述。」五行由物質進入神話與宗教。

　　而中原各國的學者，約略於此同時期，開始將四季節氣與五行中的「四行」配屬。復以五行自然生成之物，和無形的「禮」比附，深化其人文義。並將五行實物的外在形狀，「類同相召」，賦予實名，而成為五行物的代表神祇，其後成為五行說中的五方神。

　　爾後，讖緯又以五行與天干、地支的時日互為搭配，偶見物質相勝的分析，重要的是，五行「紀數」再次的出現，雖然，對應也未見文本詳細完成，據此也從而知悉，秦以六為紀，漢以五為紀的因由。

　　綜觀春秋時期，五行由苗種萌芽，漸次演化生長，從自然的物質，開始

〔註3〕見本篇〈第二章・第二節・第四〉及〈第二章・第二節・第八〉。

〔註4〕〔美〕李維史陀（Claude Levi-Strauss）著，楊德睿譯：《神話與意義》〈當神話變成了歷史〉，頁71。

與：天地、五帝、聖人、德行、四時、五味、五色、五聲、等等人文義與宗教義，或並列，或混融，或包覆。自春秋起，相關五行的元素，經由貴族學者的釋義，五行寓義開始趨於複雜，注以神祕的玄學論述，復且載之於經、子、集。

三、戰國時期

戰國時，隨著士子懷學說，尋明主，述以思想，導於政事，也是各家學說的蔚然蓬勃時期。五行之說也不斷地被各學派賦予新妝，各家之說雖難見容於其他學派，然對於五行的注釋，學說的舉證，舊例的援引，新義的附鑿，卻是罕見互斥（案：戰國末期的韓非子除外〔註5〕）。故，戰國時期是五行學說的迸發與茁壯期。

先是，老子《道德經》，援引五行的元素：「五色、五音、五味」，類同於春秋初期的周定王，但周天子是以五行人文義的因子，訴諸尊卑進退的禮儀制度；而《道德經》卻是勸勉為人之道，勿耽溺於感官的聲色之娛，應棄奢就簡。即便同樣是以人文義詮釋，其義亦然相異而漸趨多元。

《墨子》出現將五行、五方、五色、天干，予以明確地對應定位，置於神話中；又將後世的五行紀數，以巫術的方式施於守城軍事；並且提出了五行乃是「以多為勝」之說。此時紀數與五行、五方、五色的配置關係，已是明確。

《孫子兵法》亦類似於《墨子》，將其導入神話，並且出現了五方「色帝」。與《墨子》不同的是，孫子認為「五行無常勝」，單一物質無法常立於不敗，必有另一物能克之。如：金能穿木，火能熔金，水能滅火等，其相勝之因乃是一種物質自然之性，能克服另一物本然的物理性質，隱約已有後世相勝說的基礎，但並未有相生相勝說的理論雛形出現。

稍後的《吳子兵法》，在戰事布陣時，將行伍的排列，以五行說中的「五方、五色、五獸」的觀念指揮作戰。但文本中，只出現了「五方、四色、四獸」，蓋因主帥居中，以：以方位搭配顏色、獸形旗幟，指引各軍擊敵方向，本身無須旗幟。

出自於稷下學說的《管子》，集各學說與五行的相關元素，諸如：五方、五色、季節、五味、五聲、紀數、天帝、神明、神明執掌季節、神明執掌方

〔註5〕《韓非子‧飾斜》，頁173。

位、官銜、人世官職等等，相互對偶，歸束於一說。並且君王的施政德行、飲食、音樂、朝官行事、服飾與旗幟顏色等等，須和五行代表之方位、顏色、季節等等規範對應，將五行的自然義與人文義以及宗教義，多元匯通，天人交融，成為一門施政哲學。

其書又將四季時日切割，和五行的「五」之數對應。雖然同一書中，在五行掌控並分配季節的天數上，〈四時〉與〈五行〉兩篇，又各採不同方式，但五行控屬時間的嘗試已然開始。

《管子》除了君主施政，陰陽、刑德，須與五行配合以外，又極大化的將天上星辰納入五行說，復以五行和星辰連結，使得宇宙自然之天體，也具有了德行的人文義，且依循不同的德義實踐於政治，成為五行、五德。其德應名稱雖與後世的五德終始說不同，但開始強調了土德的黃帝，位居天下之中央，領導掌控各方、各德、為尊、為貴的敘述。

神話的《山海經》中，五方位出現過與五行說中相同的五帝、五神，其敘述偏向於對神明的祭祀，純屬宗教義。但文本中，居於各方位的神獸，似乎是《楚辭‧遠遊》、《呂氏春秋‧十二月紀》、《淮南子‧天文訓》等書中，各方位神、佐、獸的原型。

《儀禮‧覲禮》中，諸侯朝覲天子，朝廷築壇，其規格體制，依「方位、四季、五色、五禮」而行之。

《禮記‧曲禮下》記載天子、諸侯、大夫，俱得祀五帝，已非單一的昊天上帝。《禮記‧禮運》篇中，五行的諸說，兼攝自然義與人文義，並擴伸至星空，也開始出現了終始輪迴的現象，但並未演進成五德終始的更迭。

戰國末期的文學作品〈遠遊〉中，只有四方、四帝、四神、一德。顯示了五行之說仍因地域、國度的不同，尚未趨於一。

儒學的《孟子》，以「五」將人的德行：「德、義、禮、智、聖」系統化。未見有自然義的五行物質於其內，亦不見有五行、五德的字樣，而後為荀子非之。

列於道家的莊子，在〈天運〉篇中：「順之以天理，行之以五德」，將自然義的五行與人文義的五德，視為一體。托附於《莊子》的〈說劍〉一文，則將：五行、刑德、陰陽、四季，攏為「天子之劍」，勸諫趙文王以此治國。

然則，尚未見「五德終始輪迴說」出現。

鄒衍適逢其時，當此背景下，將之前有關五行的各說，闡述、伸張，組

織而成「五德終始說」。前一個朝代長日且盡，係因其德將逝，代之而起的朝代，其德方熾。而戰國諸雄在狼煙四起的烽火漫天中，對於周天子據九鼎的天命，已知其將被取代，因而率多相信，天命將有新的依歸。

當此之際，五行已成為諸子學說所通用的顯學，除陰陽五行家以外，名家的《公孫龍子》以之「控名責實」；道家的《莊子》以喻治國之道；儒家的荀子在〈非十二子〉一文中，明確地月旦子思與孟子，以五行副以五德之名，將自然的「金、木、水、火、土」比附於「仁、義、禮、智、聖」，係「案往舊造說，謂之五行」。得以知，即便未明言五行或五德之詞句，然其內涵寓意的人文義，已是不言可喻，五行與五德已互鎔於一爐。原為自然義的五行，均以人文義詮釋，此後之經集學說以人文義詮釋五行，益形張揚。

此時，五行、五方、五帝之說，應是花開果熟，於是，齊湣王於三十六年稱東帝，秦昭王稱西帝。〔註6〕其後一年，蘇代繼其兄蘇秦之後倡六國合縱，又擬議燕昭王：「推秦為西帝，趙為中帝，燕為北帝」，針對國家地處之方位，說服君王稱「方位帝」，以制衡秦國。是以當時已有書面建議與實際行動，各據：東、西、中、北的四方人帝。〔註7〕而後，齊、秦取消帝號，燕、趙也未稱帝。學說尚未成為政治上的深根實踐。況且，只見「方位帝」的產生，未見「以德據之」或「以德相代」的國家出現。然五德終始說說已深植人心，從而影響了秦漢的政治。

從春秋之前的「物質說」開始，貴族、學者，以推理、揣摩，一點一滴的將五行養分注入學說之中，且各家率多未排斥其他學派的五行說：「在古代中國似乎最被廣泛推衍的就是五行。」〔註8〕到了戰國末期，五行對於天地、自然、宗教、人世的契合排列，已然大備。政治上，山河烽煙，生靈塗炭，各國君王莫不希冀天命庇佑。而五行說已然包覆了：

自然義：物質、聲、色、味、方位、季節、日月星辰、物理中的「以多勝

〔註6〕以上分見：〈田敬仲完世家〉，頁 2322；〈秦本紀〉，頁 257；〈六國年表〉，頁 866；《戰國策‧齊策四》，頁 433。

〔註7〕《戰國策‧燕策一》，頁 1239；《史記‧蘇秦張儀列傳》，頁 3013。另：考諸先秦典籍，獨有南方的楚國君王，無有「五方帝」之議。

〔註8〕葛兆光言：「至少在戰國之前，『五行』說就很流行，但是它多數是用於空間的平行分析，如以金木水火土為宇宙結構之基本元素，以五色五音五味甚至五臟、五官與之聯繫等等，這已經是戰國時代的共識，是不言而喻的知識。……在古代中國似乎最被廣泛推衍的就是五行。」見氏著：《中國思想史》第一卷，〈第二編‧百家爭鳴與三種話題：宇宙時空〉，頁 138～139。

寡」以及「以強克弱」等等論述；

　　人文義：人世五帝、人世官職、五官感覺、紀數、朝廷禮儀、君王德運、人世道德、尊卑、施政、作戰、時日分配、曆律調控、文學、思想論述等等；

　　宗教義：天上帝王、神明、天界五官、日月星辰、神獸、巫術、讖緯，而帝、神、官、星，各據不同之「德」。

　　政治踐行：多元多義發展後，五種交替循環的生命力，進化為依據方位告諸天下，受命於天之正當依據。

四、始皇時期

　　邊家珍言：「事實上，面對春秋神權威勢的坍塌，戰國秦漢之際重建宗教信仰的探索已經開始了。鄒衍的『五德終始』說巧妙地以陰陽五行設釋天人關係與歷史發展，以邏輯推理的形式繼續為神權政治張目，起到了準宗教的作用。鄒衍的『五德終始』說迅速得到秦始皇的採納，……以神權復歸的形式重新闡釋天（神）人（君）關係，成了秦漢之際一些儒家經生的自覺追求。」〔註9〕如果說《管子》是將之前的五行因子演化成五德說的雛型，經過了鄒衍五德終始說的再塑，《呂氏春秋》則毋寧是將五德終始說鋪衍成一套宇宙觀的架構。〈十二月紀〉解決了《管子》五行說在季節時日上，理論與實務的衝突，並以五行配建，將時間運轉與空間方位融合，勾勒出一個四維空間的宇宙，又融以神話、祭祀、施政、刑德、氣象、農務等等，成為政治上可實踐的理論。

　　《呂氏春秋・十二月紀》雖有五方、五色、五帝，然而只有四德，黃帝居中央方位並未當一德，以致五德論述並未完成。前此，在《管子・四時篇》中，已有中央為「歲德」的論述。而在《呂氏春秋》同書的〈應同篇〉，卻又出現黃帝為土德，完成了五德論述，可能因為是兩篇的作者不同，認知互異。

　　《呂氏春秋・應同篇》也是目前所出現的文獻中，最早依「從所不勝」的五德相勝說，所排列出人世歷史脈絡的五帝。〔註10〕以黃帝土德居首，向後代終始循環。其後，在政治實踐上，始皇以水德自居，武帝以土德定朔。

　　約略在始皇時期的《尉繚子》，則將五行之說用於兵書，雖不見史載其兵

〔註 9〕邊家珍：〈漢代經學吸納陰陽五行說的原因及其歷史意義〉（《孔子研究》，2002年，第 6 期）。

〔註10〕《呂氏春秋・應同篇》，頁 677。

法是否曾經使用於哪一場戰陣，但在以五行說布陣的運用上，則是罕見的科學方法。《鶡冠子》則除了將兵陣說以五行，亦喻以人文義的刑德。

五、漢代時期

　　漢代的五德思想，從天上星辰、神明，向人世官場、庶民涵覆，將五行、五德說工筆成為一套複雜的宇宙天人哲學，除了前人諸學說的影響以外；尚有因漢朝的創建者劉邦因為出身低下，不得不為自家的血統尋一套天命說；以及造反當時，希望黎民眾庶歸附的實際需求。

　　劉邦登位後，經濟凋蔽，身居將相卻乘牛車，貴為天子不能具鈞駟。[註11]曩昔之謀臣武將又乏相才，張良辟穀學道多病，杜門不出。若非因張良、叔孫通，劉邦連朝儀都束手無策，[註12]實不知如何治天下。復因秦末戰亂實久，丁男死傷過重，社會滿目瘡痍，以無為而治與民休生養息，故對學說理論的探究，實非要務。

　　呂后雖曰女主臨政，但在治國牧民方面沿襲高祖之政，[註13]藏富於民，蓄積國力。其後的文帝，在國政上依然是蕭規曹隨，黎民艾安，對外不興滋擾，在位期間，對五德說的符應實踐上不斷修正，卻疏於對理論的琢磨發皇。景帝時，除即位三年的吳楚七國之亂，由周亞夫平定後，國中無事。但國力蓄積之雄厚，已近難以想像。[註14]

　　逮至漢武，經五代帝后六十餘年的蓄積，在經濟上無虞匱乏；人力上，戶口孳生；軍事上，馬匹無從計數，復以鐵為兵，因而據此掃東越、平南越、服西南夷、征朝鮮，又北擊匈奴。除匈奴外，四夷賓服稱臣，王土及於海涯。漢武時期的疆域，除了維持秦始皇一統六合後的幅員以外，追越文景，秦皇

〔註11〕 〈平準書〉：「漢興，接秦之弊，丈夫從軍旅，老弱轉糧饟，作業劇而財匱，自天子不能具鈞駟，而將相或乘牛車，齊民無藏蓋」，頁1545。

〔註12〕 〈留侯世家〉，頁2593；〈劉敬叔孫通列傳〉，頁3979～3981。

〔註13〕 〈呂太后本紀·贊〉：「孝惠皇帝、高后之時，黎民得離戰國之苦，君臣俱欲休息乎無為，故惠帝垂拱，高后女主稱制，政不出房戶，天下晏然。刑罰罕用，罪人是希。民務稼穡，衣食滋殖。」，頁585。

〔註14〕 〈孝景本紀〉中：「令內史郡不得食馬粟，沒入縣官。令徒隸衣七緵布。止馬春。」頁646。即朝廷下令首都及其郊區，不得以糧食餵馬，否則馬匹沒收；囚徒只能穿粗麻布，不能再穿細布，禁止再用馬匹舂米。黎民黔首竟然是以糧食餵馬，以馬匹舂米，而低賤如囚徒也穿細布。而且，上述情況似乎已行之多年，屢禁不聽，所以才由最高機構的朝廷發出禁令，這些文字側面凸顯出當時國盛民殷的狀況。

所不及，為中國曠古之所未有。既大一統於一元，而原先不同的國度、人種、語言，如今由中央統一派遣文臣武將以治邊，施予同一文教，職是，彰顯漢家系出正統的「受天之命」，實為要務，而五德終始說，正是天授以「德」的主要依據。期間有：

（一）《淮南子》

《淮南子》採擷先秦神話的《山海經》，使得五行與神話、宗教密不可分，脫離了巫師的質樸，使其雅緻成一門具系統歸納的專論。復將《管子》與文學的〈遠遊〉，以及相關五行五德終始說的《呂氏春秋》，雜揉於一，使五行與五德說更為多向繁衍。又蔓延至星空，非但時間、空間極大化，又在空間上，往下對宦場釋義，將神界與人際的官職混為一，神界之五官，與人世之：農、兵、刑、工程，及中央都城俱同名，係屬神明的「擬人化」。之後，再深入扎根至庶民的面相、臟腑，疾病、壽夭等等。

《淮南子》或許因為由劉安門客所集體創作，故在同一篇的〈天文訓〉中，出現了五行配置於四季的兩種說法：一為土行於中央不佔季節時日，其他四行各佔一季九十日；另一為一年分別由五行各居七十二日。雖然之前《呂氏春秋》將時日齊整調配過，但到了《淮南子》，在時日的調度分配上，仍然出現不同的認知觀點，是以難以圓其說於一。

《淮南子》依五行物質之物理特性，一物能克服另一物，如：土能擋水、水能滅火、火能灼金等等，鋪陳出「相勝說」；又從一物能生成另一物的自然性，如：木能生火、火化為燼而成土、土中蘊金屬等等，演繹出「相生說」，在相勝相生的基礎上，五行不斷生成、繁衍、相克、衰亡，互為制衡，於是，宇宙間的自然與人文亦復如此，循環不息。〔註15〕後世的「五行相生」、「五行相勝」之說，皆不脫《淮南子》的定義。

（二）《春秋繁露》

戰國時，平民教育更較春秋普及，民智大開，諸子學說至秦末時，大多包含了五行之說（案：農家之書現已亡佚，然推測農務需觀天象，循節氣，以之耕作、施灌、採擷、收藏，可能與五行之天象、節氣仍有相關）。〔註16〕至

〔註15〕關於《淮南子》中，五行原為發揮陰陽的概念，之後增添了循環的概念而產生的相生相勝說，參閱陳榮傑編著，楊儒賓等譯：《中國哲學文獻選編》上冊，〈第十一章·陰陽家〉，（臺北，巨流圖書公司，1993），頁335。

〔註16〕九流十家為班固所言：「諸子十家，其可觀者九家而已」《漢書·藝文志》，頁

漢武時期，已然諸說蠭起，而「真正把先秦諸子思想融為一體的是董仲舒。」〔註17〕這就無可避免的在其的學說中滲入陰陽五行思想。

《春秋繁露》在五行、五德說上，多所發明，其理論特點如下：

一、以五行說對於對天災、人禍的解釋；

二、再次確定了相生相勝說的秩序；

三、將五行之義附著於儒家的君臣、父子、兄弟、夫妻的倫理德行，以及帝王脩身為政之道，積極賦予政教意義；

四、將相生說論述為任官準則，相勝說施於宦場監督制衡，較之前只有將官職賦予五行之名的《淮南子・天文訓》，董說更具實用性；

五、確立了中央、黃色、黃帝等等與土行相關的事物，最為尊貴。

至此，五行物質的：盛、弱、多、寡、生、勝，等各說，歷經四百餘年的流變，終告底定，其變異如下：

一、《左傳・昭九年》的「以盛克弱說」；

二、〈昭三十一年〉因果並不明確的「物質相勝說」；

三、《墨子・經下篇》的「以多為勝說」；

四、《孫子兵法・虛實篇》的「五行無常勝說」，以自然特性而勝；

五、鄒衍的「五德轉移、終始五德，從所不勝」之說；

六、《呂氏春秋・應同篇》的「五德相勝說」；

七、《淮南子・天文訓》與〈墜形訓〉的「五行相生說」（兩說些許不同）；

八、《淮南子・墜形訓》的「相生」、「相勝說」、「相和」三說；

九、《春秋繁露》再次強化《淮南子》的「五行相生」，與「五行相勝」說。

《春秋繁露》理論的演繹，將五行的自然義，除了及於四維時空以外，並以人文義鋪陳衍伸至人世朝廷、家庭，倫理德行，兼攝二義，成為形而上的政治哲學法則。

（三）《史記》

司馬遷對於五行、五德說深以為然，且認為係天命所歸，他在十二篇〈本

2128。十家為：儒家、道家、法家、墨家、名家、陰陽家、縱橫家、雜家、農家、小說家。近代歷史學者周非對於現代仍沿用班固之說，則持反對意見，認為：「這不過是班固這些人，在兩千年前為諸子百家刻的一個記號而已。」見氏著：《諸子百家大解讀》，頁 12。

〔註17〕周桂鈿著：《董學探微》〈大一統論〉，頁 329。

紀〉中，述及帝王因「德應」而獲天下，共計八篇，論及五行說者，則有十篇。漢以前，除〈項羽本紀〉以外，各篇中或多或少受五行說影響，如：

〈五帝本紀〉：「有土德之瑞，故號黃帝。」

〈夏本紀〉：「有扈氏威侮五行，怠棄三正，天用勦絕其命。」

〈殷本紀〉：「殷路車為善，而色尚白。」

〈周本紀〉：「武王渡河，中流，白魚躍入王舟中，武王俯取以祭。既渡，有火自上復於下，至於王屋，流為烏，其色赤，其聲魄云。」

〈秦本紀〉：「獻公十八年，……雨金櫟陽。」

〈始皇本紀〉：「始皇推終始五德之傳，以為周得火德，秦代周德，從所不勝。方今水德之始，改年始，朝賀皆自十月朔。衣服旄旌節旗皆上黑。數以六為紀，符、法冠皆六寸，而輿六尺，六尺為步，乘六馬。更名河曰德水，以為水德之始。」〔註18〕

黃帝為統一天下的第一位帝王，先秦的經、子、集、神話、傳說等等，多有記載，之後為唐、虞、夏、商、周。實則，或為部落之主，或為諸侯之共主。自秦始皇初創中央集權的大一統，令由天子出，至孺子嬰降，不過短短十五年，故司馬遷認為統一天下須「德」、「命」兼備。虞，夏之興，除幾十年行善政，猶待天命。殷、周創制，由契、后稷修仁行義十餘世，八百諸侯會於孟津，武王尚認為天命未至，故「以德若彼，用力如此，蓋一統若斯之難也。」〔註19〕

至於漢際五篇〈本紀〉，除〈呂后本紀〉一篇無之，其他四篇均記載五行、五德之說；在三十篇〈世家〉中，卻只有〈宋微子世家〉一篇載錄，且文字是錄自《周書·洪範》中，武王伐紂以後與箕子的對答，其他二十九篇均無五德說，因為諸侯世家並未應德當天命。

雖然，〈本紀〉與〈世家〉中的五德說，多為襲自前人文獻（案：見第六章·第三節），但在〈書〉、〈表〉體中，則時有五行、五德之論述，〔註20〕雖

〔註18〕上舉見各〈本紀〉與〈秦始皇本紀〉，頁294。

〔註19〕〈秦楚之際月表〉，頁886。

〔註20〕《史記》〈書〉體中，除〈禮書〉、〈平準書〉、〈河渠書〉三篇未記載五行說，其他如：〈樂書〉：「漢家常以正月上辛祠太一甘泉，以昏時夜祠，到明而終。常有流星經於祠壇上。使僮男僮女七十人俱歌。春歌青陽，夏歌朱明，秋歌西暤，冬歌玄冥。……宮為君，商為臣，角為民，徵為事，羽為物。五者不亂，則無怗懘之音矣。宮亂則荒，其君驕；商亂則搥，其臣壞；角亂則憂，其民

然仍有部分為採擷前人之說，但〈天官書〉則是司馬氏家族的家學，故文本中的五行、五德觀，為太史公個人的見解。前此，歷經各學者演繹，五行、五德說已上至星辰，但星辰只是賦予五行、五德的名稱，或是將其「神化」的星體。在《淮南子·天文訓》中，已然將星辰與人世連結，卻只是略述，未予深論。逮至史遷，居太史令，兼掌天官，天文異象，得向皇帝稟報，而「究天人之際」，即探究天象與人世的牽扯關係，故將星體的運行、明暗、強弱等自然現象，俱和五行、五德、人主、政治、天災、農獲、兵戰、禍福等等人間事攪拌在一起，使得自然義的運行，成為人文義的德行與宗教義的禨祥兆示。

　　將五行與星體以及人世諸事結合，導入星占術數，為前所未有。《史記》乃紀傳體之首創，為漢初以降各朝代撰史者所承襲，故其觀點、思想、取材、體例，影響後世深遠，而史公在史書中的五德天命觀，很難不為後世史家所效法。

第二節　五行、五德說的實踐脈絡

一、春秋、戰國時期

　　五行、五德之說，其理論雖然依文獻所載，可追溯到西周以前，然具體上相關五行因子的實踐行為、舉措，載之於實錄者，則先見於秦之祭祀。東周初，襄公「作西畤，祠白帝」，隨著時代的推進，文、宣、靈、獻四君主，陸續將白、青、赤、黃四帝「神化」完成。此時在實踐上，與東方諸侯國不同的是，四方四色帝的祭祀，是只有「宗教義」呈現，而無其他的自然義與人文義。

　　其後，東方的魯國，在國家的祭祀典禮中，加入五行的物質祭祀，罕有地成為自然義與宗教義相互扭絞。

　　戰國時，《墨子》詳加記述了在迎敵時，將軍事、巫術，依五行的紀數，與各種元素攪拌成一種前未之有的作戰方式。其後，兵家的：孫子、吳起、尉繚子、鶡冠子，亦相繼地根據五行的方位、色澤、神獸，調動成戰場上佈署、

　　怨；徵亂則哀，其事勤；羽亂則危，其財匱。」頁1215、1221。
　　〈律書〉：「律歷，天所以通五行八正之氣，天所以成孰萬物也。」頁1286。
　　至於〈曆書〉、〈天官書〉、〈封禪書〉三篇尤多五行、五德說之論證，在此不逐一舉例。

指揮、識別的戰術兵法。

到了戰國晚期，秦昭襄王自稱西帝，而齊亦稱東帝，雖然，秦稱西帝為時只有兩個月，齊甚至只有短短兩天。〔註21〕蘇代又勸燕昭王：「秦為西帝，趙為中帝，燕為北帝。」〔註22〕其時，適值鄒衍活躍於燕昭王在位期間，〔註23〕表示了五德說已為多國所接受，並從神明的祭祀，走向人世的廟堂，期間雖然不長，但政治上的實踐已然開始。此時的實踐，僅為單純依方位而定的「方位帝」，不見有循「從所不勝」的「應德」之帝。

二、始皇時期

當鄒衍將改朝換代的過程，視為五德的循環更替，而朝代的創始者及其後的繼任者，就必須遵循相符的德應施政，以上應天授，成為一種類宗教的信仰。於是，將學說付諸皇家政治的實務推行，便得以向溥天之下宣達其政權的合理性與不可逆。

始皇即位，即依五德終始理論：周為火德，勝火者水，滅周者秦，故一改祖先之金德符瑞而成為水德。在政治的實踐上：

> 改年始，朝賀皆自十月朔。衣服旄旌節旗皆上黑。數以六為紀，符、
> 法冠皆六寸，而輿六尺，六尺為步，乘六馬。更名河曰德水，以為
> 水德之始。

這是水德實踐的形式彰顯，但在政治實務推行於黔首，卻變得：「剛毅戾深，事皆決於法，刻削毋仁恩和義，然後合五德之數。於是急法，久者不赦。」〔註24〕

將水德的理論付諸實踐會變得如此嚴苛，乃是為了「合五德之數」，即是施政必須符合與國家立國德應相關的德應理論。在始皇之前的相關理論，如《管子・幼官》中即有：「北方、水用事、尚黑」的施政方針：

> 刑則游仰灌流。察數而知治，審器而識勝，明謀而適勝，……官四

〔註21〕〈秦本紀〉：「十九年，王為西帝，齊為東帝，皆復去之」，頁257。〈田敬仲完世家〉：「三十六年，王為東帝，秦昭王為西帝」，頁2322。〈六國年表・秦昭襄王十九年〉：「十月為帝，十二月復為王」，頁866。

〔註22〕蘇代勸燕昭王稱北帝一事，參閱本篇：〈第三章・第二節・縱橫家推行人世五方帝及其實踐〉。

〔註23〕同上註。

〔註24〕〈秦始皇本紀〉，頁294。

分，則可以立威行德，制法儀，出號令。至善之為兵也，非地是求
也，罰人是君也；立義而加之以勝，至威而實之以德，守之而後修，
勝心焚海內。⋯⋯明於器械之利，則涉難而不變。察於先後之理，
則兵出而不困。通於出入之度，則深入而不危。審於動靜之務，則
功得而無害也。著於取與之分，則得地而不執。慎於號令之官，則
舉事而有功。〔註25〕

所謂「刑則游仰灌流」，即是有人犯法，則以水灌注於鼻內的酷刑，做為懲罰；
「適勝」：王念孫云：「『適勝』當為『勝適』，『適』即敵字也。」明晰謀略，
方能克敵制勝。又將官職分作春夏秋冬四種，即可以立威行德，制法宣令。
「罰」作「伐」，即伐其民以正其君；立義之後就必須勝服對方，立威以後方
能行德，既獲敵人之國，順而守之，然後修其法制，如此，強勝之心可以焚灼
於海內。主要強調的是制法律、明號令、嚴刑罰、敗敵國、務求勝。以「水用
事」的理論，為治國行事的實踐方法，雖然也有「實之以德」，但是施法立威
在前，而非施德於先。

　　在《呂氏春秋‧孟冬紀‧十月紀》中，相關水德的施政方向，亦類似於
《管子‧幼官》篇。

《呂氏春秋‧孟冬紀‧十月紀》

於是察阿上亂法者則罪之，無有揜蔽。⋯⋯令百官，謹蓋藏。命司
徒，循行積聚，無有不斂；坿城郭，戒門閭，修楗閉，慎關籥，固
封璽，備邊境，完要塞，謹關梁，塞蹊徑，飭喪紀，辨衣裳，審棺
槨之厚薄，營丘壟之小大高卑薄厚之度，貴賤之等級。⋯⋯乃命水
虞漁師收水泉池澤之賦，無或敢侵削眾庶兆民，以為天子取怨於下，
其有若此者，行罪無赦。是月也，工師效功。陳祭器，按度程，無
或作為淫巧，以蕩上心，必功致為上。物勒工名，以考其誠；工有
不當，必行其罪，以窮其情。〔註26〕

同樣是以嚴法約束百官，不見寬恩厚德。可是，當法令鉅細靡遺到：「飭喪紀，
辨衣裳，審棺槨之厚薄，營丘壟之小大高卑薄厚之度，貴賤之等級。」法規鉅

〔註25〕《管子‧幼官》，頁188。
〔註26〕《呂氏春秋‧孟冬紀》，頁515～566。其它以嚴法、賦斂，施政的敘述尚見於
　　　　〈仲冬紀〉，頁567～614；〈季冬紀〉，頁615～655。

細靡遺到連喪者穿的壽衣，棺槨的厚薄，墳墓的大小、高低，都要辨查是否遵照貴賤等級處理，人民的自由即被削奪。而「物勒工名，以考其誠；工有不當，必行其罪，以窮其情。」工匠製物，物件上必須刻上製作者名稱，如果製物有所不當，必然治罪。且動輒以「罪」加諸官吏庶民，稍不慎即觸酷法，無怪乎司馬遷言：「事皆決於法，刻削毋仁恩和義」，如果說秦始皇是依五德終始說中，水德的行事方針作為施政的實踐，倒也沒錯，只不過施嚴法、少恩德，況其行甚厲，適得其反，反而成為加速秦帝國覆亡的原因之一。

三、漢初時期

劉邦出身於閭巷之間，囊無酤酒之金，家無寸土之封，胸中學識不豐，卻以一介草莽揭竿。初，以赤帝子殺白帝子，自居火德，居火德時的實踐是：「釁鼓旗，幟皆赤。」是以軍隊的旗幟係火德的赤色，以為實質上的象徵。〔註27〕但曆法卻是：「十月為年首」，以秦之水德曆法，十月為歲首，兩相矛盾。為漢王後，復建黑帝祠，居水德：「漢興，高祖曰『北畤待我而起』，亦自以為獲水德之瑞。雖明習曆及張蒼等，咸以為然。」〔註28〕對於服飾、旗幟皆為赤色火德的漢軍，現在是「獲水德之瑞」，出身於秦朝的御史張蒼，善於律曆，亦以為該當如是。

但劉邦自立為黑帝後，在水德的實踐上，也僅止於「立黑帝祠，命曰北畤」，如此而已。且未見廢除之前的火德，是故身居衝突之二德。實則，劉邦無所謂該當於何德，復且，之前不見有王者尚在人世，即為自己立廟祠之例。

故，高祖在起兵後、為帝前，兩次將五德終始說付諸實踐，其實只是現實形勢的權宜之計。宣稱天命所歸，召募群眾加入兵伍行列，以壯大軍容，追求戰事的勝利。至於即帝位後，雖說也信天命，〔註29〕卻再未有下議群臣，對相關德運施政的研擬探究。

文帝以庶子登基，其帝位並非先帝、呂后所立，而是諸重臣元勛剷除諸呂後，既不願惠帝之子少帝繼續在位，復不願立劉邦之嫡長孫劉襄，乃因其

〔註27〕〈高祖本紀〉，頁470；〈封禪書〉，頁1460。
〔註28〕〈曆書〉，頁1307。
〔註29〕劉邦的天命觀，〈高祖本紀〉中記載：「高祖擊布時，為流矢所中，行道病。病甚，呂后迎良醫，醫入見，高祖問醫，醫曰：『病可治。』於是高祖嫚罵之曰：『吾以布衣提三尺劍取天下，此非天命乎？命乃在天，雖扁鵲何益！』，頁526。

母舅馴鈞為惡人，〔註30〕故經由討論，推舉劉恆承襲帝位，即位後對諸王遺臣多所謙忍，對社會生民靡加善柔，然亦孜孜於天命德應的符兆。從水火相併、到土火兼容，在五德的實踐上，雖然也曾下議博士諸生草擬改曆服色事宜，並導致丞相張蒼自絀，以及誅夷新垣平的事件，但在實務的運作上，只有服飾的更動與祭祀的增加，它事無所增迭。

景帝在實踐上，規隨其父，依文獻所見，只有服飾、太廟祭祀、郊祭等與五行之說有關。

劉邦、劉恆、劉啟，祖孫三人，雖亦以水德自居，但在實踐上，卻不似始皇採類似《管子》、《呂氏春秋》的水德施政理論，行事苛薄寡仁，而是惠德寬大，與民懷柔。

四、漢武時期〔註31〕

從高祖、呂后以迄文景，雖以黃老之術治國，但黃帝乃道、儒兩家共同傳誦之上古帝王，且黃帝為北方文化中，首次大一統天下之帝王，而：「黃老思想興起的基礎在於中國逐漸走上大格局的政治形勢。……黃老思想中統合各家思想元素以因應大規模政治現況需求的觀念，……是起源於戰國早中期逐漸產生的基於天下傾向統一形勢所形成的天道大格局的政治思維。……是對中國一個古老統一王者形象的依託。」〔註32〕即便漢武在登位後，慕儒術，然其時竇太后尚在世，基於太后的極力堅持，武帝尚不能冒然獨尊儒術。要到竇太后薨，重新啟用田蚡為相，發動「尊儒」，黜黃老刑名百家，司馬遷所處的武帝時期已然開始尊儒黜道，但並不表示道家的思想一時而絕。〔註33〕

是以故，漢武尊儒、崇黃帝、深信五德終始，而征伐諸夷，平服四域的

〔註30〕當時漢少帝在位，為惠帝之子，見〔明〕柯維騏撰：《史記考要》。另：梁玉繩、何焯、瀧川資言、韓兆琦等學者皆認為周勃諸人不立少帝與劉襄，所持之理由乃強加之辭。見瀧川資言：《史記會注考證》〈呂后本紀〉，頁581；韓兆琦注譯：《史記》〈呂太后本紀〉，頁583。

〔註31〕至於漢武之後，如《漢書·五行志》，東漢的《白虎通·五行篇》，隋蕭吉的《五行大義》五卷，以及後世論述五行之書甚夥，由於在武帝之後，故不再引用剖析。

〔註32〕劉榮賢：〈先秦兩漢所謂「黃老」思想的名與實〉（逢甲人文社會學報第18期，2009年6月）。

〔註33〕漢初丞相信仰道家者，計有：張良、蕭何、曹參、陳平等人。見相關各〈世家〉。

結果，使諸民族大一統於一爐。外在的形勢已定，則須完成內在思想上之規束與詔告，以因應大一統後的一體化。原先不同的國度、人種、語言，如今由中央統一派遣文臣武將以治邊，施予同一文教。因此，彰顯漢家的德應天命，向四域布達，實為文教思想之要務。

而先秦經集中，黃帝也是第一個統一中國的帝王。劉榮賢言：「古代的傳說顯示黃帝戰勝神農氏，又打敗蚩尤，成為第一個破壞族群和諧，以武力征伐而『統一中國』的人物。雖然……當時根本沒有所謂『統一』的政治意識。然而『黃帝』其人在長時間的歷史傳說中卻形成了一個『統一』的意象。這個……意象在戰國中期，中國開始產生政治統一的『帝王意識』之時，立刻成為一個被依託的對象。」〔註34〕將大一統的武帝比附於大一統的黃帝，漢之德運復與黃帝同為土德，則內在思想的天命論證，便足以宣示天下。

武帝在位期間，對於神仙、德應的追求，始終饒具興趣。前此，《管子·幼官》篇闡揚了天下之正中為土德、黃色；〈五行〉篇敘述黃帝為中央，下轄四方與各官；〈四時〉篇，依然是中央土的「歲德」輔育四方、四時。《呂氏春秋·十二月紀》以黃帝居四季之中，主土位，紀數五；〈應同篇〉則將黃帝置於五德終始之首，土為勝，色尚黃。

《淮南子·天文訓》復以中央、土、黃帝鎮四方。到了《春秋繁露》確立了中央土的黃帝最為尊。武帝則對崇黃帝的各項建設、舉措，未曾斷絕。在實務上：東巡、郊祭、建明堂、封禪等等諸多浩大的行動，都是對鬼神、德應的一種實踐。

伴隨著五行、五方帝的祭祀，武帝不但因此而賞賜：「四年冬十月，行幸雍，祠五畤。賜民爵一級，女子百戶牛酒。」亦大赦天下、免田租：「行幸泰山，修封，祀明堂，因受計。還幸北地，祠常山，瘞玄玉。夏四月，赦天下。行所過毋出田租。」〔註35〕

在長期追求神仙、祭祀、德運的措施後，改朔則待至即位後三十六年方告完成。除了司馬遷、兒寬等人，遵從公孫臣、賈誼之言，改先祖之制為土德，在確定為土德之後，實務的運作上，經過唐都、落下閎等人的計算，卻採

〔註34〕劉榮賢：〈先秦兩漢所謂「黃老」思想的名與實〉，《逢甲人文社會學報》（第18期，2009年6月），頁5。
〔註35〕《漢書·武帝紀》，頁208。

夏曆為曆法，〔註36〕以正月為歲首，服飾改為黃色，數以五為紀，官名及其印章都改為五字。甚至成立官署，聚集各種方士以決疑，遇有相異觀點，則以五行家之言為是。〔註37〕在五行、五德說的實踐上，較諸之前的朝代更為積極多元。

　　自西周伊始，五行之元素，經過各國貴族、學者蔓衍釋義，歷春秋至戰國，其說支流四現，到鄒衍時，匯集束納而成五德終始說，然尚偏重於理論。自鄒衍以迄漢武，歷經了將近一百七十年的醞釀發酵，深耕苗壯，這一門學說已然囊括了：天文、地理、季節、曆法、農業、軍事、人事、政治、神明、祭祀等等自然義、人文義與宗教義。鄺芷人說：「中國古代的人多方面採用了陰陽五行的概念以解釋現象，⋯⋯若只把這種思想視之為『迷信』，這就等於把這種思想輕而易舉地一筆勾銷。陰陽五行其實是一種系統性地思想架構，並且在以往的中國人眼中是一個具有極廣泛普遍意義的系統架構。⋯⋯如果把這種系統性的思想只以『迷信』二字去形容它，這實在是把問題過於簡化。」〔註38〕五德終始說已形成為一種形而上受天之命，施於下的為政指導原則。是以，秦皇、高祖、文帝、景帝、武帝，都將學說從理論付諸實踐，以應天命。

　　漢武之後，對於五行五德的演繹，仍是不絕如縷。在學說記載方面，如劉向、劉歆父子，劉向將政治上的各種錯誤分門，又將諸般災異別類，之後再以政治與災異互為比對連結，以五行說證明其關聯性：「向乃集合上古以來歷春秋六國至秦漢符瑞災異之記，推跡行事，連傳禍福，著其占驗，比類相從，各有條目，凡十一篇，號曰洪範五行傳論」〔註39〕班固的《白虎通》對陰陽五行以及宇宙秩序、人世秩序等自然義與人文義的釋義，並建立起實踐的規範；〔註40〕隋代蕭吉的《五行大義》，依五行、節氣、時間、空間的相關

〔註36〕〈曆書〉：「招致方士唐都，分其天部；而巴落下閎運算轉歷，然後日辰之度與夏正同。乃改元，更官號，封泰山。⋯⋯朕唯未能循明也，紬績日分，率應水德之勝」，頁1307～1308。

〔註37〕見〈第六章・第五節〉。

〔註38〕鄺芷人：《陰陽五行及其體系》（臺北，文津出版社，1992），頁152。

〔註39〕《漢書・楚元王傳》，頁2477。相關劉向劉歆、父子的五行理論，請參閱馮友蘭：《中國哲學史新編》〈第三十二章・古文經學的興起及其哲學家〉，頁227～231。

〔註40〕相關《白虎通》中，陰陽五行以及宇宙秩序、人世秩序、緯學興起、知識階層對於數術知識的引用、儒家思想中宇宙觀念與實用規範的建立及經典解釋

性，建構其論說，除兼顧自然義與人文義，又將自然義衍伸至州野、禽蟲等等。〔註41〕而各朝代史相關五行五德的記載，向下延伸至明史。〔註42〕

在實踐方面，新莽篡漢後，劉向、劉歆父子重新演繹五德說，又有論證發明，改變了鄒衍的朝代德運為相勝說的理論，成為新王朝的德運乃係由舊王朝所生，變成了朝代相生說。渠等認為漢應居火德、由火生土，所以，新朝王莽代替漢朝的火德，故當據土德、尚黃。〔註43〕此後，王朝更迭率多以「五德相生」，來訂自己的德應。

新莽之後，東漢光武帝復以火德改西漢武帝之土德。《後漢書·光武帝紀》：「壬子，起高廟，建社稷於雒陽，立郊兆於城南，始正火德，色尚赤」。〔註44〕

迄宋亡為止，期間的各朝代均探究並訂定本朝的德應，以符天命。此一學說從理論付諸政治上的實踐，自秦始皇開先例，下迄宋代恭帝亡於元朝，持續影響了中國的政治逾千年。〔註45〕即便是元、明、清三代，雖不採「五德終始說」定朝代德運。但，元、明二朝，在修前代史時，同樣有〈五行志〉於其內（案：明史為清代所修）。且，明太祖朱元璋以：木、火、土、金、水，「五行相生」之循環，為後代子嗣規定「名」之偏旁。如：皇太子：朱「標」，

系統的確立等等，請參閱葛兆光：《中國思想史》第四編，〈國家意識形態的確立：從《春秋繁露》到《白虎通》〉，與〈經與緯：一般知識與精英思想的互動及其結果〉，頁234～269。

〔註41〕李約瑟稱：「中世紀有關五行學說最重要的著作，當推蕭吉的《五行大義》。」參閱李約瑟：《中國之科學與文明》第二卷，〈科學思想史〉，（臺北：臺灣商務印書館，1985），頁417。

〔註42〕西漢之後相關五行載之於史書的計有：《漢書·五行志》1卷、《後漢書·五行志》6卷、《晉書·五行志》3卷、《宋書·五行志》5卷、《南齊書·五行志》1卷、《隋書·五行志》2卷、《舊唐書·五行志》1卷、《新唐書·五行志》3卷、《舊五代史·五行志》1卷、《宋史·五行志》7卷、《金史·五行志》1卷、《元史·五行志》2卷、《明史·五行志》3卷等。

〔註43〕《漢書·王莽列傳》，頁5864。

〔註44〕《後漢書·光武帝紀》，頁41。另請參閱顧頡剛：《古史辨》第五冊中，有錢穆、顧頡剛、胡適、劉節、范文瀾、童書業、陳槃、徐文珊等等多位學者論證，頁450～660。

〔註45〕經由朝廷討論而定德運的皇朝，東漢以後並未終止，逮至宋為火德，為文獻所載最後一個訂德運的皇朝。期間各朝代所定之德運，分別為：曹魏土德、晉金德、宋水德、齊木德、梁火德、陳土德、北魏水德、北周木德、隋火德、唐土德、後唐土德、後晉金德、後漢水德、後周木德、宋火德。參見：〔南宋〕王應麟撰：《小學紺朱·卷一·五運》收入《四庫全書·紀數略·卷一·天部·理氣類》。

嫡長子：朱允「炆」。皇四子朱「棣」，嫡長子：朱高「熾」，皆以五行相生，
木生火之義。

　　而至今在庶民階層的運用上：中醫、面相、取名、農民曆、陽世風水、陰
宅堪輿、裝潢等等，以人文義的實踐附會，依舊方興未艾。

附表二十一：先秦至漢武時期五行五德說脈絡演繹歸納表

五行、五德說演繹	出　處
純物質「六府」	《尚書‧虞書‧大禹謨》
賦予德行	《尚書‧夏書‧甘誓》
摻雜天帝神話	《尚書‧周書‧洪範》
喻以治國之道	《國語‧鄭語》
神明祭祀、方位、色澤結合	《史記‧秦本紀》、〈封禪書〉
國家祭祀五行：魯國	《國語‧魯語上》
中央天子寓以典禮制度	《國語‧周語中》
進入卜筮	《周易‧說卦》、《左傳‧僖公四年》
讖緯以盛克弱說	《左傳‧昭公九年》
節氣對應四行	《左傳‧昭公十七年》
與「禮」比附	《左傳‧昭公二十五年》
五行產生五神	《左傳‧昭公二十九年》
相勝說、五行紀數出現	《左傳‧昭公三十一年》
無形指導涉入	《老子道德經‧第十二章》
天帝一帝轉為五帝	《晏子春秋》
天干、五色、五方、五色龍配置完成	《墨子‧貴義篇》
巫術、軍事、紀數結合	《墨子‧迎敵祠》
五行無常勝，以多為勝	《墨子‧經下篇》
道家論述五行 自然物質以五配置	《文子‧微明》、〈下德〉
相生相克出於自然	《文子‧自然》
陰陽與五行並列	《文子‧自然》
秦國祀四色帝	《史記‧秦本紀》、〈封禪書〉
德運徵兆始現	《史記‧封禪書》、〈六國年表〉
兵家：五方、五色帝，黃帝居中有天下	《孫子兵法‧行軍篇》

五行無常勝	《孫子兵法・虛實篇》
戰事布陣	《吳子兵法・治兵》
五行、五德系統化開始建立	《管子》
天人合一觀出現，宇宙圖式完成	《管子・幼官》
五行說出於黃帝，五行校對律曆，空間、時間與官職和五行對應	《管子・五行》
四季節氣平均分配於五行	《管子・五行》
五德運首現：土德成中流主宰	《管子・四時》
五方、五帝、五神，成為十位	《山海經》
朝覲禮儀	《儀禮・覲禮》
祭祀五帝	《禮記・曲禮下》
兼攝自然義與人文義，囊括宇宙	《禮記・禮運》
五行與文學	《楚辭・遠遊》
人文義五德秉乎先天與後天	《孟子・盡心下》
五德終始說，朝代終始、從所不勝	鄒衍《終始》、《大聖》
名家以之辯喻	《公孫龍子・通變論》
五行五德入於寓言	《莊子・天運》
與刑德、陰陽並論，以之治國	《莊子・說劍》
五德附以五行之名	《荀子・非十二子》
書面嘗試推行人世五方帝	《戰國策・燕策一》
方位帝的人世實踐	《史記・田敬仲完世家》
四德論述完成 四季時日解決	《呂氏春秋・十二月紀》
天帝人帝交融 五德終始、朝代相替	《呂氏春秋・應同篇》
兵家運用五行：軍事管理，部伍識別	《尉繚子・經卒令》
陣法配置	《鶡冠子・天權》
治國	《鶡冠子・夜行》 《鶡冠子・王鐵》
秦始皇水德建朔，五德說成實際建制 缺水德黑帝	《史記・秦本紀》、〈封禪書〉
劉邦以火德赤帝托天命造反	《史記・高祖本紀》、〈封禪書〉
劉邦身居火德、水德二德應	《史記・封禪書》

漢文帝外黑內赤，水火相並；土德上赤、黃赤兼容	《史記·孝文本紀》、〈封禪書〉
神話、術數交融：五帝有佐 五神有工具、坐騎 四季分配於四行，中央土不佔季節	《淮南子·天文訓》
修飾《山海經》、《楚辭·遠遊》、《呂氏春秋》中的神話	《淮南子》
四季分配於五行的矛盾	《淮南子·天文訓》
五行包覆人世朝廷	《淮南子·時則訓》
五行延伸至庶民：面相、四肢、臟腑、個性、壽夭	《淮南子·墜行訓》
五行相生、相勝、相和三說 五行循環終始	《淮南子·墜行訓》
五行陰陽合流	《春秋繁露·陰陽終始》
導入人倫，中央、土行、黃帝最尊	《春秋繁露·五行之義》、〈五行對〉
王者五行五德	《春秋繁露·五行五事》
五行五德用於官場	《春秋繁露·五行相生》
五行相勝，官場制衡	《春秋繁露·五行相勝》
五行五德與天象兆示結合	《史記·天官書》
漢武帝改制為土德	《史記·孝武本紀》、〈封禪書〉

附表二十二：五行對應表

五行物質	木	火	土	金	水
方　位	東方	南方	中央	西方	北方
季　節	春	夏	季夏	秋	冬
顏　色	青（綠）	紅（赤）	黃	白	黑
五　帝	大皞	炎帝	黃帝	少皞	顓頊
五　佐	句芒	祝融	后土	蓐收	玄冥
五佐工具	圭	衡	繩	矩	權
五　神	歲星	熒惑	鎮星	太白	辰星
五神坐騎	蒼龍	朱雀	黃龍	白虎	玄武
五行相生	木生火	火生土	土生金	金生水	水生木

五行相勝	木勝土	火勝金	土勝水	金勝木	水勝火
五行官職	司農	司馬	司營	司徒	司寇
五　德	仁	義	信	禮	智
日　期	甲乙	丙丁	戊己	庚辛	壬癸
時　辰	平旦	日中	日西	日入	夜半
五　味	酸	苦	甘	辛	鹹
五　音	角	徵	宮	商	羽
五　官	目	舌	口	鼻	耳
五　臟	肝	心	脾	肺	腎
五　穀	麥	菽	稷	麻	黍
五　應	生	長	化	收	藏
五　氣	風	暑	濕	燥	寒

參考文獻

一、傳統文獻（依作者朝代順序）

1. 〔春秋〕左丘明著，黃永堂譯注：《國語》（臺北，臺灣古籍出版有限公司，2007）。

2. 〔春秋〕王更生註譯：《晏子春秋》（臺北，臺灣商務印書館，2011）。

3. 〔春秋〕李耳著，余培林註譯：《老子》（臺北，三民書局股份有限公司，1973）。

4. 〔春秋〕子思著，蔣伯潛譯注：《中庸》（長春，吉林人民出版社，2013）。

5. 〔戰國〕管仲著，黎翔鳳撰：《管子》（北京，中華書局，2017）。

6. 〔戰國〕墨翟著，李生龍注譯：《墨子》（臺北，三民書局股份有限公司，2014）。

7. 〔戰國〕商鞅撰：《商君書》（臺北，商務印書館，1956）。

8. 〔戰國〕孫武著，周亨祥譯注：《孫子兵法》（臺北，臺灣古籍出版公司，1998）。

9. 〔戰國〕孫武著，中國軍事科學院戰爭理論研究部《孫子注釋小組》：《孫子兵法新注》（北京，中華書局，1986）。

10. 〔戰國〕吳起著：《吳子兵法》，收入姜亦青總校訂《中國兵法套書 5》（臺北市，東門出版社，1991）。

11. 〔戰國〕列禦寇著，王強模譯注：《列子》（臺北，臺灣古籍出版公司，1998）。

12. 〔戰國〕尸佼著，水渭松注譯：《尸子》（臺北：三民書局，1997）。

13. 〔戰國〕文子著，李定生、徐慧君校釋：《文子校釋》，收入《中華要籍集釋叢書》（上海，古籍出版社，2004）。

14. 〔戰國〕莊周著，張耿光譯注：《莊子》（臺北，臺灣古籍出版有限公司，1998）。

15. 〔戰國〕水渭松注譯：《莊子本義》（臺北，三民書局，2007）。

16. 〔戰國〕公孫龍子著，譚業謙譯注：《公孫龍子》（北京，中華書局，1997）。

17. 〔戰國〕鶡冠子著，黃懷信集注：《鶡冠子彙校集注》（北京，中華書局，2004）。

18. 〔戰國〕荀況著，熊公哲注譯：《荀子》（臺北，臺灣商務印書館，2010）。

19. 〔戰國〕韓非著，賴炎元、傅武光注譯：《韓非子》（臺北，三民書局，2016）。

20. 〔戰國〕屈原著，黃壽祺、梅桐生譯注：《楚辭》（臺北，臺灣古籍出版公司，1998）。

21. 〔戰國〕呂不韋編撰，陳奇猷校釋：《呂氏春秋》（上海，學林出版社，1984）。

22. 〔戰國〕尉繚著，劉春生譯注：《尉繚子》（臺北，臺灣古籍出版公司，1998）。

23. 〔西漢〕毛公傳，〔東漢〕鄭玄箋，〔唐〕孔穎達等釋義：《毛詩正義》（臺北，臺灣古籍出版公司，2001）。

24. 〔西漢〕陸賈：《新語》收入《四庫全書‧子部一‧儒家類》（北京，中華書局，1995）。

25. 〔西漢〕賈誼：《新書》（臺北，臺灣中華書局，1979）。

26. 〔西漢〕劉安編著，熊禮匯注釋：《淮南子》（臺北，三民書局股份有限公司，1997）。

27. 〔西漢〕董仲舒著，賴炎元注譯：《春秋繁露》（臺北，臺灣商務印書館，2010）。

28. 〔西漢〕司馬遷著，韓兆琦注譯：《史記》（臺北，三民書局股份有限公司，2011）。

29. 〔西漢〕司馬遷：〈悲士不遇賦〉，收入費振剛、胡雙寶、宗明華輯校：

《全漢賦》（北京：北京大學出版社，1993）。

30. 〔西漢〕孔安國傳，〔唐〕孔穎達等正義：《尚書》（臺北，臺灣古籍出版公司，2001）。

31. 〔西漢〕劉向：《新序》（臺北，臺灣古籍出版有限公司，1998）。

32. 〔西漢〕劉向編著，王守謙、喻芳葵、李燁等譯注：《戰國策》（臺北，臺灣古籍出版公司，1998）。

33. 〔西漢〕戴德編撰，高明註譯：《大戴禮記》（臺北，臺灣商務印書館，1984）。

34. 〔東漢〕班固著，吳榮增、劉華祝等注譯：《漢書》（臺北，三民書局股份有限公司，2013）。

35. 〔東漢〕班固著：《五行通義》（高雄，駱駝出版社，1998）。

36. 〔東漢〕鄭玄注，〔唐〕賈公彥疏：《周禮注疏》（臺北，臺灣古籍出版公司，2001）。

37. 〔東漢〕鄭玄注，〔唐〕賈公彥疏：《儀禮注疏》（臺北，臺灣古籍出版公司，2001）。

38. 〔東漢〕鄭玄注，〔唐〕孔穎達等正義：《禮記正義》（臺北，臺灣古籍出版公司，2001）。

39. 〔東漢〕何休注，〔唐〕徐彥疏：《公羊傳》（臺北，臺灣古籍出版有限公司，2001）。

40. 〔東漢〕趙岐注，〔宋〕孫奭疏：《孟子》（臺北，臺灣古籍出版公司，2001）。

41. 〔東漢〕王充著，蕭登福校注：《論衡》（臺北，國立編譯館，2000）。

42. 〔東漢〕吳平、袁康撰：《越絕書》（臺北，三民書局股份有限公司，1997）。

43. 〔魏〕王弼注：《老子四種》（臺北，大安出版社，1999）。

44. 〔魏〕王弼、〔東晉〕韓康伯注，〔唐〕孔穎達等正義：《周易正義》（臺北，臺灣古籍出版有限公司，2001）。

45. 〔魏〕何晏等注，〔宋〕邢昺疏：《論語》（臺北，臺灣古籍出版有限公司，2001）。

46. 〔魏〕王肅注：《孔子家語》收入《四庫全書・子部一・儒家卷・家語類》（北京，中華書局，1995）。

47. 〔西晉〕杜預注，〔唐〕孔穎達等正義：《春秋左傳》（臺北，臺灣古籍出

版公司，2001）。

48. 〔西晉〕左思著，李善注：〈魏都賦〉，收入《昭明文選》（臺北，文化圖書公司，1979）。

49. 〔西晉〕司馬彪：《史記正義》收入瀧川資言：《史記會注考證》（上海，上海古籍出版社，2016）。

50. 〔西晉〕郭璞、〔清〕郝懿行注，袁珂譯注：《山海經》（臺北，臺灣古籍出版有限公司，2004）。

51. 〔西晉〕郭璞注，〔宋〕邢昺疏：《爾雅》（臺北，臺灣古籍出版有限公司，2001）。

52. 〔西晉〕孔晁注：《逸周書·周祝解》，收入〔清〕：永瑢、于敏中、紀昀等編纂：《四庫全書·史部四，別史類，》（北京，中華書局，1995）。

53. 〔南朝·宋〕范曄著，韓復智、洪進業註：《後漢書》（臺北，國立編譯館，2003）。

54. 〔南朝·梁〕沈約註，洪頤煊校著：《竹書紀年》（臺北，臺灣商務印書館，1956）。

55. 〔南朝·梁〕劉勰著，王更生注譯：《文心雕龍》（臺北，文史哲出版社，2007）。

56. 〔隋〕蕭吉：《五行大義》（板橋，藝文印書館，1966）。

57. 〔唐〕司馬貞：《史記索隱》收入瀧川資言：《史記會注考證》（上海，上海古籍出版社，2016）。

58. 〔唐〕長孫無忌、魏徵等撰：《隋書經籍志》（臺北、世界書局，2015）。

59. 〔唐〕劉知幾：《史通》收入瀧川資言：《史記會注考證》（上海，上海古籍出版社，2016）。

60. 〔後晉〕劉昫編撰、楊家駱主編：《舊唐書》（臺北，鼎文出版社，1979）。

61. 〔宋〕司馬光等編著：《資治通鑑》（臺北，世界書局，1972）。

62. 〔宋〕蘇轍：〈上樞密韓太尉書〉收入司馬遷著，韓兆琦注譯：《史記》（臺北，三民書局股份有限公司，2011）。

63. 〔宋〕洪興祖：《楚辭補注》（臺北，大安出版社，1995）。

64. 〔宋〕葉水心：《習學記言》收入梁志繩：《史記志疑》（北京，中華書局，2016）。

65. 〔宋〕張守節：《史記正義》收入瀧川資言：《史記會注考證》（上海，上海古籍出版社，2016）。

66. 〔宋〕洪邁：《容齋五筆》，收入瀧川資言：《史記會注考證·史記總論》。

67. 〔南宋〕王應麟：《小學紺朱》收入〔清〕永瑢、于敏中、紀昀等編纂：《四庫全書·紀數略·卷一·天部·理氣類》（北京，中華書局，1995）。

68. 〔南宋〕王應麟：《困學紀聞》卷十《諸子》（遼寧：遼寧教育出版社，1998）。

69. 〔明〕宋濂：《諸子辨》，《潛溪後集》卷之一，《宋濂全集》第 1 冊，（杭州：浙江古籍出版社，1999）。

70. 〔明〕王夫之：《楚辭通釋》，收入黃壽祺、梅桐生譯注：《楚辭》（臺北，臺灣古籍出版公司，1998）。

71. 〔明〕王世貞：《史記評林》，收入瀧川資言：《史記會注考證》。

72. 〔明〕胡應麟：《九流緒論》，收入梁玉繩：《史記志疑》（北京，中華書局，2016）。

73. 〔明〕顧炎武：《日知錄》，收於瀧川資言：《史記會注考證》（上海，上海籍出版社，2016）。

74. 〔清〕王國維：《太史公行年考》（上海，商務書局，1940）。

75. 〔清〕徐松輯：《宋會要》冊三〈瑞異〉（北京，中華書局，1957）。

76. 〔清〕梁玉繩：《史記志疑》（北京，中華書局，2016）。

77. 〔清〕梁啟超：〈論中國學術思想變遷之大勢〉收入韓兆琦注譯：《史記·歷代中外人士論司馬遷與《史記》》（臺北，三民書局股份有限公司，2011）。

78. 〔清〕屈復撰：《楚辭新注》收入嚴一萍輯選：《關中叢書》（臺北，藝文印書館）。

79. 〔清〕孫希旦撰：《禮記集解》（臺北，文史哲出版社，1990）。

80. 〔清〕崔述：《考信錄》收入瀧川資言：《史記會註考證》（上海，上海古籍出版社，2016）。

81. 〔清〕錢大昕：《潛研堂文集·卷二十四·〈史紀志疑序〉》，收入《四部叢刊·集部·第八冊》（臺北，商務印書館，1979）。

82. 〔清〕康有為著：《新學偽經考·史記經說足證偽經考》（北京，中華書局，1959）。

二、近人專著（排列順序依作者姓氏筆畫）

1. 王夢鷗：《鄒衍遺說考》（臺北，臺灣商務印書館，1966）。

2. 王鍔：《《禮記》成書考》（北京，中華書局，2007）。

3. 王更生、周駿富、朱永嘉、蕭木等著：《無為無不為的人生哲學》，收入中華文化復興總會、王壽南主編：《中國歷代思想家》（臺北，臺灣商務印書館，1999）。

4. 任繼愈，牟鍾鑒等著：《中國哲學發展史》（上海，人民出版社，1994）。

5. 牟鍾鑒：《《呂氏春秋》與《淮南子》思想研究》（濟南，齊魯書社，1987）。

6. 汪暉：《現代中國思想的興起》（北京，三聯書店，2015）。

7. 余英時：《論天人之際——中國古代思想起源試探》（臺北，聯經出版事業公司，2014）。

8. 杜婉言：《中國宦官史》（臺北，文津出版社，1996）。

9. 呂思勉：《中國通史》（北京，民主與建設出版社，2015）。

10. 呂世浩：《帝國崛起》（臺北，平安文化有限公司，2015）。

11. 印順法師：《中國古代民族神話與文化之研究》（臺北，正聞出版社，1994）。

12. 李大釗：《史學要論》（南京，江蘇文藝出版社，2011）。

13. 李長之：《司馬遷之人格與風格》（臺北，里仁書局，1987）。

14. 李澤厚：《中國古代思想史論》（臺北，三民書局股份有限公司，2012）。

15. 李澤厚：《美的歷程》（北京，文物出版社，1989）。

16. 李約瑟：《中國之科學與文明》（臺北：臺灣商務印書館，1985）。

17. 李學勤：《史記·五帝本紀講稿》（北京：三聯書店，2012）。

18. 李漢三：《先秦兩漢之陰陽五行說》（臺北，鐘鼎文化出版公司，1967）。

19. 周桂鈿：《董學探微》（北京，北京師範大學出版社，1989）。

20. 周非：《諸子百家大解讀》（臺北，遠流出版社，2011）。

21. 吳宏一：《詩經注譯》（臺北，聯經出版有限公司，2009）。

22. 屈萬里：《詩經釋義》（臺北，中國文化大學出版部，1980）。

23. 胡家聰：《管子新探》（北京，中國社會科學出版社，1995）。

24. 胡家聰：《稷下爭鳴與黃老新學》（北京，中國社會科學出版社，1998）。

25. 侯外廬主編：《中國思想通史》（北京，人民出版社，1957）。

26. 梁啟超：〈讀書分月課程〉與〈論中國學術思想變遷之大勢〉收入《飲冰室合集‧第三冊》（北京，新華書店，1989）。

27. 徐復觀：《中國人性論史》（臺北，臺灣商務印書館，1969）。

28. 徐復觀：《兩漢思想史》（臺北，臺灣學生書局，1989）。

29. 徐復觀：《先秦兩漢陰陽五行說的政治思想》（臺北，臺灣商務印書館，1993）。

30. 徐漢昌：《管子思想研究》（臺北，臺灣學生書局，1990）。

31. 陶磊：《從巫術到數術》（濟南，山東人民出版社，2008）。

32. 唐君毅：《中國哲學原論》（臺北，臺灣學生書局有限公司，1984）。

33. 袁珂著：《中國神話大辭典》（北京，華夏出版社，2015）。

34. 陸侃如：《陸侃如古典文學論義集》（上海，上海古籍出版社，1987年）。

35. 郭沫若：《十批判書‧稷下黃老學派的批判》（臺北古楓出版社，1986翻印）。

36. 郭沫若：《郭沫若古典文學論文集》（上海，上海古籍出版社，1985）。

37. 郭梨華：《出土文獻與先秦儒道哲學》（臺北，萬卷樓圖書股份有限公司，2008）。

38. 康哲茂編著：《綜合國語辭典‧中外歷代大事年表》（臺南，綜合出版社，1996）。

39. 孫廣德：《先秦兩漢陰陽五行說的政治思想》（臺北，臺灣商務印書館，1993）。

40. 陳曦：《史記與周漢文化探索》（北京，中華書局，2007）。

41. 陳鼓應：《易傳與道家思想》（臺北，臺灣商務印書館，2007）。

42. 陳鼓應：《管子四篇詮釋》（臺北，三民書局股份有限公司，2003）。

43. 陳遵媯：《中國天文學史》（臺北，明文書局股份有限公司，1990）。

44. 陳麗桂：《漢代道家思想》（臺北，五南圖書出版股份有限公司，2013）。

45. 陳榮傑編著，楊儒賓等譯注：《中國哲學文獻選編》（臺北，巨流圖書公司，1993）。

46. 章學誠：《文史通義》收入：韓兆琦注譯：《史記‧歷代中外人士論司馬遷與《史記》（臺北，三民書局股份有限公司，2011）。

47. 張光直：《藝術、神話與祭祀》（北京，北京出版社，2016）。

48. 張強：《司馬遷與宗教神話》（西安，陝西人民教育出版社，1995）。

49. 馮友蘭：《中國哲學史新編》（臺北，藍燈出版社，1991）。

50. 馮時：《星漢流年》（成都，四川教育出版社，1996）。

51. 楊寬：《中國上古史導論》收入《古史辨》（臺北，藍燈文化事業股份有限公司，1987）。

52. 曾春海：《中國哲學史綱》（臺北，五南圖書出版有限公司，2012）。

53. 董金裕著：《孟子》，收入邱燮友、周何等編著《國學四書》（臺北，三民書局，1993）。

54. 熊鐵基：《秦漢新道家略論稿》（上海，人民出版社，2007）。

55. 楊朝明：《孔子家語通解》（臺北，萬卷樓圖書股份有限公司，2005）。

56. 趙沛霖：《先秦神話思想史論》（臺北，五南圖書出版公司，1988）。

57. 蒙文通：《中國哲學思想探源》（臺北，臺灣古籍出版有限公司，1997）。

58. 黎明釗：《漢越和集》（香港，三聯書店，2013）。

59. 葛兆光：《中國思想史》（上海，復旦大學出版社，2016 四刷）。

60. 葛志毅、張惟明：《黃帝四經與黃老之學考辨》（北京，中國青年出版社，1999）。

61. 劉蔚華、苗潤田著：《稷下學史》（北京，中國廣播電視出版社、1992）。

62. 翦伯贊：《秦漢史》（臺北，雲龍出版社，2003）。

63. 魯迅：《中國小說史略》（臺北，五南圖書有限公司，2009）。

64. 魯瑞菁：《楚辭文心論》（臺北，里仁書局，2002）。

65. 錢鍾書：《管錐篇》（北京，中華書局，1990）。

66. 錢穆：《中國思想史》（臺北，蘭臺出版社，2001）。

67. 錢穆：《秦漢史》（臺北，東大圖書公司，2001）。

68. 錢穆：《黃帝》（臺北，東大圖書公司，1987）。

69. 錢穆：《先秦諸子繫年》（臺北，東大圖書公司，2014）。

70. 羅根澤：《管子探源》（臺北，里仁書局，1981）。

71. 鄺芷人：《陰陽五行及其體系》（臺北，文津出版社，1998）。

72. 饒宗儀：《中國史學上之正統論》（上海，上海遠東出版社，1996）。

73. 顧頡剛編著：《古史辨》（臺北，藍燈文化事業股份有限公司，1987）。

74. 鄺士元：《國史論衡》（臺北，里仁書局，1995）。

三、期刊論文（排列順序依作者姓氏筆畫）

1. 王夢鷗：〈陰陽五行家與星曆及占筮〉（臺北，《中央研究院歷史語言研究所集刊》，1971 年 12 月 1 日）。

2. 王繼訓：〈先秦秦漢陰陽五行思想之探析〉（北京，《管子學刊》，第 1 期，2003 年）。

3. 王信元：〈先秦兩漢五行思想中的「土為貴」現象〉（輔仁大學中研所學刊，第二十期，2008 年，10 月）。

4. 王啟才：〈《呂氏春秋》與《史記》〉（阜陽，《阜陽師範學院學報》社會科學版，第 2 期，2003 年，總第 92 期）。

5. 王葆玹：〈禮類經記的各種傳本及其學派〉，收入姜廣輝主編：《中國經學思想史》（北京：中國社會科學出版社，2003）。

6. 白光琦：〈顓頊曆三事考〉（北京，《自然科學史研究》，第 2 期，2002 年）。

7. 田茉莉：〈論《管子》敘事的時空特點〉（西南大學學報，第 8 卷，第 4 期，2010 年 8 月）。

8. 田慧霞：〈黃帝神話新考〉（《中州學刊》，2004 年，第 3 期，2004，05）。

9. 朱新林：〈試論《淮南子》中齊地的五行思想〉（《管子學刊》，第 3 期，2006 年）。

10. 江乾益：〈陰陽家之思想及其對漢代經學之影響〉（臺中，國立中興大學《文史學報》，第二十三期，2008，06）。

11. 邢義田：〈月令與西漢政治──從尹灣集簿中的「以春令成戶」說起〉，（《新史學》，第 9 卷，第 1 期，1993，3）。

12. 林素娟：〈漢代感生神話所傳達的宇宙觀及其在政教上的意義〉（臺南，《成大中文學報》，第二十八期，2010 年，4 月）。

13. 李學勤：〈鶡冠子與兩種帛書〉（香港，道家文化研究月刊，第一期，2000，08）。

14. 李學勤：〈從〈簡帛佚籍〉〈五行〉談到《大學》〉（《孔子研究》，1998 年，第 3 期）。

15. 李澤厚：〈陰陽五行：中國人的宇宙觀〉（《中國文化》，第 41 期，2001，7 月）。

16. 李震：〈先秦陰陽五行觀念的政治展開──以稷下為中心〉（北京，《管子

學刊》，第 3 期，2017 年，12 月）。

17. 李昭和、莫洪貴、於采芑著：〈青川縣出土秦更修田律木牘——四川青川縣戰國墓發掘簡報〉（北京，《文物月刊》，第 1 期，1982 年）。

18. 李定生、徐慧君：〈論文子〉，《文子要詮》（上海：復旦大學出版社，1988）。

19. 李昭毅：〈史記・天官書〉（中正大學歷史學刊，第六期，民國九十二年）。

20. 林敏勝：〈蕭吉《五行大義》的陰陽五行與空間分割思想〉（朝陽人文社會學刊，第五卷，第一期）。

21. 金觀濤：〈中國民族主義的結構及演變〉收入劉青峰編著：《民族主義與中國現代化》（香港，中文大學出版社，1994）。

22. 河北省文物研究所定州漢簡整理小組：〈定州西漢中山懷王墓竹簡《文子》的整理和意義〉（《文物》，1995 年第 12 期）。

23. 胡家聰：〈稷下黃老學派〉（文史哲，第二期，1984）。

24. 胡家聰：〈從《管子》看稷下之學「百家爭鳴」的特點和規律〉收入《管子與齊文化國際學術討論會論文集》，1990。

25. 胡家聰：〈文史知識〉收入《齊文化專號》（第 3 期，1989 年）。

26. 胡火金：〈《管子》「時」觀初探〉（《管子學刊》，第 4 期，2007 年）。

27. 范文瀾：〈與頡剛論五行說的起源〉原刊載於燕京大學《史學年報》，第三期，1949，收入《古史辨》（臺北，藍燈文化事業股份有限公司，1987）。

28. 徐復觀：〈呂氏春秋及其對漢代學術與政治的影響〉（《新亞書院學術年刊》，第十四期，1972）。

29. 徐復觀：〈陰陽五行觀念之演變及若干有關文獻的成立時代與解釋的問題〉（《民主評論》，1961，11）。

30. 耿振東：〈《管子》託名管仲的歷史意義〉（北京，《管子學刊》，第 1 期，2018 年）。

31. 曹立明：〈《管子》「四時」觀念的生態意蘊〉（三峽大學學報，第 39 卷，第 2 期，2017 年 3 月）。

32. 常正光：〈殷曆考辨〉，收入《中國古文字大系・甲骨文獻集成》（成都，四川大學出版社，2001）。

33. 唐蘭：〈馬王堆出土〈老子〉乙本卷前古佚書的研究〉（《考古學報》，第 1 期，1975 年）。

34. 唐蘭：〈馬王堆出土《老子》乙本卷前古佚書的研究——兼論其與漢儒法門爭的關係〉，收入馬王堆漢墓帛書整理小組編：《經法》（北京：文物出版社，1976）。

35. 陳夢家：〈商代的神話與巫術〉，收入馬昌儀選編：《中國神話學百年文論選》（西安，陝西師範大學出版社，2013）。

36. 陳萬鼐：〈中國天文學史纂要〉，收入《中國古文字大系‧甲骨文獻集成》（成都，四川大學出版社，2001）。

37. 陳麗桂：〈《呂氏春秋》裡的黃老思想〉（臺北，國立臺灣師範大學，《中國學術年刊》，第十三期）。

38. 陳麗桂：〈戰國秦漢時期黃帝傳說與黃帝學說的流傳、性質與支系〉（臺北，國立臺灣師範大學，《中國學術年刊》，第十八期）。

39. 陳麗桂：〈從循環、代勝到主從、尊卑——戰國、秦、漢陰陽五行說的緣起與演變〉（《哲學與文化》，第四十二卷，第十期，2015，10）。

40. 陳麗桂：〈從天道觀看董仲舒融合陰陽與儒學的天人合一思想〉（臺北，國立臺灣師範大學《中國學術年刊》，第十八期）。

41. 陳麗桂：〈黃老思想的體現——西漢黃老治術的雙重性格與重要人物的道法傾向〉（臺北，國立臺灣師範大學《中國學術年刊》，第 15 期，1994，03，澳洲中國研究學會年會論文）。

42. 陳麗桂：〈從出土竹簡《文子》看古、今本《文子》與《淮南子》之間的先後關係及幾個思想論題〉（《哲學與文化》，第 23 卷，第 8 期，1996 年 8 月）。

43. 陳德興：〈從巫覡時代天帝的祛魅，與秦漢之際陰陽五行天道思想的形成，論「天」內涵之轉化〉（《哲學與文化》，第三十九卷，第六期，2001，06）。

44. 陳平坤：〈《呂氏春秋》與《淮南子》的感應思維〉（臺北，國立臺灣大學哲學論評，第 32 期，2006，10）。

45. 陳菽玲：〈璽印探源及其發展〉（臺中，《興大中文研究生論文集‧創刊號》1996，1 月）。

46. 陳尹嬿：〈古今文本中黃帝形象建構之探討〉（嘉義，國立中正大學歷史研究所，《中正歷史學刊》，第九期，2007）。

47. 陳伯軒：〈論墨子天鬼觀念的功利色彩及其困境〉（《宗教哲學》，第三十

八期）。

48. 陳品卿：〈莊子三十三篇真偽考辨〉（《師大學報》第二十九期，1984 年，6 月）。

49. 梁啟超：〈陰陽五行說之來歷〉（東方雜誌，第二十卷，第十號，1936），收入《古史辨》第五冊，（臺北，藍燈文化事業股份有限公司，1987）。

50. 郭梨華：〈陰陽家思維的天人合一〉（《宗教哲學》，第七十一期）。

51. 馮樹勳：〈陰陽五行的階位秩序——董仲舒的天人哲學觀〉（臺北，《台大文史哲學報》，第七十期，2009 年 5 月）。

52. 曹立明：〈《管子》「四時」觀念的生態意蘊〉（《三峽大學學報》，第 39 卷，第 2 期，2017 年 3 月）。

53. 張光遠：〈從考古展現黃帝時代的中國文明〉（臺北，《故宮文物月刊》1998，08）。

54. 張大同：〈司馬遷與道家思想的關係〉（臺北，《臺大文史哲學報》，第五期，1992）。

55. 張端穗：〈董仲舒思想中三統說的內涵、緣起及意義〉（臺中，《東海中文學報》，第 16 期，2004 年 7 月）。

56. 張德文：〈事論董仲舒的天人關係」模式——兼論這一模式的思維方式〉（《孔孟月刊》，三十八卷，第四期，1999）。

57. 張書豪：〈秦漢時期的終始論及其意義〉（《漢學研究期刊》，2007）。

58. 張強：〈陰陽五行說的歷史與宇宙生成模式〉（湖北大學學報，哲學社會科學版第 28 卷，第 5 期，2001 年 9 月）。

59. 程少軒：〈馬王堆帛書《刑德》、《陰陽五行》諸篇曆法研究——以《陰陽五行》乙篇為中心〉（中央研究院，歷史語言研究所集刊，第八十七本，民國一○五年六月）。

60. 彭美玲：〈漢儒三代質文論脈絡考察〉收入國立臺灣大學中國文學系、中國經學研究會主編：《第八屆中國經學國際學術研討會論文選集》（臺北，萬卷樓圖書有限公司，2015）。

61. 黃冠雲：〈郭店竹簡〈六德〉、〈五行〉關於仁義之際的一組詞彙〉（香港中文大學《中國文化研究所學報》 Journal of Chinese Studies No. 59 - July 2014）。

62. 黃俊傑：〈荀子非孟的思想史背景——論〈思孟五行說〉的思想內涵〉，

（臺北，《臺大歷史學報》，第 15 期，1990，12）。

63. 董金裕：〈董仲舒的崇儒重教及其現代意義〉（衡水學院學報，第 17 卷，第 3 期，2015 年 6 月）。

64. 楊朝明：〈《孔子家語》的成書與可靠性研究〉（臺北，故宮博物院，《故宮學術季刊》第二十六卷，第一期，2008 年秋季。

65. 楊晉龍：〈《五行篇》的研究及其引用《詩經》文本評述〉（《經學研究集刊》，第二期，2006 年 10 月）。

66. 雷寶，詹石窗著：〈太歲系統差異形成考〉（武漢，《華中師範大學學報，人文社會科學版》，第 1 期，2010 年）。

67. 雷蕾：〈墨子鬼神觀新論〉（西北大學中國思想文化研究所，《西北師大學報》，第 51 卷，第 3 期，2014 年 5 月）。

68. 鄭吉雄、楊秀芳、朱岐祥、劉承慧等人合著：〈先秦經典「行」字字義的原始與變遷——兼論「五行」〉（臺北，中央研究院中國文哲研究所，《中國文學研究集刊》，第三十五期，2009，9）。

69. 鞏日國：〈《管子》對《淮南子》的影響〉（北京，《管子學刊》，第 4 期，2012 年）。

70. 劉殿爵：〈《呂民春秋》與鄒衍的五行說〉（臺北，中央研究院，中國文哲研究所，《中國文哲研究集刊》，第四期，1994 年 3 月）。

71. 劉榮賢：〈先秦兩漢所謂「黃老」思想的名與實〉（臺中，逢甲人文社會學報，第 18 期，2009 年 6 月）。

72. 劉康得：〈《呂氏春秋》《淮南鴻烈》合論〉（南京，南京師範大學文學院學報，第 2 期，2006 年 6 月）。

73. 劉毓慶、郭萬金著：〈戰國《詩》學傳播中心的轉移與漢四家《詩》的形成〉（文史哲期刊，第 1 期，2005 年，總第 286 期）。

74. 蔡忠道：〈秦漢之際思想析論〉（國立嘉義大學人文藝術學報第二期，民 92 年 03）。

75. 樂愛國：〈《管子》與《禮記·月令》科學思想之比較〉（北京，《管子學刊》，第 2 期，2005 年）。

76. 錢穆：〈評顧頡剛五德始說下的政治與歷史〉，收入《顧頡剛古史論文集》第 3 冊，（臺北，藍燈文化事業股份有限公司，1987）。

77. 鍾宗憲：〈「黃帝」形象與「黃帝學說」的窺測——兼以反省《黃帝四經》的若干問題〉收入李學勤、林慶彰等編著：《新出土文獻與先秦思想重構》（臺北，五南出版社，2007）。

78. 蕭雙榮：〈墨子的天啟神諭思想〉（《文史博覽》，2011 年 7 月）。

79. 龐樸：〈竹帛五行篇與思孟五行說〉（《哲學與文化月刊》，第 26 卷，第 5 期，1999 年 5 月，總第 300 期），收入《竹帛五行篇》校注及研究》（臺北，萬卷樓圖書公司，2000）。

80. 顧頡剛：〈五德終始說下的政治和歷史〉（《清華學報》，第六卷，第一期，1930，06），收入《古史辨》第五冊（臺北，藍燈文化事業股份有限公司，1987）。

81. 邊家珍：〈漢代經學吸納陰陽五行說的原因及其歷史意義〉（《孔子研究》，2002）。

82. 樂調甫：〈梁任公五行說之商榷〉（《東方雜誌》第二十一卷，第十五號，1924，08，10），收入《古史辨》第五冊（臺北，藍燈文化事業股份有限公司，1987）。

四、碩博士論文（排列順序依作者姓氏筆畫）

1. 田鳳台：〈《呂氏春秋》研究〉（臺北，國立政治大學博士論文，1979）。

2. 朱新林：〈《淮南子》與先秦諸子承傳考論〉（杭州，浙江大學博士論文，2010）。

3. 李國璽：〈秦漢之際陰陽五行政治思想源流研究〉（臺北，國立臺灣大學博士論文，2010 年 8 月）。

4. 李豐瓊：〈董仲舒陰陽五行哲學思想研究〉（重慶，西南大學碩士論文，2010，09）。

5. 南偉：〈論陰陽五行之起源〉（青島，青島大學碩士論文，2006，09）。

6. 徐漢昌：〈管子思想之綜合研究〉（臺北，國立政治大學中文研究所博士論文，1988）。

7. 高君和：〈出土文獻中「兵陰陽」思想之研究：以《銀雀山漢木竹簡》為中心〉（臺北，國立臺灣大學博士論文，2018，01）。

8. 孫艷茹：〈論《呂氏春秋》之陰陽五行說〉（石家莊，河北師範大學碩士論文，2012，09）。

9. 陳麗桂：〈淮南鴻烈思想研究〉（臺北，國立臺灣師範大學博士論文，1983，3）。

10. 范瑞紋：〈時空觀念與黃帝信仰——秦漢改制思想探悉〉（新竹，國立清華大學博士論文，2011）。

11. 畢曉樂：〈齊文化與陰陽五行〉（濟南，山東師範大學碩士論文，2005，09）。

12. 傅武光：〈呂氏春秋與諸子之關係〉（臺北，國立臺灣師範大學博士論文，1988，2）。

13. 閻祥嶺：〈《禮記・月令》中的五行學說研究〉（濟南，山東大學碩士論文，2008，09）。

14. 羅嘉文：〈《管子》陰陽五行思想研究〉（臺北，國立臺灣師範大學國文學系碩士論文，2012）。

15. 竇福志：〈先秦文獻中的陰陽五行思想研究〉（濟南，山東師範大學碩士論文，2010，09）。

五、外文著作（譯著）（依國家筆畫排列順序）

1. 〔日〕白川靜著，王孝廉譯：《中國神話》（臺北，長安出版社，1983）。

2. 〔日〕中井積德：《史記雕題》（大阪，大阪大學懷德堂文庫復刻叢書本，1991），收入瀧川資言：《史記會注考證》。

3. 〔日〕瀧川資言編著：《史記會注考證》（上海，上海古籍出版社，2016）。

4. 〔日〕前野直彬著，龔霓馨譯：《中國文學的世界》（臺北：學生書局，1987）。

5. 〔日〕慶松光雄著，楊憲霞譯：〈《春秋繁露》五行諸篇偽作考——和董仲舒的陰陽、五行說的關聯〉（北京，中國社會科學院《中國儒學》，2016，12）。

6. 〔美〕約瑟夫・坎伯（Jose Campbell）著，李子寧譯：《神話的智慧》（新店，立緒文化事業有限公司，1996）。

7. 〔美〕約瑟夫・坎伯（Jose Campbell）著，朱侃如譯：《神話》（新店，立緒文化事業有限公司，2001）。

8. 〔美〕班大為（David W. Pankenier）著，徐鳳先譯：《中國上古史實揭密》（上海，上海古籍出版社，2008）。

9. 〔法〕李維史陀（Claude Levi-Strauss）著，楊德睿譯：《神話與意義》（臺北，麥田，城邦文化出版，2016）。

六、網站

1. 沙孟海：〈印學史・有關印章的名稱與制度〉（篆刻導航網：www.jinshizhuanke.com，2018，06，17）。